成本核算地图

从业务链到财务链

范晓东 著

机械工业出版社
CHINA MACHINE PRESS

本书按企业业务流程梳理了成本核算体系，以"飞行棋"为道具，制作了完整且详细的成本核算地图。书中从业务部门（涉及成本岗业务）视角，详细描绘了一整套成本核算体系，从如何准备各项成本的原始合同、单据依据开始，到业务信息化系统如何实现向财务信息化系统进行信息传输，包括如何审批（风险管理），财务部门收到原始数据后如何对数据进行处理、记账，直到实现财务信息化，实现成本分析和反馈。

本书重点分析如何让业务数据无缝对接财务数据，并让数据有效传递。书中所列举的凭证附件依据，是实际企业真实的成本核算资料（已隐去商业机密），展现了一线实操的场景，有利于读者快速学习和掌握。

图书在版编目（CIP）数据

成本核算地图：从业务链到财务链 / 范晓东著.
北京：机械工业出版社，2025.4. -- ISBN 978-7-111-77564-5
I. F275.3
中国国家版本馆 CIP 数据核字第 2025MV1317 号

机械工业出版社（北京市百万庄大街22号　邮政编码100037）
策划编辑：石美华　　　　　　　　责任编辑：石美华　孟宪勐
责任校对：李荣青　张雨霏　景　飞　责任印制：单爱军
保定市中画美凯印刷有限公司印刷
2025年6月第1版第1次印刷
170mm × 230mm・17.25 印张・213 千字
标准书号：ISBN 978-7-111-77564-5
定价：79.00 元

电话服务　　　　　　　　　　　网络服务
客服电话：010-88361066　　　　 机 工 官 网：www.cmpbook.com
　　　　　010-88379833　　　　 机 工 官 博：weibo.com/cmp1952
　　　　　010-68326294　　　　 金 书 网：www.golden-book.com
封底无防伪标均为盗版　　　　　 机工教育服务网：www.cmpedu.com

前言　为了直接上手

在成功出版《500强企业成本核算实务》(第5次印刷)一书后，很多从事成本相关岗位的读者问：

"成本核算岗位太难进入角色了，前任草草交接，简单讲了一下，没听懂！一头雾水，不会操作。范老师，有没有**易于上手**的、可以**直观地教会**我成本核算的参考书啊？"

我发现，**易于上手**的成本核算类图书似乎很难找到。在吃惊于市面上鲜有此类图书之余，我回想起刚刚从事成本核算岗位时，"百问不厌"的前任很有耐心地指导了我，由此自己也萌生了一丝"使命感"。

在从事了不同规模企业、不同行业的成本核算岗位后，我深感**"既要读万卷书，也要行万里路，最好阅企业无数"**。为解决成本核算的入岗诉求，本着能帮衬一个算一个的原则，我觉得很有必要将自己"成本核算"的相关经历，整理成《成本核算地图》一书，助力制造业强国建设，这无疑是一件有意义的事。

说起经历，除了参与开发500强企业"一体化成本系统"(即数据仓库系统)和布局"SAP财务信息化系统"(即SAP系统)的经历，我还有在中小企业利用金蝶系统搭建成本核算体系的经历。除了体会到"统一规则"的难度外,我还体会到:**无论大企业还是中小企业,无论使用何种信息化系统,无论自动核算还是手工核算,也无论用何种成本数据源展现方式,业务链和财务链的数据收集、传递路径、核算方法等成本核算的底层逻辑都是相似的。**

"模拟"和"真账"都不足以指导实操,亦不直观;本书基于原始凭证附件,直接展现工作中的实景。为规避涉密事项,相关敏感数据均做"马赛克"处理,但不影响对主旨的理解。本书图表中的数据来自工作实务,因计算中存在小数位的取舍和四舍五入,计算结果存在偏差。

毋庸置疑,成本核算需要企业建立一定的体系支撑,企业各个部门无一例外都需要参与其中。由于业务触发财务,业务部门作为完整成本核算数据的源头,起着主要作用,而财务部门则多为数据的接收方。

描述业务部门如何进行成本核算的书较为鲜见。

本书首创以业务部门为出发点,实景展示从业务数据链到财务数据链的全过程,手把手教会读者完成企业全套成本核算,并画出直观的成本核算地图以方便读者快速理解。

成本核算地图的本质是顺藤摸瓜、抽丝剥茧、搜集证据的过程,是确保整个**数据证据链**完整性的过程。成本核算数据证据链的简化流程如图 P-1 所示。

它描述了"①业务部门如何准备成本核算所需的原始合同、发票、单据等业务证据→②业务信息化系统(如有)如何实现向财务信息化系统的数据传递→③审核并判定业务数据、业务证据是否及时、准确→④财务部门得到相关原始数据、凭证后进行数据处理、记账→⑤如何准确生成成本明细报表,最终实现成本分析和反馈"这样一套流程。

| ① 业务部门如何准备成本核算所需的原始合同、发票、单据等业务证据 | ② 业务信息化系统如何实现向财务信息化系统的数据传递 | ③ 审核并判定业务数据、业务证据是否及时、准确 | ④ 财务部门得到相关原始数据、凭证后进行数据处理、记账 | ⑤ 如何准确生成成本明细报表,最终实现成本分析和反馈 |

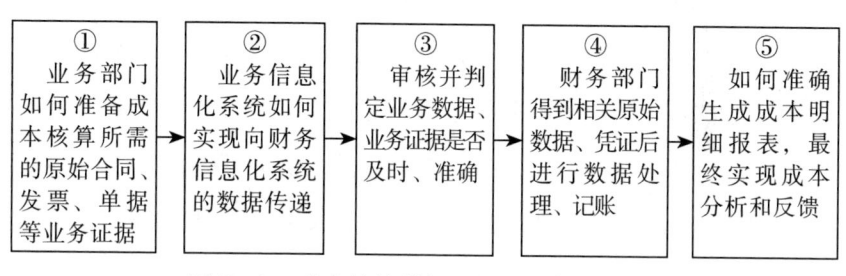

图 P-1 成本核算数据证据链的简化流程

为了更加直观地展现流程,本书进行了创新尝试,即将成本核算的过程以"飞行棋"的图形(形似地图)直观地画出来,力争达到寓教于乐、妙趣横生的效果。逐项搜集证据链的成本核算地图("飞行棋"轨迹路径地图)是本书的展现形式,如图 P-2 所示。

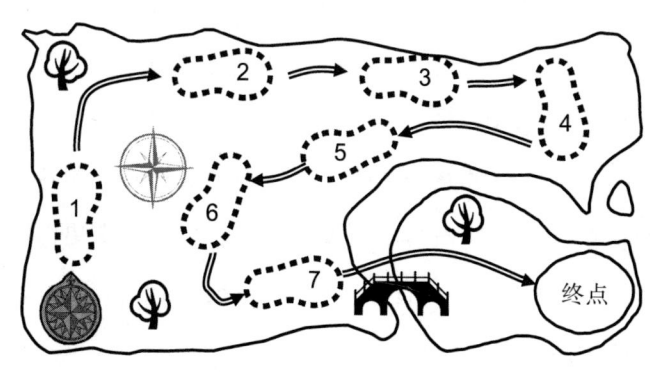

图 P-2 成本核算地图的展现形式

本书狠抓成本核算底层操作的关键,即借助成本体系的有效搭建，确保业务数据被完整、及时地收集并传递至财务部门。

无论金蝶、用友还是SAP，这些信息化系统从业务到财务的数据链操作流程和底层算法逻辑都是一样的。

本书所列举的成本核算附件证据，是通过不同途径获取的，是实景企业真实的附件原件。当然，企业类型丰富多样，成本核算附件证据的形式、格式多种多样，并非定式，各企业可根据自身需要灵活处理。但有一点是确定的：总要有类似的证据存在。

不同于市面上其他模拟成本核算类的图书，本书具备"实景核算、原件展示、严谨推导、解码算法"的特点，更具实用性，可以使读者更直观、全面地了解成本核算的来龙去脉，掌握成本核算的完整数据证据链，为后续实现成本管理目标和指导经营决策提供坚实的支撑。

阅读本书，业务人员可以更好地协同完成成本核算工作，**这是一本明确指出业务部门应该干什么的书。**

相信本书的便捷算法会惠及无数企业成本相关从业者，本书直观、简单、易懂，读完即可上手，也算是解决了企业一线的需求，达成了自己的一桩心愿。

本书的特色之一是充分图解。为适应图书尺寸，图片中涉及的真实原始材料图做了适当缩小，仅为示意。如需查看更清晰的原始材料信息，请登录网站 https://g.cmpreading.com/XvUg8，下载图片，放大后观看。

范晓东

2025年1月1日

目录

前言　为了直接上手

第 1 章
概念巧解

1.1　相关概念　2

　　1.1.1　直接成本和间接费用　2

　　1.1.2　成本核算对象　3

　　1.1.3　成本分摊依据　4

1.2　生产就是折腾存货　6

　　1.2.1　滚雪球是分步法的成本发生姿势　7

　　1.2.2　搭积木是分批法的成本发生姿势　14

　　1.2.3　用水龙头与色度卡破解存货成本　16

1.3　全景结果　19

　　1.3.1　用青蛙过河巧解存货成本的结转　20

　　1.3.2　惦记两张表　22

       1.3.3　分析的数据源（弹药库）　24

       1.3.4　成本体系与获取数据　26

1.4　实景问答　26

       1.4.1　产品成本核算和产品定价的关系　26

       1.4.2　存货所在位置和内容　28

第 2 章
材料成本核算的"飞行棋"攻略

2.1　实景企业1：从33.11吨原材料到32.8吨销售品　32

       2.1.1　足迹1～足迹2：采购合同和采购计划　34

       2.1.2　足迹3：材料入库并做暂估入库账　36

       2.1.3　足迹4：催要发票、红冲暂估并按发票入账　40

       2.1.4　足迹5：生产领用原材料并做生产领用账　43

       2.1.5　足迹6：完工产成品入库并做入库账　48

       2.1.6　足迹7：发货销售、开票并结转成本　50

       2.1.7　终点的快照　57

       2.1.8　动态变化与单点取值　57

       2.1.9　足迹总结：以小见大　59

2.2　实景企业2：非标准化生产企业的核算　61

       2.2.1　足迹1～足迹2：采购合同与采购计划　61

       2.2.2　足迹3～足迹5：材料入库到生产领用　62

       2.2.3　足迹6～终点：完工入库、发货销售至出报表　64

2.3　实景问答　64

       2.3.1　采购材料的发票信息由业务部门还是财务部门录入　64

       2.3.2　如何人为制造"缓冲期"确保材料准确入库　65

2.3.3　材料成本核算方法对成本有何影响　66

2.3.4　如何做好工程余料的管理　67

2.3.5　暂估成本的原因及其注意点　68

第 3 章
电费核算的"飞行棋"攻略

3.1　实景企业 1：从总电费 115 286.62 元到单个产品电费 186.03 元　73

　　3.1.1　落点 1：抄表记录和电费明细单　74

　　3.1.2　落点 2：电费账单　76

　　3.1.3　落点 3：电费分摊依据　77

　　3.1.4　落点 4：电费发票　80

　　3.1.5　落点 5：工序先归集并记账　81

　　3.1.6　落点 6：后分摊至产品并记账　83

　　3.1.7　终点的快照　90

　　3.1.8　电费核算的数据时点　90

3.2　实景企业 2：以工时作为电费分摊依据　92

　　3.2.1　业务数据链　93

　　3.2.2　财务数据链　95

3.3　实景问答　99

第 4 章
人工成本实景核算地图

4.1　实景企业 1：人工成本核算地图与飞经站点　105

　　4.1.1　第 1 站：确定分摊依据　105

4.1.2 第2站：确定"工序先归集"的底稿并记账 107

4.1.3 第3站：编制"后分摊至产品"的底稿并记账 125

4.1.4 第4站：确定实发、与计提进行比较并做增减调整 141

4.1.5 终点的快照 149

4.1.6 人工成本核算的数据时点 150

4.2 实景企业2：以工时作为人工成本分摊依据 152

4.2.1 第1站：确定分摊依据 153

4.2.2 第2站：确定"工序先归集"的底稿并记账 154

4.2.3 第3站：编制"后分摊至产品"的底稿并记账 157

4.2.4 第4站：确定实发、与计提进行比较并做增减调整 163

4.2.5 终点的快照 164

4.3 实景问答 165

4.3.1 如何确定人工工时数据 165

4.3.2 如何确定机器工时数据 165

第 5 章
折旧费核算的"飞行棋"攻略

5.1 实景企业1：从75 000元分析仪到100.53元折旧费 169

5.1.1 第1步：固定资产采购计划或采购请示 170

5.1.2 第2步：采购合同和采购发票 171

5.1.3 第3步：验收交接并维护固定资产卡片、做采购入库分录 172

5.1.4 第4步：确定折旧费分摊依据 174

XI

　　　5.1.5　第 5 步：编制"工序先归集"和"后分摊至产品"的

　　　　　　底稿并记账　176

　　　5.1.6　终点的快照　185

5.2　实景企业 2：以工时作为折旧费分摊依据　186

　　　5.2.1　第 1 步～第 3 步：采购至固定资产卡片　186

　　　5.2.2　第 4 步：确定折旧费分摊依据　187

　　　5.2.3　第 5 步：编制"工序先归集"和"后分摊至产品"的

　　　　　　底稿并记账　188

　　　5.2.4　终点的快照　191

5.3　实景问答　192

第 6 章
维修费核算的"飞行棋"攻略

6.1　实景企业 1：从 55 000 元维修用备件到 228.30 元维修费　195

　　　6.1.1　飞越点 1：维修费相关审批依据　196

　　　6.1.2　飞越点 2：维修费相关合同和发票依据　197

　　　6.1.3　飞越点 3：确定维修费分摊依据　198

　　　6.1.4　飞越点 4：编制"工序先归集"和"后分摊至产品"的

　　　　　　底稿　199

　　　6.1.5　飞越点 5：录入记账凭证并在报表中留下痕迹　201

　　　6.1.6　终点的快照　206

6.2　实景问答　207

第 7 章
研发费用实景核算地图

7.1 满足加计扣除的成本核算地图　210

　　7.1.1　坐标1：留存备查研发项目立项决议　212

　　7.1.2　坐标2：留存备查研发项目计划书　213

　　7.1.3　坐标3：留存备查研发机构设置和人员名单　214

　　7.1.4　坐标4：留存备查各成本（费用）分配说明　215

　　7.1.5　坐标5：留存备查研发材料成本核算资料　216

　　7.1.6　坐标6：留存备查研发电费核算资料　218

　　7.1.7　坐标7：留存备查研发人工成本核算资料　219

　　7.1.8　坐标8：留存备查研发折旧费核算资料　221

　　7.1.9　终点：填列《研发费用加计扣除优惠明细表》
　　　　　（A107012）　222

7.2 实景问答　224

　　7.2.1　为什么要进行研发费用核算　224

　　7.2.2　研发的领料如何管理　225

附录

附录A　某企业取得发票的业务流程图参考　226

附录B　本书成本核算地图所匹配的国家发文　227

附录C　×公司成本核算及产成品核算管理办法范本参考　253

参考文献　263

第 1 章

概念巧解

本章地图导览（见图 1-1）。

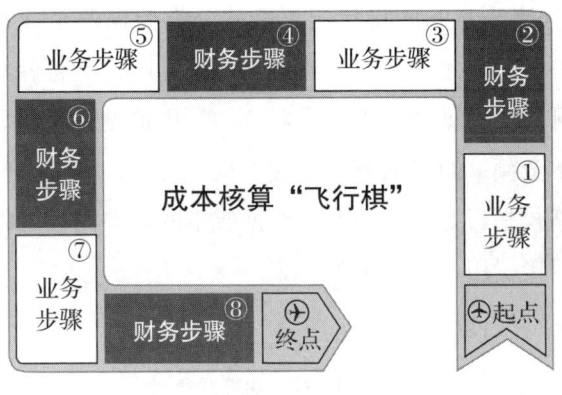

游戏规则

一次走一格，先到终点者赢。业务链为白色格子，表示需要由业务部门准备的资料。财务链为深灰色格子，表示需要由财务部门完成的工作。

图 1-1 成本核算"飞行棋"

本书以"飞行棋"为展现形式，清晰地展示了成本核算地图中业务链和财务链的具体操作步骤（见图1-1）。本书各章节的具体成本核算内容均设计了不同的"飞行棋"地图，详见各章。

1.1 相关概念

成本核算中出现频率高的3个概念分别是直接成本和间接费用、成本核算对象、成本分摊依据，这3个概念之间是互相联系的。

1.1.1 直接成本和间接费用

成本可以分为直接成本和间接费用，这种分类依据的是成本的可追溯性，可以理解为把成本金额对应到成本对象上时，是否容易对应，容易对应的，可追溯性就强；不容易对应的，可追溯性就弱。所谓"对应"是指成本金额"对号入座"至成本核算对象，可追溯性是指"对号入座"的路径是否好找。因此，根据成本的可追溯性可将成本分为直接成本和间接费用，如图1-2所示。

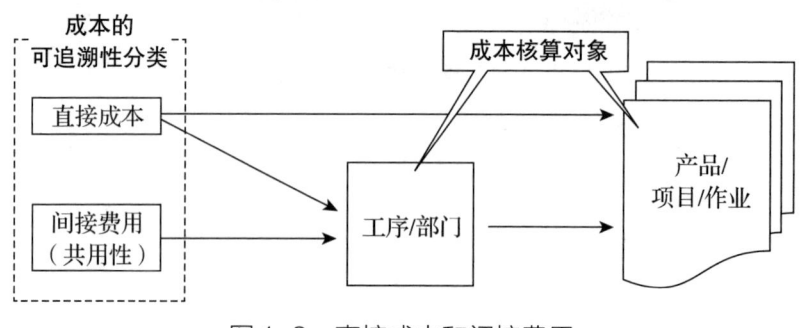

图1-2　直接成本和间接费用

其中，直接成本可以理解为不需要分摊的成本，是可以直接对应到成本核算对象的成本。例如，产品的材料成本可以对应到产品，则对于产品来说，材料成本属于直接成本。

间接费用⊖可以理解为需要分摊的费用，是共用性费用、一对多个成本核算对象的费用。例如，产品的折旧费总额需要分摊至多个产品，则对于产品来说，折旧费属于间接费用。

简而言之，直接成本直接进（计入成本核算对象），间接费用靠分摊（计入成本核算对象）。

当然，直接成本和间接费用的概念并非绝对。以某部门的人工薪酬（人工成本㊀）为例，部门里有多少个人是确定的，每个人的薪酬是确定的，当以某部门作为成本核算对象时，其人工薪酬总额按确定的人数和薪酬就可以锁定，不需要靠分摊，即该部门的人工薪酬对于部门来说一一对应，因此对于该部门来说，其人工薪酬就是直接成本。而当多个部门共用一个人时，这个人的人工薪酬就需要分摊给多个部门，当以某部门作为成本核算对象时，这个人的人工薪酬就变成了间接费用。所以，部门的人工薪酬，既可能是直接成本，也可能是间接费用。

1.1.2 成本核算对象

成本核算对象包括工序、部门、产品、项目或作业等，可以理解为"发生各种成本的中心"。例如，工序成本中心以工序作为"成本核算对象"，是发生各种成本的中心；部门一样，也是一个发生各种成本的中心。

⊖ 为便于区分，本书统一将需要分摊的共用性费用称为"间接费用"，例如，电费、折旧费、维修费等；将不需要分摊的成本称为"直接成本"，例如，材料成本、人工成本等。

㊀ 为简化处理、避免混淆，本书将既有间接费用也有直接成本的人工薪酬称为"人工成本"（除第7章）。实际操作中，人工成本也可以叫人工费，约定俗成谓之宜。

无论是何种中心，都会涉及直接成本和间接费用。直接成本直接进，间接费用靠分摊。

从工序[一]到产品[二]的成本核算步骤一般为"工序先归集，后分摊至产品"。本书第 3～6 章所展示的电费、人工成本、折旧费、维修费实景案例，均按照"工序先归集，后分摊至产品"的步骤进行成本核算。

所谓工序先归集，是指先归并集合工序的成本数据。归集可以理解为先集合队伍，等待下一步的分派（分摊）任务。例如，工序的机器设备一般与工序一一对应，因此按照工序来确定其折旧费，就属于"工序先归集"折旧费。

所谓后分摊至产品，是指将之前"工序先归集"的成本，再按照分摊依据（产量、工时等）进一步分摊至最终产品。例如，工序的下面会有很多产品，将"先归集完毕的工序折旧费"再分摊至产品，称为"后分摊至产品"。

分摊就会涉及如何分摊的问题，即要确定"最贴近现场实际"的分摊依据。这个"最贴近现场实际"的分摊依据，被称为驱动因素（成本动因）。

1.1.3　成本分摊依据

要找到成本的分摊依据，需要了解影响成本的最真实原因。

例如，一桶油漆的成本如何分摊给需要刷漆的桌子和椅子？以桌子和椅子的"刷漆面积"作为分摊依据是最贴近现场实际的。若以桌子和椅子的数量为分摊依据则不合理。这里，"刷漆面积"就是影响

[一] 为简化和便于理解，成本核算对象中的"工序、部门"统称为"工序"。

[二] 本书中的产品，泛指可产生营业收入的业务或商品。为简化和便于理解，成本核算对象中的"产品、项目、作业"统称为"产品"。

成本的最真实原因，即成本动因。

一台咖啡机的折旧费如何分摊给拿铁、美式这两款咖啡产品？以各自"咖啡豆的用量"作为分摊依据是最贴近现场实际的。若以各自的销售量作为分摊依据则不合理。这里，"咖啡豆的用量"就是影响成本的最真实原因，即成本动因。

企业的土地租赁费如何分摊给各个车间？以各车间的"土地面积"作为分摊依据是最贴近现场实际的。若以各车间的产品产量作为分摊依据则不合理。这里，"土地面积"就是影响成本的最真实原因，即成本动因。

间接费用可能需要分摊给工序、部门，此时，需要确定分摊依据（见图 1-3）。

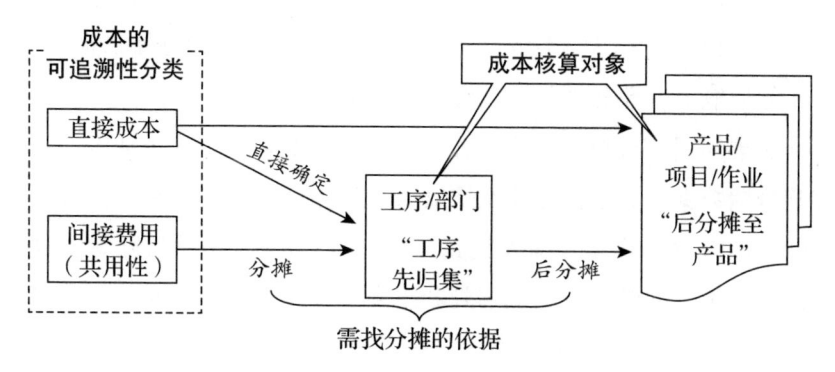

图 1-3　成本核算对象和分摊依据

例如，某企业只有一个电表却有很多工序[一]，因此，电费无法直接对应到工序，需要靠分摊。如果该企业的产品为多工序流水线大批量重复生产，则电费分摊给该流水线上的各工序较为合理的依据为"各工序的产量"。如果该企业为多工序流水线只生产定制化的大件

[一]　该例为极端情形，较为少见，为便于理解用，很多企业都为各工序单独安装了表计。

产品（如造几艘船），则电费分摊给该流水线上的各工序较为合理的依据为"各工序的工时[⊖]"。

接下来，在图 1-3 中，当从工序、部门分摊给产品、项目或作业时，需要再次确定分摊依据。

例如，一台机器生产多个产品，则该机器的折旧费无法直接对应到某个单一产品，需要靠分摊。如果该企业的产品为大批量重复生产，则折旧费分摊给各产品较为合理的依据为"各产品的产量"。如果该企业只生产定制化的大件产品，则折旧费分摊给各产品较为合理的依据为"各产品的工时"。

关于成本的分摊依据，我一直认为业务部门的一线人员最清楚。一般情况下，该分摊依据不是财务人员单独测算得出，而是业务部门提供，或通过共同讨论协商确定。例如，对于以工时作为分摊依据合适，还是以产量作为分摊依据合适，抑或以面积作为分摊依据合适，以及如何取值，业务部门的一线人员最清楚。

成本动因的选择没有绝对合理，只有相对合理。成本动因的选择及其每期数据的确定都需要经历磨合、试错和更新的过程，只有这样才能不断改善和优化，即先找到一个分摊"依据"，然后随着管理的深入，如果有问题，自然能够判断出来，并进行相应的改善和迭代。

1.2 生产就是折腾存货

本书主要讲生产型企业的成本核算以及两种典型成本发生姿势所对应的流程地图。

⊖ 工时是工作时间的一种计量单位，可分为人工工时和机器工时。其中，花费在成本核算对象上的人工操作时间称为人工工时，该工时常常作为与人工相关的成本（如人工成本）的分摊依据。花费在成本核算对象上的机器（运行）时间称为机器工时，该工时常常作为与机器运行相关的成本（如电费、折旧费、维修费等）的分摊依据。

之所以本书以生产型企业作为案例，是因为生产型企业具备"产供销"的全生产链，有着百科全书式的完整成本核算流程。掌握了本书所列举的案例后，对于其他类型的企业自然一通百通，亦具有参考意义。

一般来说，生产型企业的产品有两种典型成本发生姿势，一种是分步法（滚雪球姿势），一种是分批法（搭积木姿势）。本书仅围绕这两种典型成本发生姿势展开讨论，如图1-4所示。

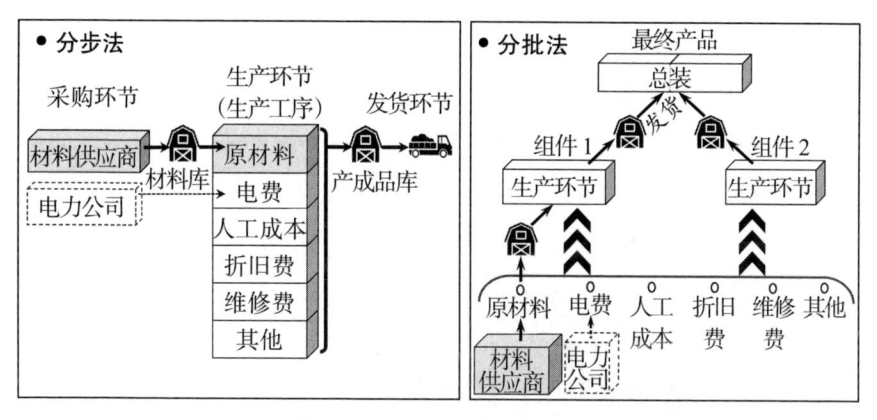

图1-4　本书涉及的两种典型成本发生姿势

在图1-4中，原材料对应本书第2章，电费对应本书第3章，人工成本对应本书第4章，折旧费对应本书第5章，维修费对应本书第6章。第7章研发费用核算为单独的成本核算内容，不涉及这两种典型成本发生姿势。

1.2.1　滚雪球是分步法的成本发生姿势

"分步法"的应用场景常见于有流水线的生产型企业。有流水线的企业更易于形成标准化生产，更易于量产。此类量产企业的共用性费用以"产量"作为分摊依据较为常见。

从"分步法"成本发生姿势（见图1-5）可以看出，生产型企业在生产产品时，需要一条流水线。这条流水线有采购环节、生产环节和发货环节，还有仓库的图标表示存货，包括原材料、库存商品—半成品、库存商品—产成品、发出商品等。

《500强企业成本核算实务》[一]一书中对生产和存货关系的表述为"生产就是折腾存货"。不难理解，生产成本实际上也是存货成本的"不断折腾"。

那么，这条流水线上的存货是如何折腾的呢？

我们把流水线的成本发生"姿势"[二]形象地比喻为"滚雪球"的过程，也就是随着生产过程的推进，各种成本不断累积的过程，如同雪球越滚越大，如图1-5所示。

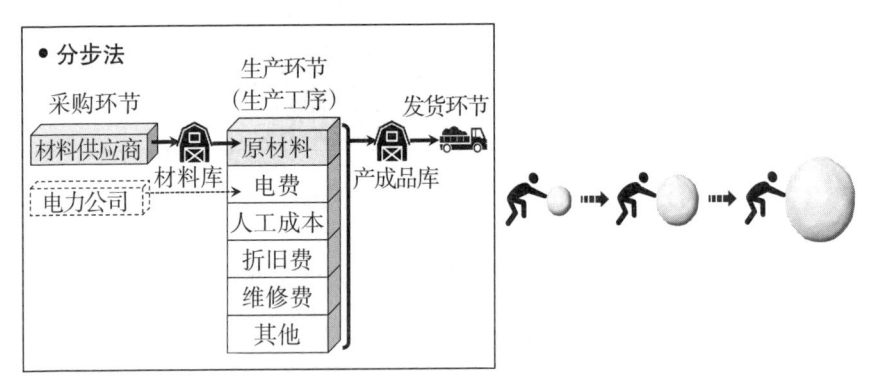

图1-5　分步法像"滚雪球"

雪球刚开始很小，但从高处滚落下来时，就会一路越滚越大，因为一路上又粘连了更多的雪（成本）附着在雪球（成本核算对象）上。

[一] 范晓东.500强企业成本核算实务[M].北京：机械工业出版社，2020.
[二] 所谓成本发生"姿势"，为成本发生过程的形象化描述，力求易于理解。

这个"图形化"的形象比喻就可以套用在生产产品的流水线上。在流水线的前端,成本还很低,越流到后端,成本就越高。最终产成品⊖所累积的成本,就可以想象为成本雪球的最终大小。

产品成本核算的数据链路径:将生产产品的原材料采购进来后先入库,如图 1-6 虚线框和标注的所指位置。

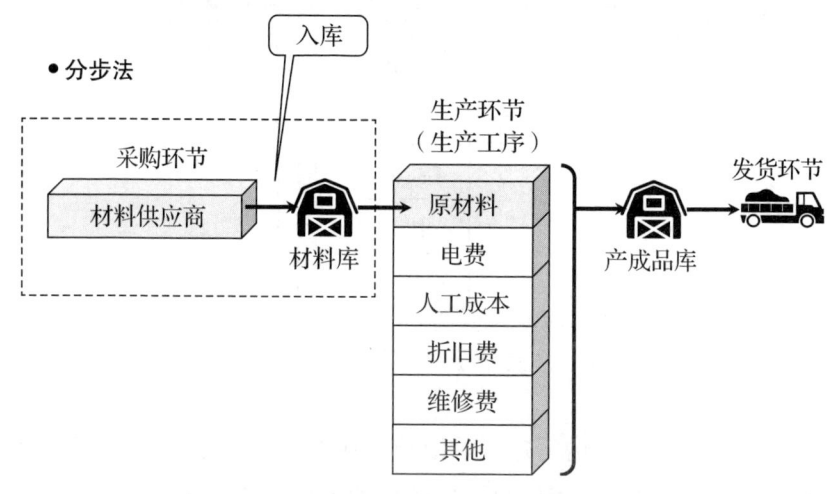

图 1-6 采购材料的入库环节

这时,采购原材料所花费的成本就进入仓库中,计入资产负债表的"存货⊜"(具体科目为"原材料")中,并留下了痕迹。图 1-6 中仓库的图标表示存货,仓库只要入库一次或出库一次,就会引起存货"收发存"的数据变动。

接下来,这条流水线上的存货开始进入生产环节,假设生产环节

⊖ 本书所称的产成品即为"最终产品"或"产品",本处结合图中的"产成品库",也可理解为产品库。

⊜ 资产负债表中的原材料、库存商品(半成品、产成品等)、发出商品等科目均属于存货(统称)。

先要从仓库领用原材料（出库），如图 1-7 虚线框和标注的所指位置。

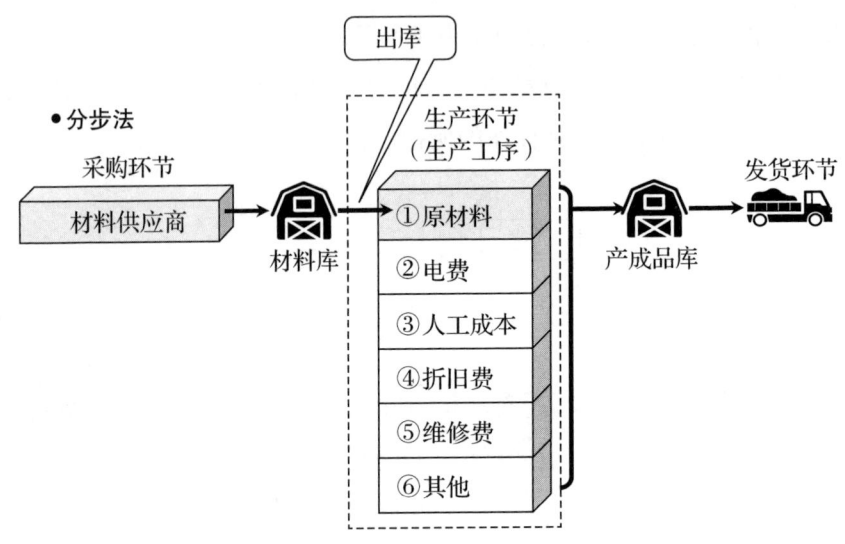

图 1-7　生产工序领用原材料并生产

此时，生产成本的雪球开始滚动，其越滚越大是由于生产产成品（产品）并非只领用了原材料，还领用或发生了②～⑥项中的人工成本、电费、折旧费、维修费等一系列生产成本（资源），只有这样才能把产成品生产出来。因此，为了生产产品，生产成本的雪球越滚越大。

生产出来产成品以后，分散在各个部门的成本，如采购部门的原材料、人力资源部门的人工成本、动力部门的电费、设备部门的维修费和折旧费等，都会被一一计入工序或产品的明细成本中。

这时，就会有一个动作——入库，即转化为存货（具体科目为"库存商品"），如图 1-8 虚线框和标注的所指位置。

从图 1-8 中可以看出，将一系列生产成本①～⑥对号入座计入**工序或产品的明细成本**后，需要入库。为什么要入库呢？很简单，用于计算存货成本。

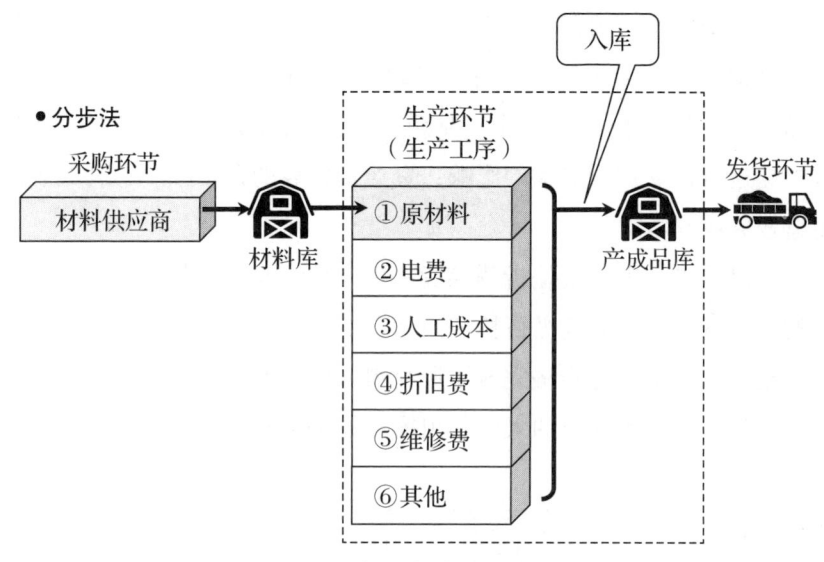

图 1-8　生产完毕再入库环节

入库后的存货（位于产成品库，具体科目为"库存商品"）就开始等待发货给用户了。如图 1-9 虚线框和标注的所指位置。

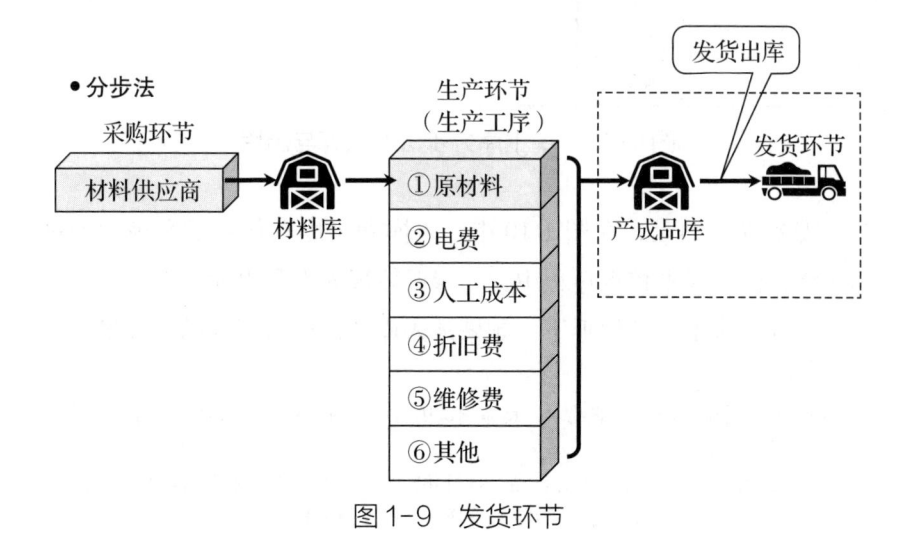

图 1-9　发货环节

一般来说，产成品发货时则会确认收入^㊀。在资产负债表的存货中，之前"生产成本"入库计入"存货"，现在存货（库存商品—产成品）中的发货部分^㊁会发生"跳跃"，即会转化为利润表的主营业务成本。这时，发货所造成的影响：资产负债表的存货减少，利润表的主营业务成本增加。

可以看出：生产就是折腾存货，生产最终要实现利润，因此影响利润就是存货变动的终极目标和归宿。

至此，单工序分步法完成了原材料入库到产成品出库的整个"折腾"过程。该过程涉及的入库和出库，如图1-10中标注所指。

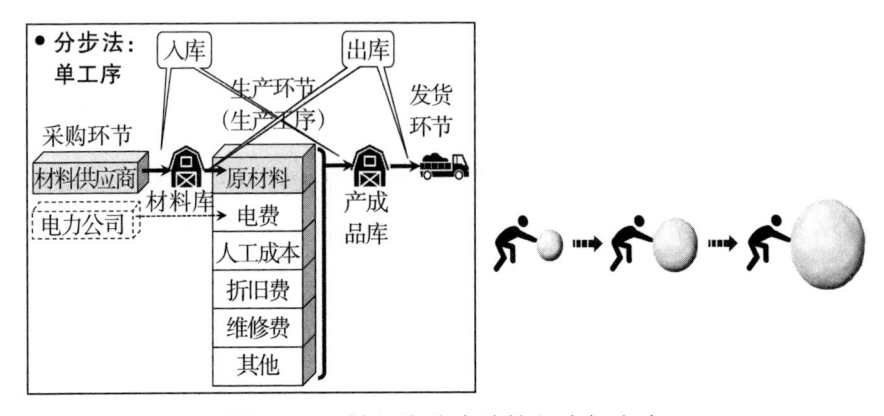

图1-10 单工序分步法的入库与出库

需要说明的是，在图1-10中，入库和出库动作可能会被业务部门忽略，但在成本核算过程中，一定要体现入库和出库动作。

尤其在多工序的情形下，频繁地入库和出库所形成的"收发存数

㊀ 发货时确认收入并非绝对，具体确认销售收入时点可参阅《企业会计准则第14号——收入》。

㊁ 发货部分，会减少"库存商品"科目并转为"发出商品"科目，同时，还会减少"发出商品"科目，增加"主营业务成本"科目（假设为主要产品）。

据"就显得尤为重要（见图1-11）。

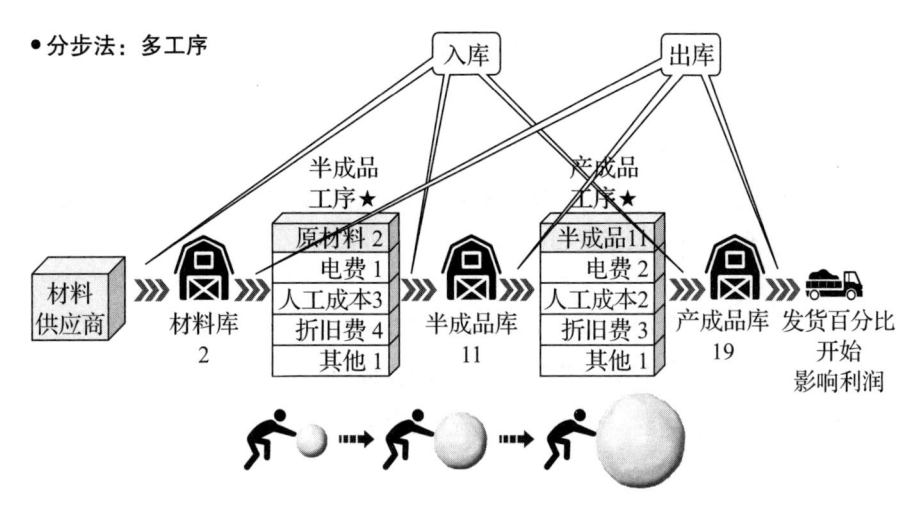

• 分步法：多工序

图 1-11 多工序分步法的入库与出库

注：图中数字仅为简化理解用，金额单位可用万元理解，目的是推导说明成本雪球从2到11再到19越变越大的过程。

图1-11中的多工序（生产环节的半成品工序、产成品工序）会频繁地出现成本的入库与出库动作，具体的内容如下。

▶ 入库：原材料2入库变成存货2（具体科目为"原材料"）。

▶ 出库：原材料2出库用于生产半成品，生产半成品时还发生了电费1、人工成本3、折旧费4、其他1，故生产半成品共计发生成本11。

▶ 入库：半成品11入库变成存货11（具体科目为"库存商品—半成品⊖"）。

▶ 出库：半成品11出库用于生产产成品，生产产成品时还发

⊖ 假设此半成品可以直接单独对外出售。

生了电费2、人工成本2、折旧费3、其他1，故生产产成品共计发生成本19。
- 入库：产成品入库变成存货19（具体科目为"库存商品—产成品"）。
- 出库：产成品19出库用于发货销售，此时存货会发生内部折腾（具体为"库存商品—产成品"科目变成了"发出商品"科目），最终影响利润。

多工序的成本核算要求说清楚每个步骤（工序）的成本，入库和出库动作让这些成本留下更完整的痕迹。此外，存货管理要求说清楚存货的来龙去脉，也需要存货的"收发存数据"作为管控参考。

1.2.2 搭积木是分批法的成本发生姿势

除了分步法，还有一种常见的成本发生姿势：分批法。

分批法的应用场景常见于定制化生产的企业。此类企业很多都不采用标准化生产流程，因为短期定制化产品一般不会进行大批量的重复生产，所以共用性费用通常不以"产量"作为分摊依据，而是以"工时"作为分摊依据。

那么，对于分批法，有没有更直观的描述呢？

在玩具专卖店看到小孩玩乐高积木，拼搭出各种各样的形状，于是突发奇想：分批法的成本发生姿势不就像搭积木一样吗，如图1-12所示。

从图1-12中可以看出，某最终用户（定制化生产企业的总装工序）为了生产产品需要两大组件，两大组件由供应商的生产工序先行制造。在制造各个组件的过程中，发生了各种成本（即领用或耗用了各种资源），如原材料、电费、人工成本、折旧费、维修费等。各个组件生产完成后，会发货至总装工序进行最终产品的总装。

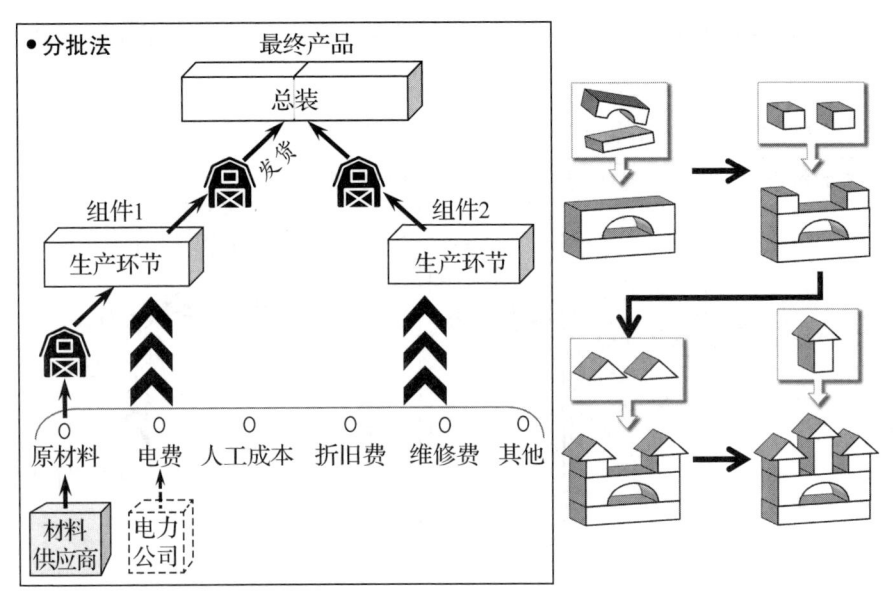

图1-12 分批法像"搭积木"

这一过程就像图1-12中用积木搭建城堡一样，先用积木零件完成局部的搭建，再总装完成整体积木城堡的搭建。

分批法中成本呈现的姿势类似于"搭积木"，是成本越搭越大的过程，和分步法是成本越滚越大的过程一样。

分步法和分批法的成本发生姿势似乎有着某些相似之处（见图1-13）。

分步法是按照产品生产步骤进行成本核算的一种方法。分批法是按照产品批别进行成本核算的一种方法，也可以理解为，在模块化生产中用于算清楚各个模块、组件或工程项目成本的计算方法。

不难看出，上述两种方法的生产过程（姿势）都在折腾存货，存货就像在不断地"变身"⊖，分步法是一步一步地折腾和变身，分批法

⊖ 变身是指存货（原材料）被领用出库变成生产成本，生产完毕又入库变成存货（产成品）；多工序生产时，存货则会被多次领用出库变成生产成本，又多次入库变成存货，即存货（原材料）出库用于生产，生产完毕后入库变成存货（半成品），存货（半成品）出库用于生产，生产完毕后入库变成存货（产成品）。

是一批一批地折腾和变身，都是成本越变越大，都是最终完成产成品的生产，殊途同归。

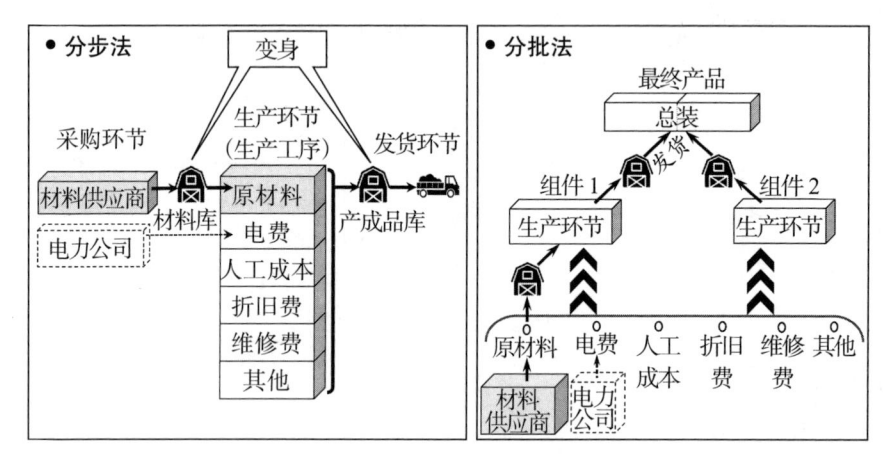

图 1-13 分步法和分批法的比较

在两种常见的生产型企业成本发生姿势中，一般来说，由于成本在滚动计算的时候容易说不清楚，故分批法下按批量计算的存货成本比分步法下滚动计算的存货成本要更为直观，更易追溯。

1.2.3 用水龙头与色度卡破解存货成本

生产就是折腾存货。生产成本最终会变成存货成本，因此，准确核算存货成本是成本核算的重要内容。

很多企业在经营例会、成本分析会、预算分析会等场合都会提及存货成本，从我个人的经历来看，很多非财务部门的与会人员反馈说听得云里雾里，没搞懂什么是存货成本。企业都讲求控制存货成本，因为存货成本关乎企业的利润。如果没有存货成本的概念，控制存货成本的"这根弦"就难以拨动。

以某企业季度经营分析会对季度毛利的深入分析为例，如图 1-14 所示。

第 1 章　概念巧解 | 17

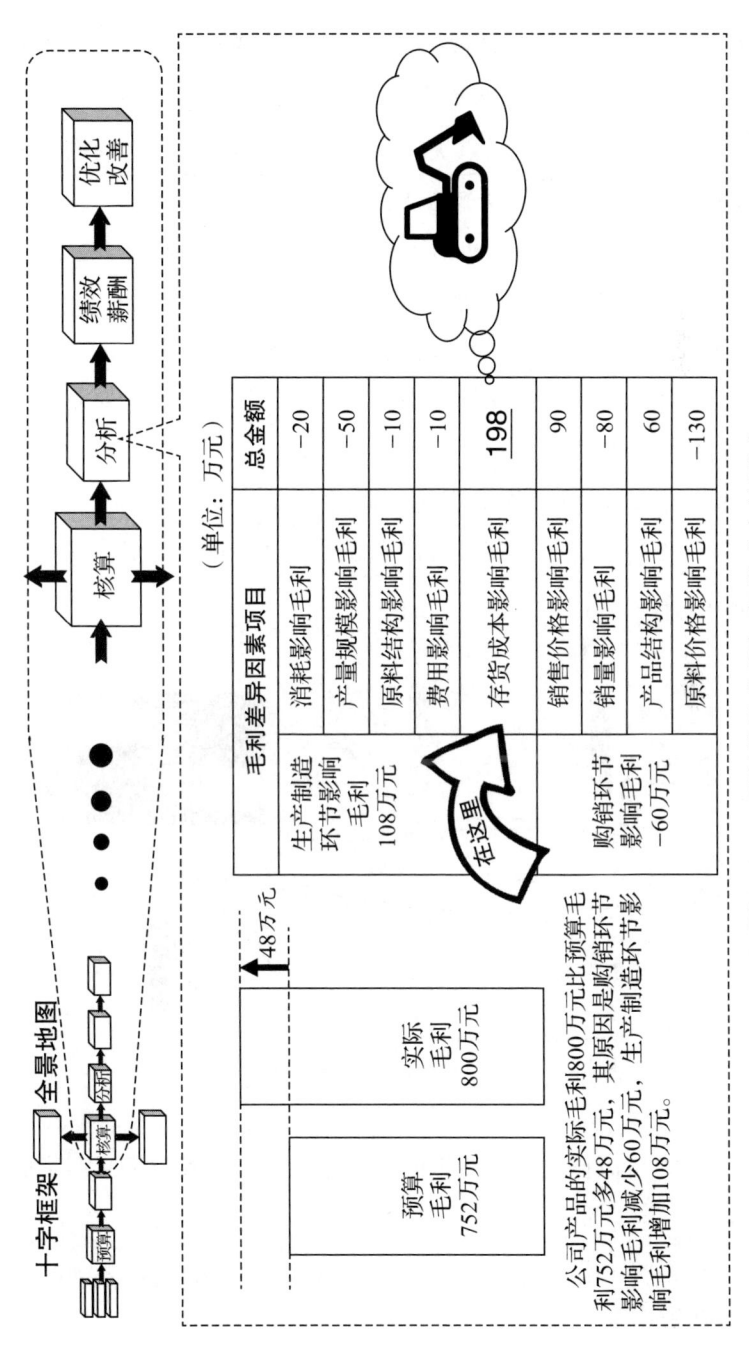

（单位：万元）

毛利差异因素项目		总金额
生产制造环节影响毛利 108万元	消耗影响毛利	-20
	产量规模影响毛利	-50
	原料结构影响毛利	-10
	费用影响毛利	-10
购销环节影响毛利 -60万元	存货成本影响毛利	<u>198</u>
	销售价格影响毛利	90
	销量影响毛利	-80
	产品结构影响毛利	60
	原料价格影响毛利	-130

公司产品的实际毛利800万元比预算毛利752万元多48万元，其原因是购销环节影响毛利减少60万元，生产制造环节影响毛利增加108万元。

预算毛利 752万元　　实际毛利 800万元　　↑48万元

十字框架　全景地图
预算 → 核算 → 分析 → 绩效薪酬 → 优化改善

图 1-14　毛利差异分析与存货成本的影响

该企业通过因素分析发现，影响其总毛利增长 48 万元的主要因素是存货成本的贡献。具体而言，存货成本影响毛利增加了 198 万元，这一影响自然会受到重点关注，需要进一步挖掘其背后的原因。

这里需要先了解存货成本的计算方法。

很多企业对材料入库和出库的成本计算方法采用"加权平均法[⊖]"。对于业务部门来说，加权平均法应该是财务领域的专业算法。此外，还有先进先出法、个别计价法、毛利率法、零售价法、计划成本法等，适用的情形都不一样。而且不同的计算方法将会对企业的利润、所得税等产生影响。

这里以移动加权平均法为例，通过"水池+色度卡"具象化图形展示和一个有意思的解释，可以直观地说清楚该存货成本的计算方法，如图 1-15 所示。

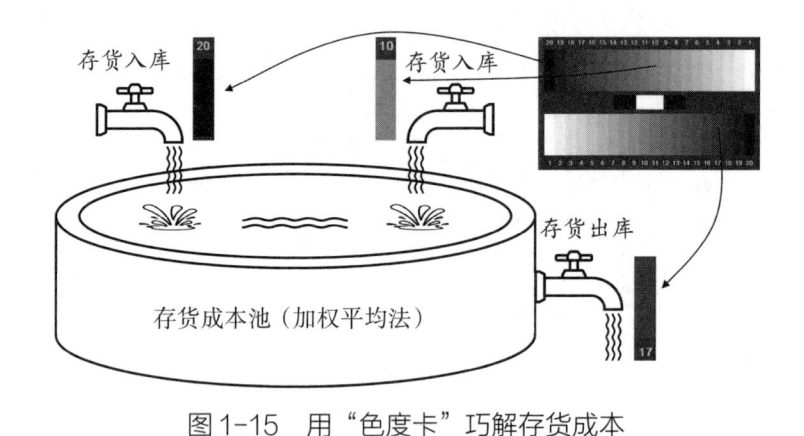

图 1-15 用"色度卡"巧解存货成本

存货成本可以比喻为水池里的水，水的色度深浅就表示存货成本

⊖ 加权平均法主要分为月末一次加权平均法和移动加权平均法，其中月末一次加权平均法的工作量比移动加权平均法少，使用移动加权平均法的企业多为借助财务信息化系统实现。

的高低。色度越深，单位成本越高；色度越浅，单位成本越低。对应的色度就代表了不同的单位成本。

在图 1-15 中，水池有 3 个水龙头，上面两个水龙头表示进水口（理解用，实际是多个），下面 1 个水龙头表示出水口。进水口表示采购环节的入库或者生产环节的入库，出水口表示为了生产而领用存货（原材料、库存商品—半成品）出库或为了销售而发货（库存商品—产成品）出库。

上面两个进水口水龙头：左边水龙头的色度卡值，代表入库存货的单位成本值为 20；右边水龙头的色度卡值，代表入库存货的单位成本值为 10。不同色度的水进入水池（存货）后和原来水池里的水进行混合、搅拌，最终形成了一个色度卡值为 17 的新色度，即出水口水龙头的色度卡值，代表存货单位成本值为 17。

色度卡竟然可以这么用

最终从水龙头放出来的水，其色度的深浅反映了存货单位成本的高低，如图 1-15 中"色度卡"所示。这里的放水，即生产环节的领用成本或者发货成本。

通过深浅色度的比较，就可以直观地看出存货成本的影响。也就是说，存货成本的前后差异，就是通过比较水池放水前后色度的深浅来体现。洞悉存货成本后，接下来就可以挖掘影响色度深浅、成本高低的因素有哪些了。

1.3 全景结果

本书的成本核算最终目标的表格格式，如表 1-1 所示。该表列示了各产品的原材料、电费、人工成本、折旧费、维修费等成本明细情况，可以理解为各产品成本核算的"全景结果"。

表 1-1 产品成本二维多栏明细表（简表）　　（单位：元）

产品	直接成本（直接进）		间接费用（靠分摊）				总成本
	原材料	直接人工成本等	电费	间接人工成本	折旧费	维修费等	
甲产品							
乙产品							
⋮	⋮	⋮	⋮	⋮	⋮	⋮	⋮
合计							

1.3.1 用青蛙过河巧解存货成本的结转

成本核算的目的之一是说清楚生产成本的底细，难点在于理解生产成本的动态变化：领用各种成本（生产资源）进行生产会增加生产成本[⊖]，生产成本又会因入库而转化为存货成本，因此，领用各种成本进行生产相当于增加了存货成本。

发货销售则会因出库而减少存货成本，该存货成本本身又是由生产成本转化而来的，因此，发货销售相当于减少了生产成本。

存货成本何时会影响利润？为了直观理解，这里采用"青蛙过河"的图形化演示来说明存货成本的变化，如图 1-16 所示。

在图 1-16 中，上半部分图中的 10 只青蛙，表示过河前全部发生的存货成本，该存货成本可能是在产品或半成品[⊖]、产成品的成本，即将领用各种生产资源（材料费、电费、人工成本、折旧费、维修费

⊖ 增加生产成本，视同增加存货成本，因为生产完毕后，各生产成本又会入库变成存货。反之亦然，即减少该存货，视同减少生产成本，因为该存货是由生产成本转化而来的。此处，存货成本即代表了生产成本。

⊖ 半成品：对于无法直接对外出售的半成品应放到"原材料"科目中；对于可以直接对外出售的半成品应放到"库存商品"科目中。本处特指可以直接对外出售的半成品，并将半成品计入"库存商品"科目中。

等）后所增加的生产成本（存货成本）全部核算出来，假设为 10 只青蛙的形式。

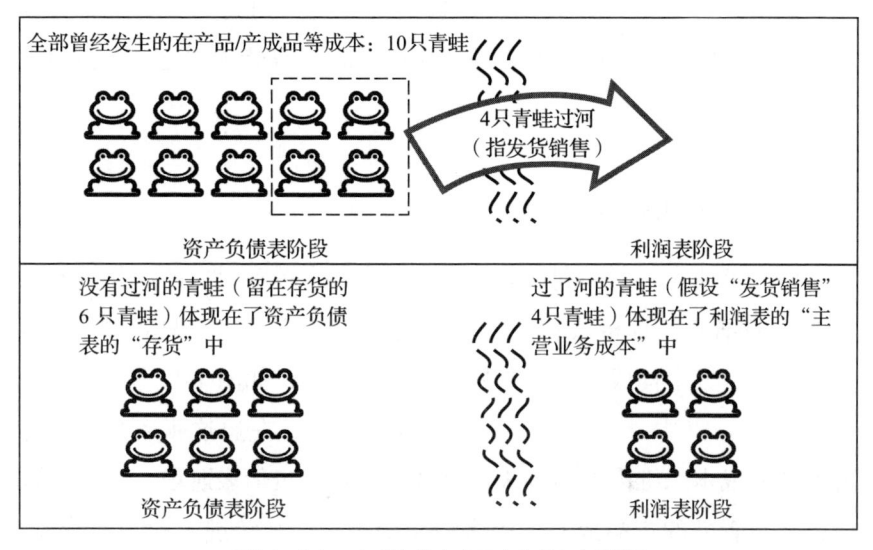

图 1-16　存货成本何时会影响利润

当然，10 只青蛙只是成本核算的第一步。接下来，成本核算还要惦记青蛙的变化。如图 1-16 下半部分图所示，当 10 只青蛙中有 4 只青蛙用于发货销售，则剩余的 6 只青蛙和用于发货销售的（过河的）4 只青蛙均需要核算清楚，即发货环节会涉及核算这两部分的成本明细。

没有过河的 6 只青蛙仍留在资产负债表的存货成本中，这部分青蛙是不影响利润的。过河的青蛙数量越多，存货成本转化为主营业务成本的金额就越大，影响利润的成本就越多。该发货环节的记账分录如下。

借：发出商品
　　贷：库存商品

借：主营业务成本
　　贷：发出商品

从上述分录中可以看出，发货销售会使利润表的"主营业务成本"增加；同时，资产负债表的"库存商品"（存货成本之一）会同步减少。

1.3.2 惦记两张表

资产负债表阶段和利润表阶段都会有各自单独对应的产品成本二维多栏明细表，且格式相同，即无论是 10 只青蛙、6 只青蛙还是 4 只青蛙，其成本构成以及表格格式都是相同的，如图 1-17 所示。

在图 1-17 中，左右两张表为同样的格式，左边这张表是 6 只青蛙的产品成本二维多栏明细表，继续留在资产负债表阶段；右边这张表是 4 只青蛙的产品成本二维多栏明细表，已结转进入利润表阶段。只有发货了，"青蛙"才会从资产负债表阶段跳（过河）到利润表阶段。

图 1-17 中左侧的 6 只青蛙是留在资产负债表的存货成本，表示尚未发货、尚未结转为主营业务成本⊖（未发货、未确认收入）的存货，这部分不影响利润。

图 1-17 中右侧的 4 只青蛙已跳到利润表，表示已经发货出库、已经结转为主营业务成本（已发货、已确认收入）的存货，主营业务成本是利润表的构成项目，影响利润。所以，主营业务成本就是"库存商品—产成品"发货出库的那部分成本。

在两种成本发生姿势中，影响利润的节点位置为图 1-18 中"利润表阶段"标注所指的虚线框。

⊖ 为便于理解，本书的营业成本仅考虑主营业务成本，暂不考虑其他业务成本。

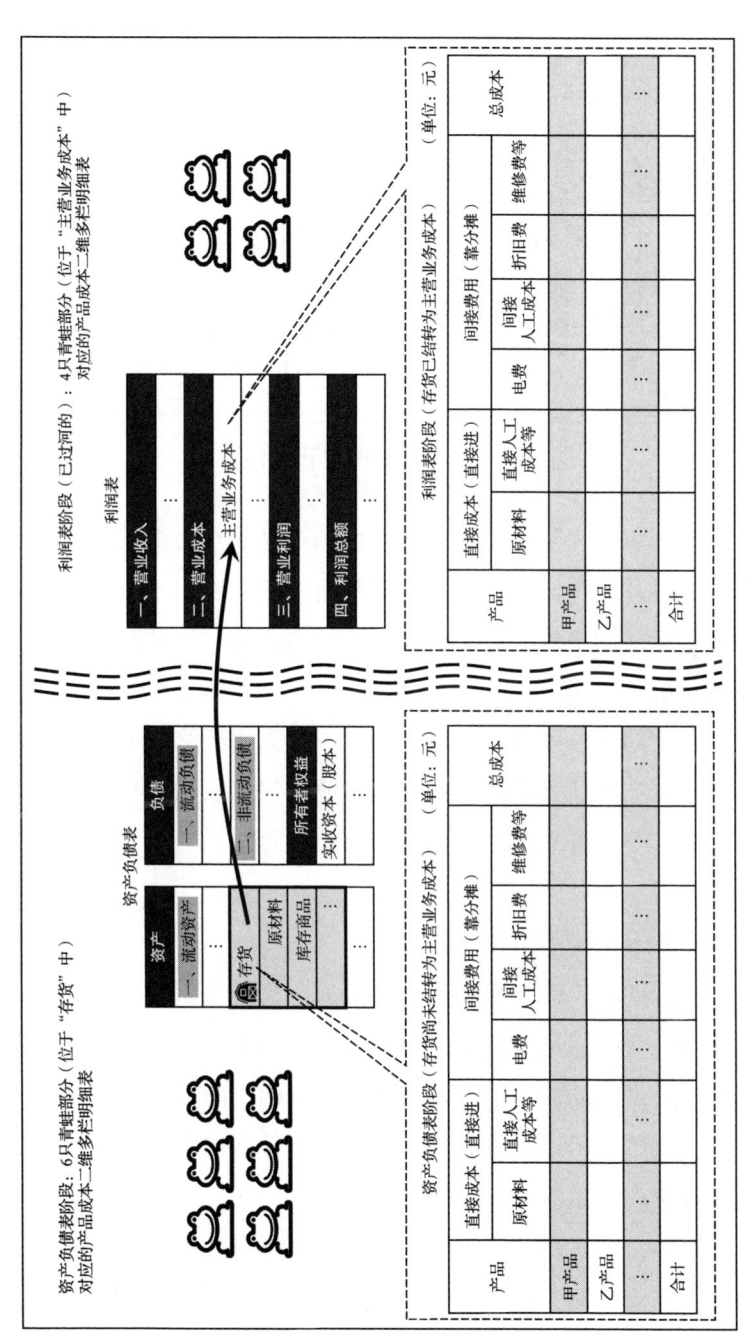

图 1-17 两个阶段的产品成本二维多栏明细表

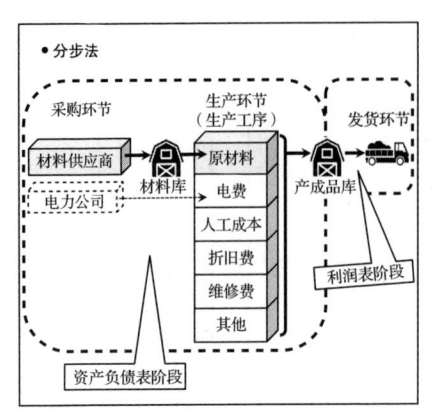

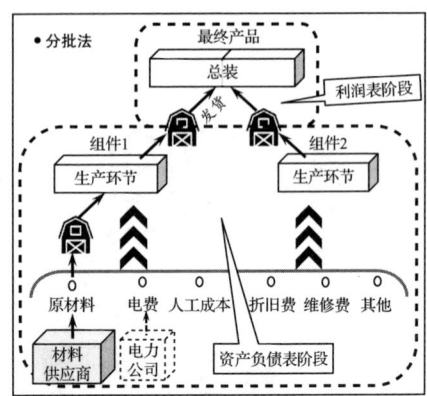

图 1-18　影响利润的节点位置

有了资产负债表阶段和利润表阶段的产品成本明细表，就可以对产品成本进行月度环比、年度同比等分析，亦可以用于分析存货周转率等财务指标。如果再匹配上一套预算体系，就可以对产品成本进行预算成本分析了。

此外，利润表阶段的产品成本明细表可以用于测算分析同类新产品的毛利；资产负债表阶段的产品成本明细表可以用于测算分析同类新产品的成本等，可见这两张基础表格的重要性。

1.3.3　分析的数据源（弹药库）

需要注意的是，在分析利润表阶段的产品成本明细表产生差异的原因时，会出现时间错位问题，是因为结转的主营业务成本可能是以前期间生产的产品的成本，而并非当期生产的产品的成本。此外，分析资产负债表阶段的产品成本明细表产生差异的原因时，亦可能是多个期间累计生产产品的成本影响。

产品成本二维多栏明细表是本书成本核算展现的最终结果，为了更直观地表述该明细表在成本核算地图中的位置，我们在图 1-19 中予以标注，即图中所指的"终点"位置。

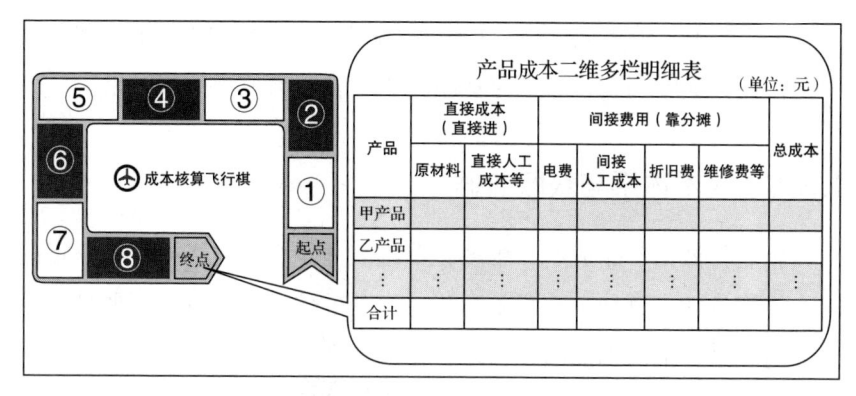

图 1-19　本书展现的最终结果及在成本核算地图中的位置

本书将围绕产品成本二维多栏明细表中每一个单元格所需数据进行讲解并填列。完成本表后，企业产品成本的明细构成及成本底细就一目了然了。

表中所需填列的每一个成本数据均有一条从业务数据链到财务数据链的轨迹，这条业财数据链可谓"环环相扣、缺一不可"。

成本核算的终点是进行利润（成本）分析的起点。例如，某企业进行的毛利分析[一]，如表 1-2 所示的产品毛利情况表。

表 1-2　产品毛利情况表

产品	销售数量 （件或套）	销售收入 （元）	销售成本 （元）	毛利 （元）	毛利率 （%）
甲产品					
乙产品					
⋮	⋮	⋮	⋮	⋮	⋮
合计					

[一] 毛利分析在很多企业中较为常用，此分析未包含期间费用，产品定价常根据市场策略、盈亏平衡分析综合考虑毛利和期间费用。除毛利分析外，有些企业会对成本进行固定成本、变动成本的拆分，并对其中的变动成本进行边际贡献分析，产品定价亦常根据市场策略、盈亏平衡分析综合考虑边际贡献和固定成本。

表 1-2 中"销售成本[⊖]"这一列，就是对应图 1-17 所示的利润表中主营业务成本明细，它为存货结转为主营业务成本后的结果。

1.3.4　成本体系与获取数据

企业要做出产品成本二维多栏明细表并不容易，需要具备一定的成本核算条件。例如，除了要有比较完善的信息化系统，还要打通业务部门和财务部门的隔阂，实现数据的有效传递。而要打通隔阂，就需要建立一套体系，这个体系就是成本管理体系。有了成本管理体系才能各司其职、有效率地传递数据，有了成本管理体系才能有执行力，才容易进行团队协作。

成本核算的业务触发属性非常明显，一切源于业务，财务只是反映业务。所以，本书对成本核算的讲述顺序进行了创新，即从业务部门的业务数据开始，通过完整成本数据链的层层传递，使得成本核算具备完整的证据链条。就像炒菜一样，当"菜、料、器具"都准备齐全了以后，财务部门就可以开始"炒菜"了。而搭建成熟的成本管理体系，是让业务部门及时、准确提供完整成本数据源的基础。

1.4　实景问答

1.4.1　产品成本核算和产品定价的关系

产品成本核算和产品定价的关系，可以理解为产品成本会不会用于产品的定价。个人觉得，定价涉及商务领域，要综合考虑诸多影响因素。有三种定价方式，分别为成本加成定价、协议商量定价、市场价格定价；其中，成本加成定价的方式与产品的成本核算结果有较强

⊖　此处的"销售成本"是指利润表中的营业成本，用于计算毛利，不等于"销售费用"。

联系。

这里涉及议价权的问题。对于销售方来说,需判断议价权是处于主动性地位还是被动性地位。处于主动性地位则意味着议价权掌握在自己手中,此时选用成本加成定价方式的成功率比较高。如果议价权处于被动性地位,选用成本加成定价方式的成功率则较低。

到底什么是议价权的被动性地位?举个例子,我在某500强工作的8年多时间里写了上百个价格请示报告,都是关于费用、费率和价格方面的请示报告,主要是给子公司或者关联公司进行定价和成本测算。与给外部企业定价相比,给内部关联企业定价更具难度,这个难度主要在于寻找公允价格的依据。

请示报告写完之后,大部分时候,领导批示就写两个字——"同意"。因为领导要说的话都已经存在于价格请示报告当中,事先已进行了充分沟通,包括测算的备选方案、可行性分析、定价方式及数据源依据、成本与效益、最终建议等。

个人感觉,很多财务BP⊖的功能都可以在这些价格请示报告当中体现。当你的议价能力弱的时候,很多情形是"你的价格取决于对方(议价权强势的一方)给其高层打的请示报告",并且在此时,"你的成本数据很难作为决定性的议价筹码放到谈判桌上"。

很多案例告诉我们:议价权强势的一方可以不看对方的成本理由,甚至可以给议价权弱势的一方核定成本。

记得当年制定价格的时候,一家关联子公司来谈价格的人开玩笑说:"反正我们(企业)不是亲生的,我们就躺在地上,你随便吧。"这句话我印象很深刻。

⊖ 财务BP即财务业务伙伴,是财务部门与业务部门之间的桥梁。财务BP不仅拥有财务专业知识,还熟悉业务流程,能够用财务的语言为业务部门提供决策支持。财务BP的核心职责在于将财务分析与业务战略相结合,帮助业务部门更好地理解财务数据和指标,以便支持决策者做出更加明智的决策。

还有一句印象深刻的话源于我的领导，她说："就以我们的测算为准，如果对方接受了，就说明可能还是有水分的，挤水分挤对了；如果价格定得确实低了，确实给对方压力了，对方老总会在很多场合反复去说这个事情的。"之所以印象深刻就在于：评价我们定价是否合理的依据是对方老总会不会在很多场合抱怨。

所以，价格制定要看企业在供应链条上的地位如何，要看议价权地位到底是处于强势的一方还是弱势的一方。

1.4.2 存货所在位置和内容

哪里可以看到存货的位置和内容呢？在图 1-4 中，仓库图标表示存货。存货所在位置和内容体现在"资产负债表"中，如图 1-20 所示。

资产负债表

资产	负债
一、流动资产	一、流动负债
货币资金	短期借款
应收票据	应付票据
应收账款	⋮
存货	二、非流动负债
原材料	长期借款
库存商品（产成品）	长期应付款
库存商品（半成品）	所有者权益
发出商品	实收资本（股本）
⋮	资本公积
二、非流动资产	盈余公积
固定资产	未分配利润
⋮	⋮

资产负债表中"存货"所在位置和内容

图 1-20　存货所在位置和内容

第 2 章

材料成本核算的"飞行棋"攻略

本章地图导览（见图 2-1）。

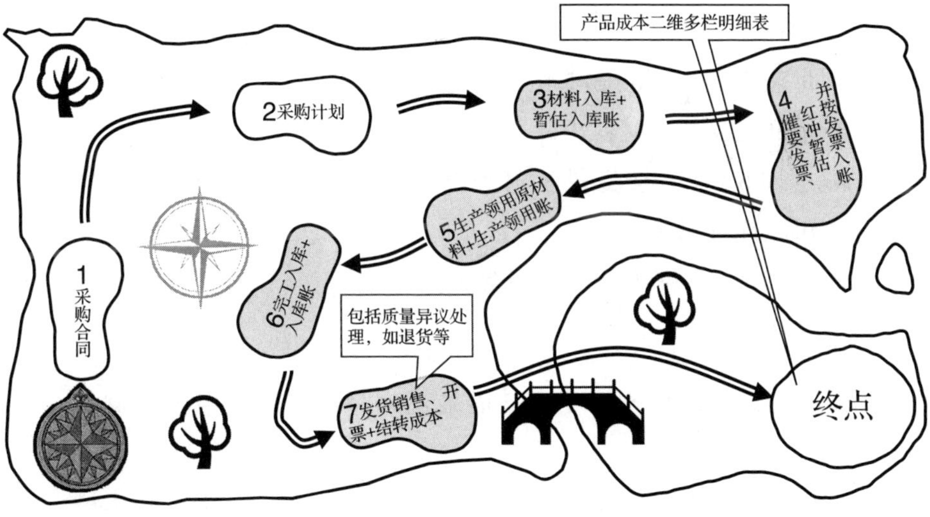

图 2-1 材料成本核算"飞行棋"地图

本章开始实景展示成本核算，主要从实操角度进行。选取的第一个典型产品成本构成内容是材料成本。

逐项搜集材料成本证据的"飞行棋"轨迹路径地图如图 2-1 所示。"飞行棋"地图中的"足迹"表示证据链轨迹的路径，材料成本核算的证据链主要有以下 7 个足迹（不含终点）。

▶ 足迹 1：业务链提供采购合同。

▶ 足迹 2：业务链提供采购计划。

▶ 足迹 3（业务链提供＋财务链操作）：材料入库并做暂估入库账。

▶ 足迹 4（业务链提供＋财务链操作）：催要发票、红冲暂估并按发票入账。

▶ 足迹 5（业务链提供＋财务链操作）：生产领用原材料并做生产领用账（材料出库）。

▶ 足迹 6（业务链提供＋财务链操作）：完成生产（完工）后再入库并做入库账。

▶ 足迹 7（业务链提供＋财务链操作）：发货销售、开票并结转成本。

终点为财务链操作：在产品成本二维多栏明细表中留下痕迹（结果）。

不难看出，成本核算的"业务触发属性"非常明显，材料成本核算的足迹均源于业务，财务只是反映业务结果。7 个足迹分别将业务链和财务链做了界定，涉及业务链的，业务部门需多关注；涉及财务链的，财务部门需特别关注。其中，足迹 3 ～足迹 7 为业务部门和财务部门共同操作的环节。

为了更直观地展现成本核算的场景，本章将材料成本核算在两种典型成本发生姿势中所处的位置标注出来，如图 2-2 中虚线框所示。

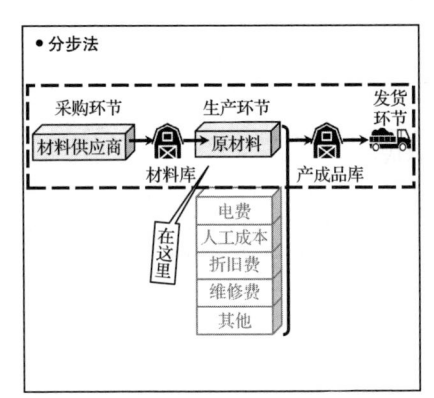

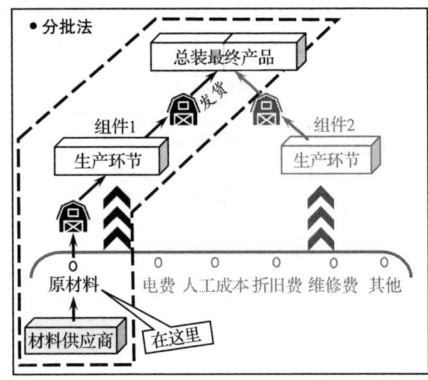

图 2-2　产购销环节中材料成本核算在两种典型成本发生姿势中的位置

案例企业经历了"产购销"全部环节的产品成本核算，在各环节的"收发存"记录中都留下了材料的足迹。

无论图 2-2 中左图分步法的成本发生姿势，还是图 2-2 中右图分批法的成本发生姿势，材料成本都经历了如下过程：采购入库→领用出库→生产→生产完毕再入库→发货出库→最终用户。

相比材料成本核算，人工成本、折旧费等成本核算则可能只包含生产→生产完毕再入库→发货出库→最终用户的过程。

此外，本章材料成本在产品成本二维多栏明细表中所处的具体位置，如图 2-3 中箭头所指。

由于全书只列举两种典型生产型企业案例，本章亦如此，其中：

实景企业 1 是按分步法生产的企业，专注于生产标准化产品，并以"产量"为分摊依据，将共用性费用分摊至各个产品。

实景企业 2 是按分批法生产的企业，专注于生产非标准化产品，并以"工时"为分摊依据，将共用性费用分摊至各个工程项目。

本章对于需要进行材料成本核算的企业，均有借鉴和指导意义。

（单位：元）

产品	直接成本（直接进）		间接费用（靠分摊）				总成本
	原材料	直接人工成本等	电费	间接人工成本	折旧费	维修费等	
甲产品							
乙产品			本章材料成本对应位置				
⋮	⋮	⋮	⋮	⋮	⋮	⋮	⋮
合计							

图 2-3 产品成本二维多栏明细表中的材料成本

下面将在"飞行棋"地图中带原始单据实景展示并沙盘实操材料成本的核算。

2.1 实景企业1：从33.11吨原材料到32.8吨销售品

实景企业1系按分步法（流水线量产）生产的企业，以成本核算对象的"产量"作为分摊依据。该企业多个产品常年周而复始地重复生产。从购买原材料到生产产品，再到发货销售的整个"产购销（亦称供产销）"过程，产品实物形态及重量均变化不大。

本书遵循"于细微处知著"的风格，讲述实景企业1的材料成本核算，从采购量为33.11吨的"原材料A"开始，跟踪"原材料A"从"业务链"到"财务链"的全过程，逐步搜集材料成本核算所需要的数据链证据，直至生产出完工产品"甲产品"，并计入存货，再从中发货销售32.8吨"甲产品"，完整展现了材料成本核算流程。实景企业1原材料A成本核算推演图如图2-4所示。

第 2 章 材料成本核算的"飞行棋"攻略 | 33

① 根据合同计划购买原材料A33吨 → ② 实际收到的原材料A为33.11吨,做暂估入库账;实际收到发票后冲暂估并按发票入账 → ③ 生产产品需领用原材料A,领用量为33.11吨 → ④ 生产完毕仍以33.11吨原材料A作为最终甲产品的成本构成,做完工入库账 → ⑤ 最终甲产品入库变为存货,从中发货销售甲产品32.8吨(发出商品)

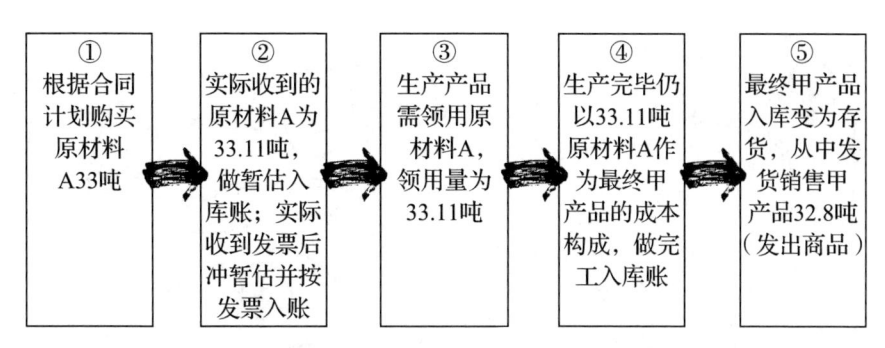

图 2-4　实景企业 1 原材料 A 成本核算推演图

原材料 A 成本核算的证据链轨迹包括以下内容:①根据合同计划购买原材料 A33 吨。②实际收到的原材料 A 为 33.11 吨,做暂估入库账;实际收到发票后冲暂估并按发票入账。③生产产品需领用原材料 A,领用量为 33.11 吨。④生产完毕仍以 33.11 吨原材料 A 作为最终甲产品的成本构成,做完工入库账;此时,甲产品的成本明细构成中的材料成本已经锁定。⑤最终甲产品入库变为存货,从中发货销售甲产品 32.8 吨(发出商品)。至此,甲产品成本构成中的材料成本就说清楚了。

材料成本核算的上手模拟需要从原始业务数据的可得性说起。所谓业务数据的可得性,即核算所用到的业务数据是否能够完整地得到。实景企业 1 核算"原材料 A"的业务部门和财务部门足迹如图 2-5 所示。

在图 2-5 中,从采购合同开始,逐步搜集成本核算所需要的数据链证据,并通过"足迹 1～终点(出报表)"逐步展现轨迹路径,直观定位了成本核算所需业务数据链的全景地图。

可见,实景企业 1 业务部门的足迹(足迹 1～足迹 7)遍布整个材料成本核算地图,其中,足迹 1～足迹 2 仅涉及业务部门,足迹 3～足迹 7(深灰底色)既涉及业务部门,也涉及财务部门。这些足迹所留下的数据证据,可作为材料成本核算记账需要的附件依据。

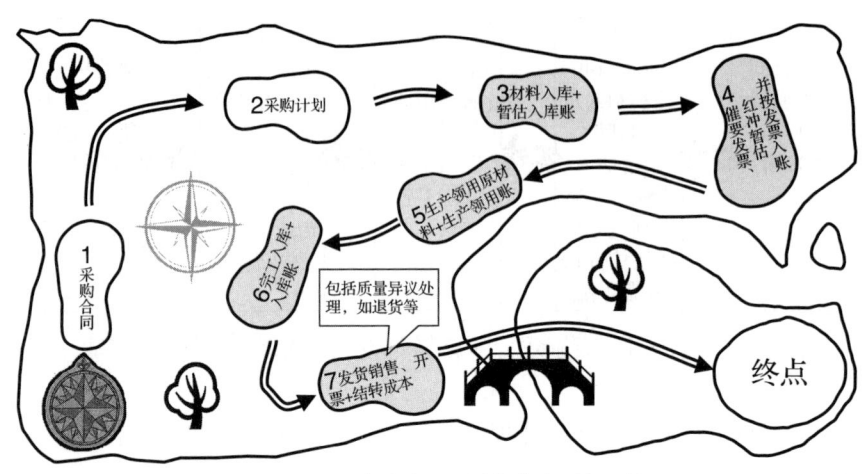

图 2-5 业务部门和财务部门的足迹

需要说明的是，本案例所提供的资料和数据，并非一定是读者所在企业成本核算的附件依据，附件依据可以形式多样，不一而足，企业可根据自身需要灵活处理，**但总要有类似的附件依据存在**。

2.1.1 足迹 1～足迹 2：采购合同和采购计划

1. 材料成本核算足迹 1：业务链提供采购合同

一般来说，材料采购需要先有采购计划，之后找到合适的供应商，并签订采购合同。实景企业 1 采购部门提供的采购合同如图 2-6 所示。

财务部门在进行原材料 A 的采购入库成本核算时，将图中的采购合同（原件或复印件）作为其记账凭证的附件依据，这也是该企业的内控要求。

2. 材料成本核算足迹 2：业务链提供采购计划

采购合同上的总采购量，不是一次性完成，可能需要一个很长的采购周期，即需要分批次采购。当需要对采购合同中的一个批次进行采购时，企业内部需要根据生产的排产计划制订采购计划。实景企业 1 本批次原材料 A 的采购计划为 33 吨，如图 2-7 所示。

第 2 章　材料成本核算的"飞行棋"攻略 | 35

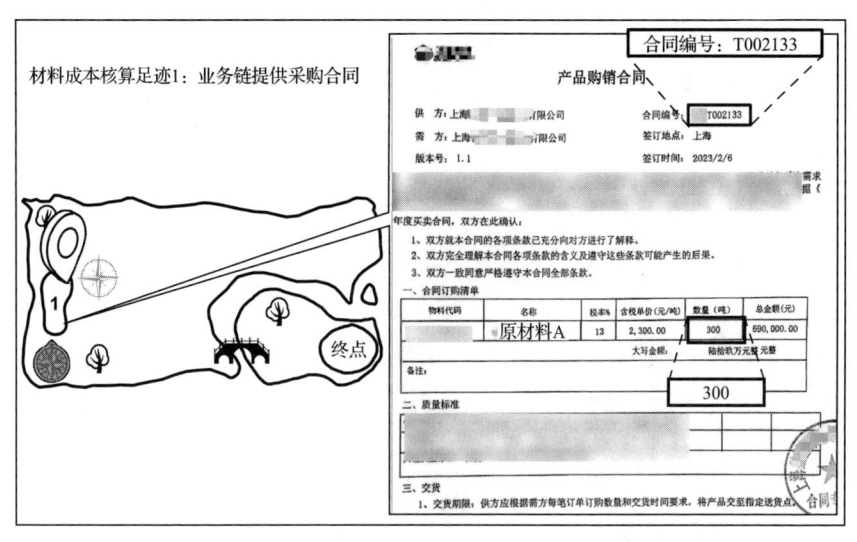

图 2-6　采购部门提供的采购合同[一]

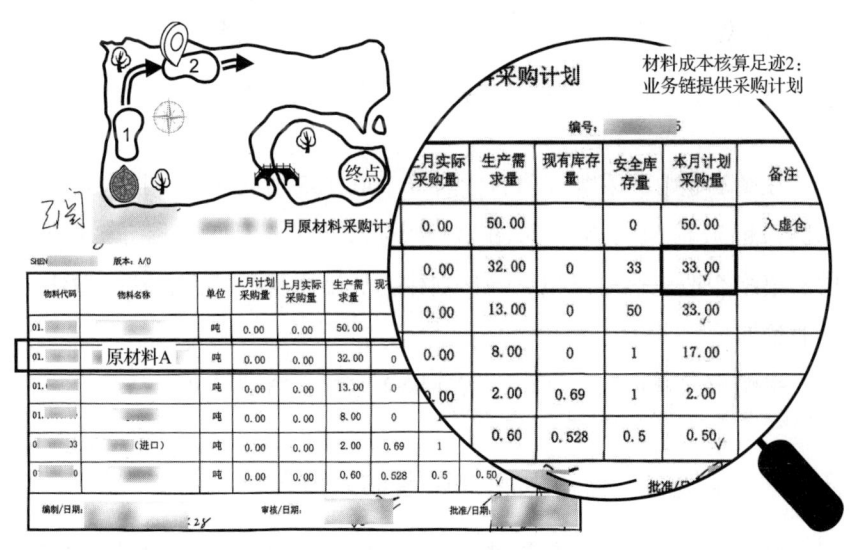

图 2-7　采购部门提供的采购计划

[一] 本书的特色之一是充分图解。为适应图书尺寸，图片中涉及的真实原始材料图做了适当缩小，仅为示意。如需查看更清晰的原始材料信息，请登录网站 https://g.cmpreading.com/XvUg8，下载图片，放大后观看。

采购部门会将此采购计划录入其自身的采购信息化系统中，实景企业1采购部门"采购系统—采购订单"的录入界面如图2-8所示。

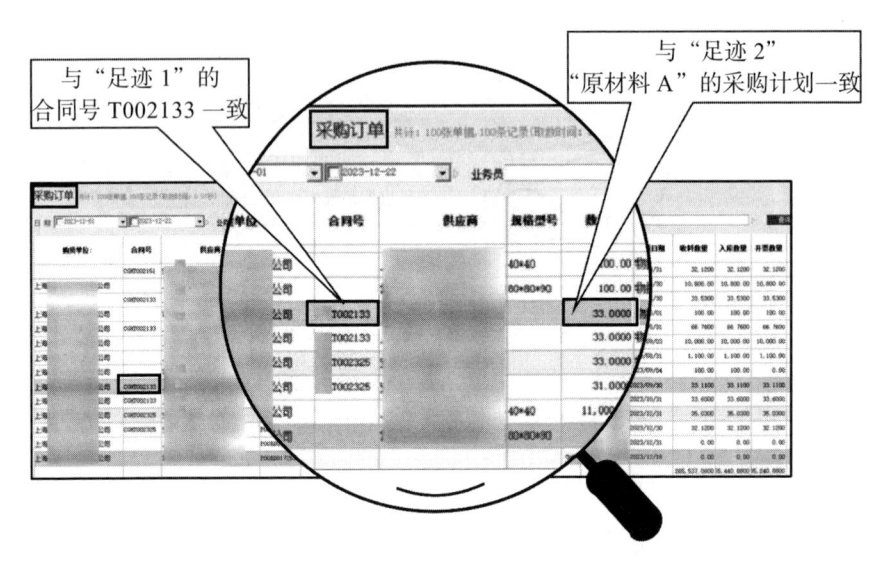

图2-8 "采购订单"的录入界面

在图2-8中，采购订单的合同号T002133所对应的本批次采购订单的采购数量为33吨，与图2-7中的原材料A计划采购量33吨一致。很多企业也会要求把采购计划作为凭证附件，然而，这一做法也并非绝对。

采购部门根据采购计划，实际操作原材料A的入库。

2.1.2 足迹3：材料入库并做暂估入库账

足迹3具体分为业务链提供材料入库依据、财务链做暂估入库账两步。

1. 材料成本核算足迹3：业务链提供材料入库依据

材料入库时，业务部门（如采购部门）需要提供入库单作为财务记账的依据，如图 2-9 所示。

图 2-9 显示原材料 A 的"实收"数量为 33.11 吨。

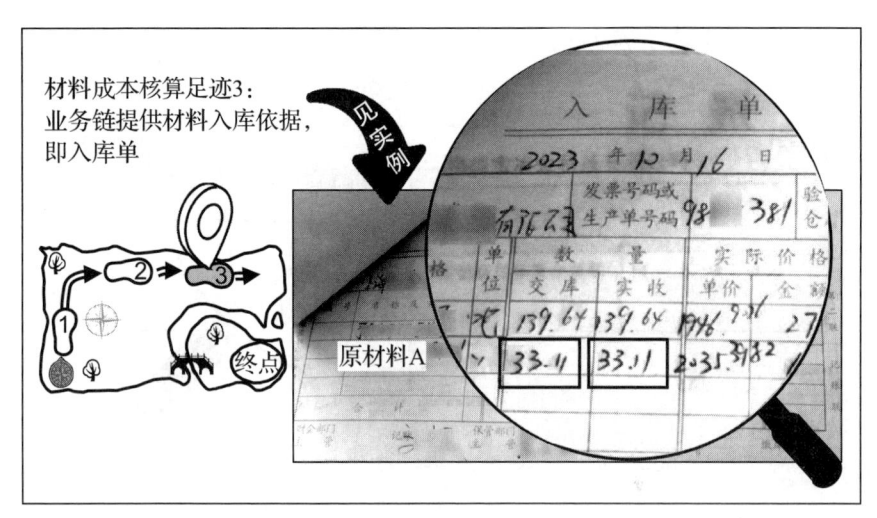

图 2-9　业务部门提供的入库单

采购计划中的 33 吨为计划数，而 33.11 吨为实际数。计划数与实际数一般都会存在差异，但此处可以看出差异不大。材料成本核算最终以实际数即发票数为准。

业务部门会将入库单相关数据录入对应的信息化系统中，即外购入库单。实景企业 1 由采购部门将相关数据录入其采购系统中，外购入库单中原材料 A 的界面如图 2-10 所示。

界面显示原材料 A 的"实收数量"为 33.11 吨。

原材料 A 的采购入库在两种典型成本发生姿势中的位置为图 2-11 中标注位置。

在图 2-11 中，标注所指位置即为原材料 A 外购入库的成本核算记账信号。

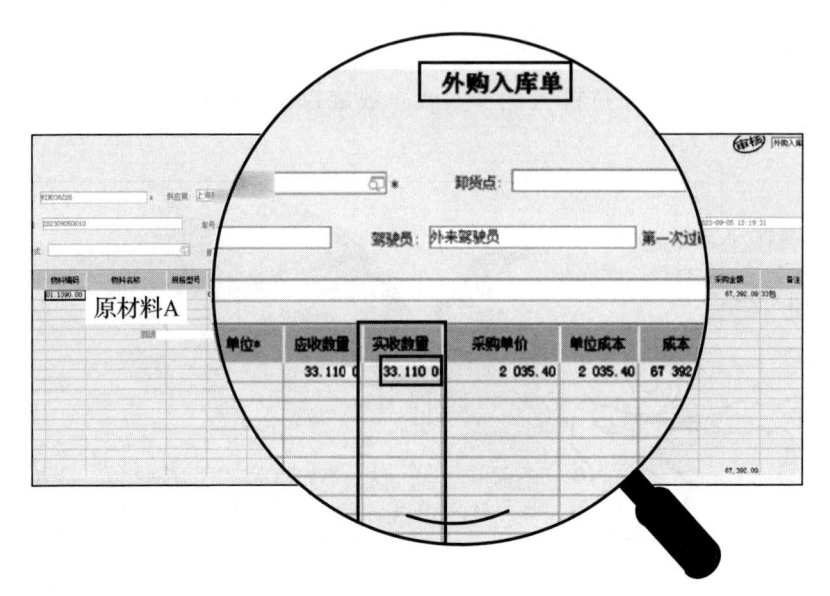

图 2-10　外购入库单中原材料 A 的界面

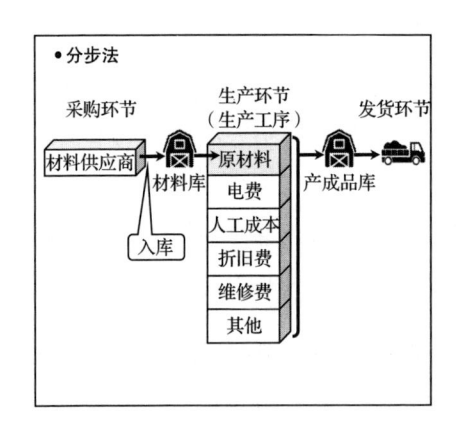

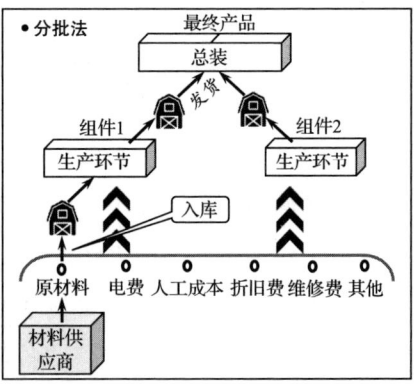

图 2-11　原材料 A 的采购入库位置

2. 材料成本核算足迹 3：财务链做暂估入库账

需要注意的是，原材料 A 的供应商在发货后可能会等待一段时间再向采购方开具增值税专用发票。因此，采购方在实际入库时，可能并未收到供应商开具的增值税专用发票，此时需要暂估入账。

财务部门对原材料 A 暂估入账的时机，可依据业务部门提供的入库单、外购入库单（见图 2-9、图 2-10）来确定。因发票未到，材料入库时需要先暂估入账，目的是防止原材料成本波动过大，并真实反映权责发生制下的成本归属期。实景企业 1 原材料 A 的暂估入账凭证录入界面如图 2-12 所示。

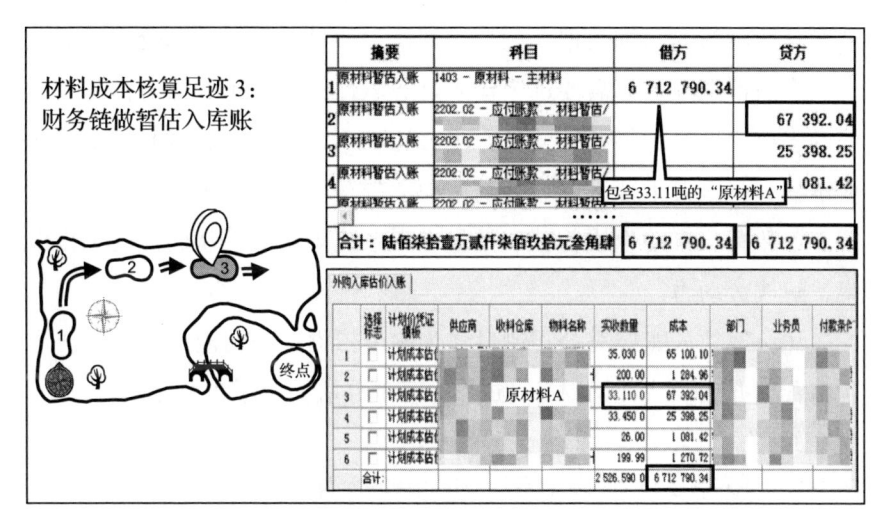

图 2-12　原材料 A 暂估入账凭证录入界面

图 2-12 所示的分录目前普遍用于各类成本核算企业，即采用了"汇总入账，另附清单"的方式做暂估凭证。涉及材料暂估入账的常见分录为：

借：原材料—主材料
　　贷：应付账款—材料暂估—××供应商

暂估计入"原材料—主材料"的总金额为 6 712 790.34 元，此金额包含了 33.11 吨原材料 A 的暂估金额 67 392.04 元，可在另附的明细清单中找到该笔记录。

另附的明细清单如图 2-12 右下图所示，该明细清单成本合计金额为 6 712 790.34 元，与记账凭证中汇总入账的"原材料—主材料"科目金额 6 712 790.34 元一致；该明细清单第 3 条记录即为 33.11 吨原材料 A 的暂估金额 67 392.04 元。

实际上，很多企业的"原材料"分录的数据量是比较庞大的，涉及各种原材料的明细数据，如型号规格、数量、重量、单价、金额以及供应商信息等，都需要逐笔输入财务软件。如果企业没有信息化系统的支撑，那么材料会计的工作量会比较大，所以，通过软件来简化成本核算就显得十分必要。目前市面上的很多软件都可以实现自动读取业务数据、自动生成凭证、批量导入系统等功能，从而提高工作效率，解放劳动力。

注：暂估入账应有公司制度作为参考依据，公司应该制定《成本暂估管理办法》或在《财务（成本）管理办法》中予以囊括。

2.1.3　足迹 4：催要发票、红冲暂估并按发票入账

足迹 4 具体分为业务链催要采购发票、财务链红冲暂估并按发票入账两步。

1. 材料成本核算足迹 4：业务链催要采购发票

收到供应商开具的对应 33.11 吨原材料 A 的增值税专用发票后，采购部门需要及时地将发票信息传递至财务部门，以便财务部门记账和抵扣税额。实景企业 1 取得的采购原材料 A 的电子发票（由采购部门催要）如图 2-13 所示。

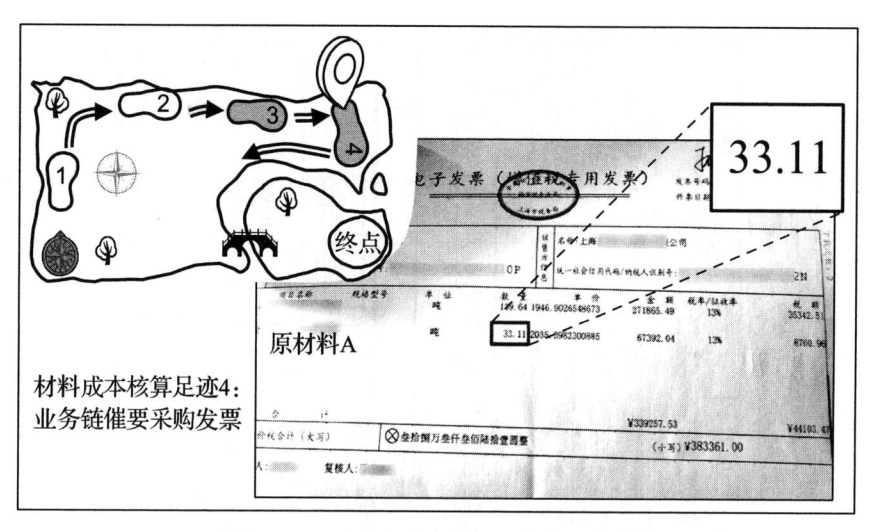

图 2-13　采购原材料 A 的电子发票

2. 材料成本核算足迹 4：财务链红冲暂估并按发票入账

当收到图 2-13 所示的发票后，财务部门应立即对之前暂估的材料成本进行红冲，并根据发票上的数量和金额准确入账。红冲的实例如图 2-14 右上图"红字凭证"界面所示。

红冲分录如下。

借：原材料—主材料　　　　　　　（金额红字）
　　贷：应付账款—材料暂估—××供应商　　（金额红字）

在图 2-14 右上图中，红冲暂估原材料—主材料的金额为 6 712 790.34 元，其中包含 33.11 吨原材料 A 的红冲金额 67 392.04 元。

无论企业使用哪一种信息化系统和财务软件，都需要按相关会计准则规定做红冲分录，该红冲分录可借助财务软件的一键式快捷红冲实现。

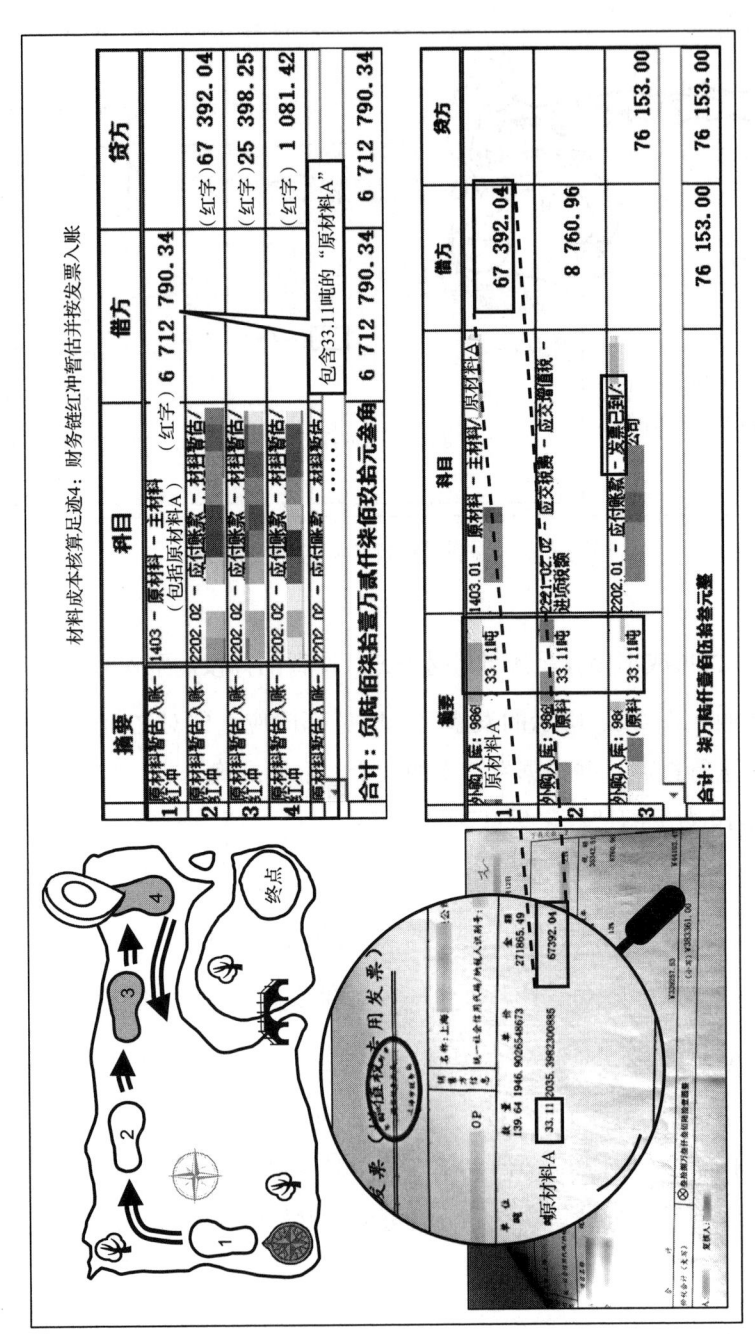

图 2-14 红冲暂估并按发票入账

红冲完暂估账后，再根据图 2-14 左下图所示发票，以实际收到的原材料 A 的采购发票所载数量 33.11 吨和金额 67 392.04 元进行准确记账，凭证分录界面如图 2-14 右下图所示。企业收到了涉及材料的发票后，应根据发票逐笔记账。具体分录如下。

借：原材料—主材料（原材料 A）　　　67 392.04
　　应交税费—应交增值税—进项税额　8 760.96
　贷：应付账款—发票已到—××供应商　　　76 153.00

从材料成本的核算账来看，收到发票当月**冲减暂估后再做正确的账**，一冲一进、一减一增，2 笔合计形成一笔差异（详见本章"2.1.8 动态变化与单点取值"）。

需要说明的是，由于实景企业 1 原材料 A 的价格锁定，不存在价格波动，因此暂估金额和发票金额一致。

2.1.4　足迹 5：生产领用原材料并做生产领用账

足迹 5 具体分为业务链提供生产领料单、财务链做生产领用账两步。

1. 材料成本核算足迹 5：业务链提供生产领料单

材料入库后，进入生产领用环节。此环节需要将直接成本的材料成本计入"生产成本—原材料"科目，财务上一般称为生产领用入账。生产领用入账的标准依据是业务部门提供的生产领料单，这是记账的数据源。

一般来说，业务部门先要填制各用料单位（工序或产品）的生产领料单（如一式四联的领料单等，也可以在系统中完成），然后据此从材料仓库领用材料。

实景企业 1 的生产领料单由生产部门填写，如图 2-15 所示。生产领料单上原材料 A 的"已领数量"为手写的 33.11 吨，此数量为实际领用的数量。

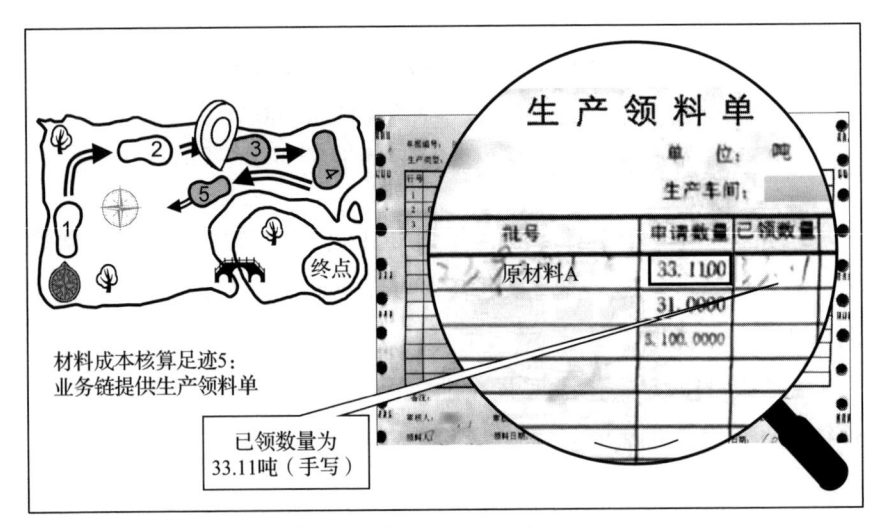

图 2-15　实景企业 1 的生产领料单

需要说明的是，生产甲产品所领用的 33.11 吨原材料 A，不是足迹 3 采购入库的 33.11 吨原材料 A，即原材料 A 可能采购前已有库存，领用的不一定是同一批次。生产甲产品时领用的 33.11 吨原材料 A 的单位成本受移动加权平均法影响，与采购 33.11 吨原材料 A 入库时的采购单价不一致。

业务部门会根据生产领料单将相关领料数据录入其部门对应的生产领料信息化系统中，如图 2-16 所示。

生产领用原材料在两种典型成本发生姿势中所处的位置为图 2-17 中标注位置。

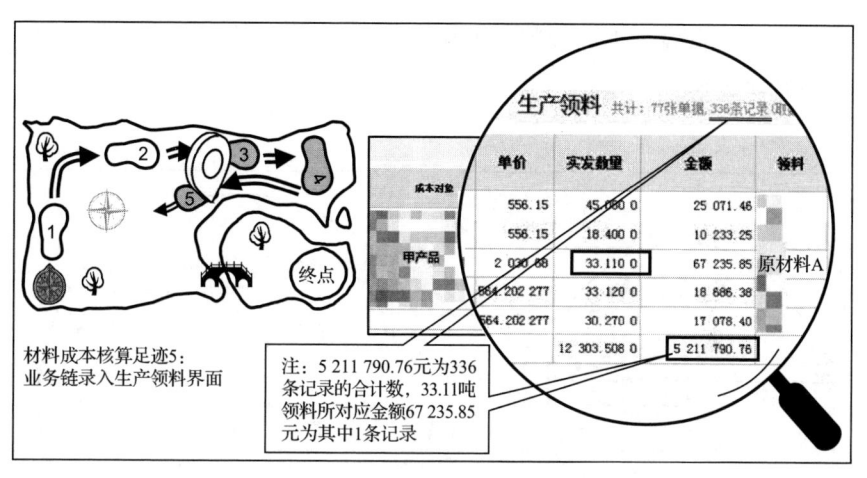

图 2-16　生产领用原材料 A 的信息化系统界面

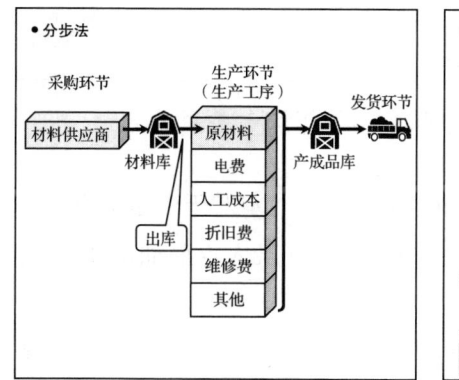

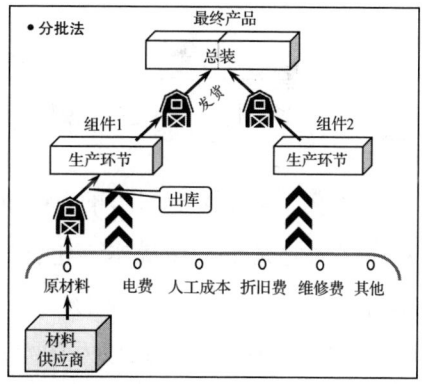

图 2-17　生产领用原材料的位置

2. 材料成本核算足迹 5：财务链做生产领用账

根据手写的生产领料单（见图 2-18 左图），再配合移动加权平均法算出的价格，计算出领用原材料 A 的总成本为 67 235.85 元，该数据录入业务系统的生产领料⊖的界面如图 2-18 右图所示，并以此作为

⊖ 生产领料的记账依据不一而足，有的企业以业务部门和财务部门联合编制的领料凭证汇总表作为记账依据和凭证附件。

财务记账的底稿。生产领料界面中显示共有 77 张单据、336 条记录，此为局部截图。

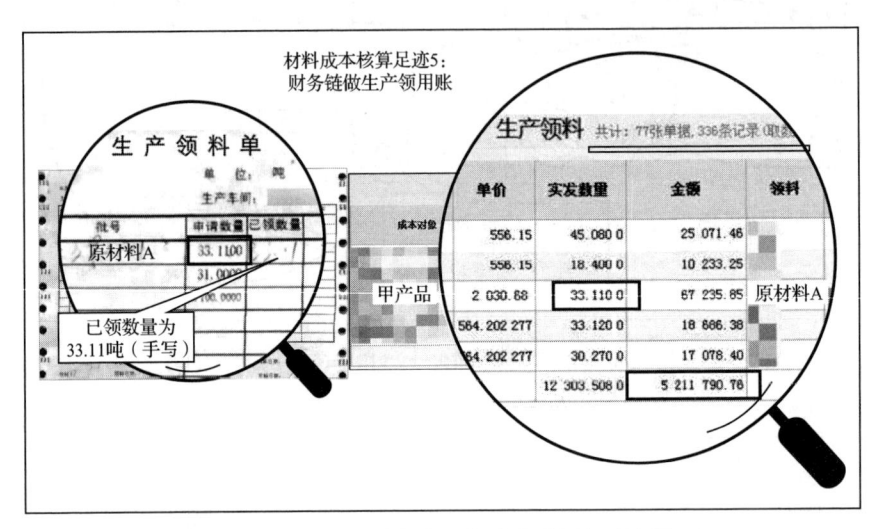

图 2-18　生产领料单和生产领料的系统界面

由于原材料 A 专门用于生产甲产品，材料成本对于产品来说——对应，因此属于直接成本。包含此记录的凭证录入界面如图 2-19 右图所示。

在图 2-19 中，分录以左图生产领料界面作为记账依据，其金额合计为 5 211 790.76 元，与右图所示的"借方合计金额 5 211 790.76 元、贷方合计金额 5 211 790.76 元"刚好一致。

具体而言，该企业生产甲产品涉及领用原材料 A 的具体分录如下。

借：生产成本——原材料（甲产品）　　67 235.85
　　贷：原材料——主材料（原材料 A）　　67 235.85

……

第 2 章 材料成本核算的"飞行棋"攻略 | 47

摘要	科目		借方	贷方
1	生产领用原材料	5001. 生产成本 — 原材料/	25 071.46	
2	生产领用原材料	5001. 生产成本 — 原材料/	10 233.25	
3	生产领用原材料	5001. 生产成本 — 原材料/甲产品	67 235.85	
4	生产领用原材料	5001. 生产成本 — 原材料/	18 686.38	
……				
120	生产领用原材料	1403. 原材料 — 王材料/		25 071.46
121	生产领用原材料	1403. 原材料 — 王材料/		10 233.25
122	生产领用原材料	1403. 原材料 — 王材料A		67 235.85
123	生产领用原材料	1403. 原材料 — 王材料/		18 686.38
合计：伍仟贰佰壹拾壹万柒佰玖拾元柒角陆分			5 211 790.76	5 211 790.76

材料成本核算足迹5：财务链做生产领用账

生产领料 共计：773张单据，336条记录

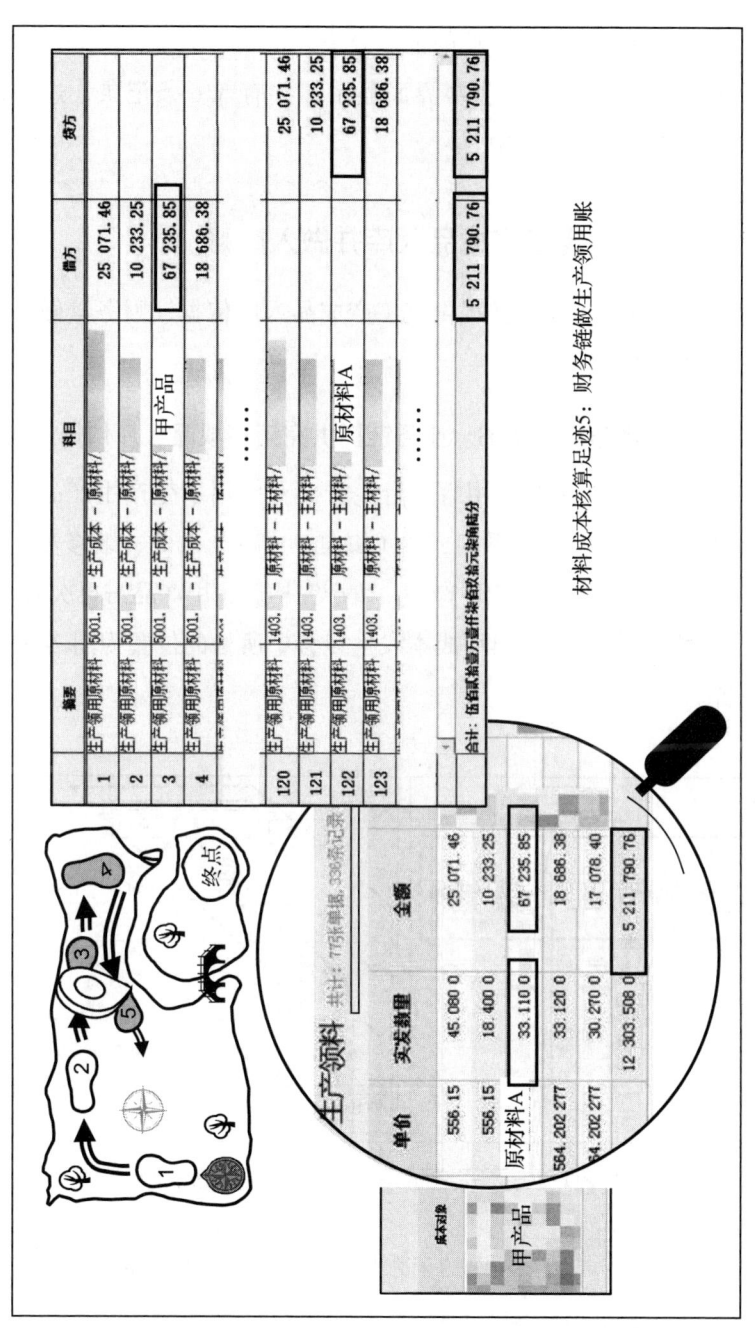

	单价	实发数量	金额
	556.15	45.080 0	25 071.46
	556.15	18.400 0	10 233.25
原材料A		33.110 0	67 235.85
	564.202 277	33.120 0	18 686.38
	54.202 277	30.270 0	17 078.40
成本对象		303.508 0	5 211 790.76
甲产品		12	

图 2-19　生产领用原材料 A 凭证录入界面

此类分录也是各企业常见的记账分录。

图 2-19 中的左图生产领料界面显示，共有 336 条记录，这些记录都要一一录入记账系统中。

2.1.5 足迹 6：完工产成品入库并做入库账

足迹 6 具体分为业务链提供完工产成品入库依据、财务链做完工产成品入库账两步。

1. 材料成本核算足迹 6：业务链提供完工产成品入库依据

33.11 吨的材料 A 在领用后进行生产，专门用于生产甲产品。除了原材料，还附带发生一系列成本（如人工成本、电费、维修费、折旧费等），方能完工即生产出甲产品。生产完毕后，甲产品需再次入库，这个"入库"动作在两种典型成本发生姿势中所处的位置为图 2-20 中标注位置。

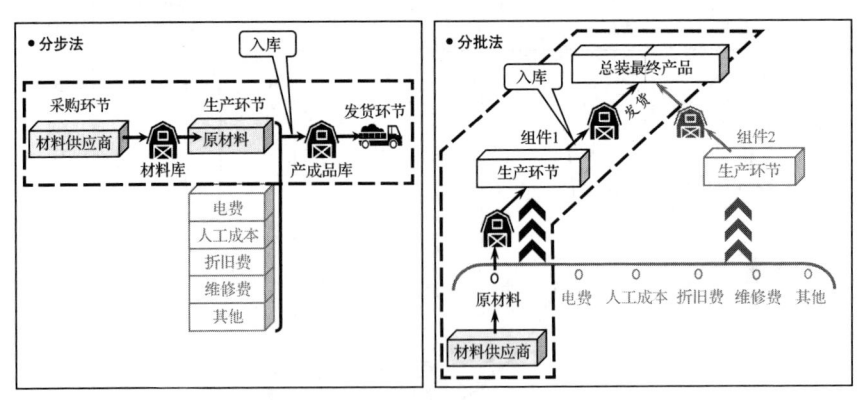

图 2-20　生产完毕后完工产成品入库的位置

完工产品（产成品）入库的记账依据，如图 2-21 所示。

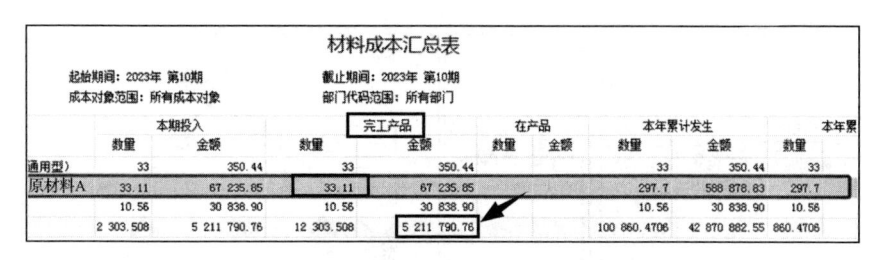

第 2 章 材料成本核算的"飞行棋"攻略 | 49

材料成本汇总表

起始期间：2023年 第10期　　截止期间：2023年 第10期
成本对象范围：所有成本对象　　部门代码范围：所有部门

	本期投入		完工产品		在产品		本年累计发生		本年累
	数量	金额	数量	金额	数量	金额	数量	金额	数量
通用型	33	350.44	33	350.44			33	350.44	33
原材料A	33.11	67 235.85	33.11	67 235.85			297.7	588 878.83	297.7
	10.56	30 838.90	10.56	30 838.90			10.56	30 838.90	10.56
	2 303.508	5 211 790.76	12 303.508	5 211 790.76			100 860.4706	42 870 882.55	860.4706

图 2-21　产成品入库的记账依据

图 2-21 中原材料 A 在"完工产品（产成品）"阶段的成本金额为 67 235.85 元。在足迹 5 "生产领用原材料"阶段，生产甲产品所用到的 33.11 吨原材料 A 的成本 67 235.85 元就已经锁定。入库就是将 67 235.85 元的"生产成本—原材料"再做入库账，变成"库存商品"科目。

此外，图 2-21 中"完工产品"阶段的全部原材料成本合计金额为 5 211 790.76 元，与"领用阶段"的原材料成本合计金额 5 211 790.76 元（见图 2-19）一致。

2. 材料成本核算足迹 6：财务链做完工产成品入库账

完成生产后产成品入库凭证分录如图 2-22 右下图所示。
甲产品入库的具体分录如下。

借：库存商品—产成品　　　　　　　　67 235.85
　　贷：生产成本—原材料（甲产品）　　　67 235.85

……

这里的入库不仅包括"生产成本—原材料"（合计金额为 5 211 790.76 元）的入库，还包括其他一系列成本，如人工成本、电费、维修费、折旧费等，全部相应结转计入"库存商品—产成品"科目中。此分录中只列示了"生产成本—原材料"这一科目的入库。

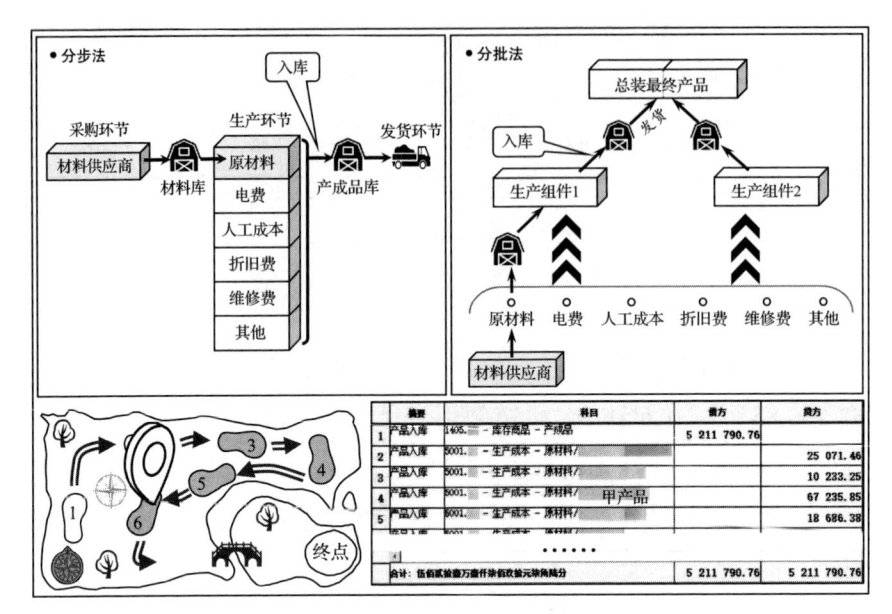

图 2-22　产成品入库的凭证录入界面

2.1.6　足迹 7：发货销售、开票并结转成本

完成生产后，产成品就可以用于对外销售。一般来说，销售时就需要确认收入，同时结转成本。结转成本是指完工产成品入库成为"库存商品—产成品"（分录见足迹 6）后，再结转为"主营业务成本"，结转分录如下。

　　借：主营业务成本
　　　　贷：库存商品—产成品（或发出商品）

同时确认"主营业务收入"（分录略）。

发货销售的依据有销售合同、销售清单、销售发票等，涉及退货还需取得退货通知单等（关于销售退货的相关内容见本小节结尾）。

实景企业 1 的足迹 7 具体分为 4 步：业务链提供销售合同、销售清单，财务链开具销售发票、做销售阶段结转成本分录。

1. 材料成本核算足迹 7：业务链提供销售合同

业务部门（销售部门）需要和用户签订销售合同。

实景企业 1 包含甲产品的销售合同原件如图 2-23 所示。

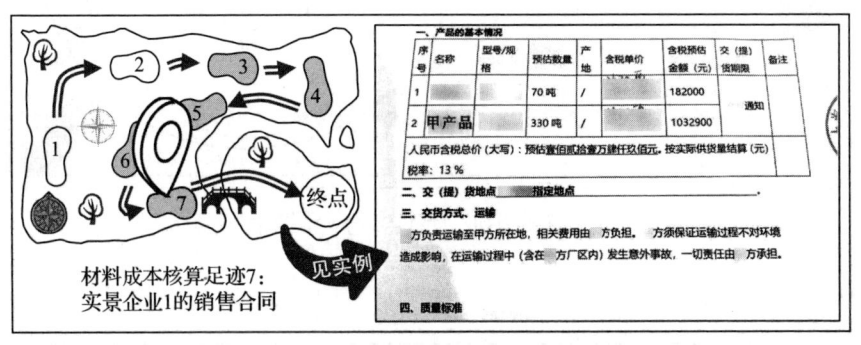

图 2-23　实景企业 1 包含甲产品的销售合同

2. 材料成本核算足迹 7：业务链提供销售清单

业务部门应该提供销售清单。实景企业 1 的销售部门通过销售系统生成的销售清单如图 2-24 所示。

需要说明的是，实景企业 1 甲产品的销售数量为 32.8 吨，是以用户"实际收得量"（即销售清单中的"回执数量"）作为开具销售发票的依据。由此可以看出，由 33.11 吨原材料 A 生产出来了 33.11 吨的甲产品（实景企业 1 在生产该产品的过程中无损耗），甲产品销售数量按照 32.8 吨确定，并作为开具销售发票的数量依据。

确认产品收入和结转产品成本的记账信号为发货出库，发货出库在两种典型成本发生姿势中所处的位置为图 2-25 中标注位置。

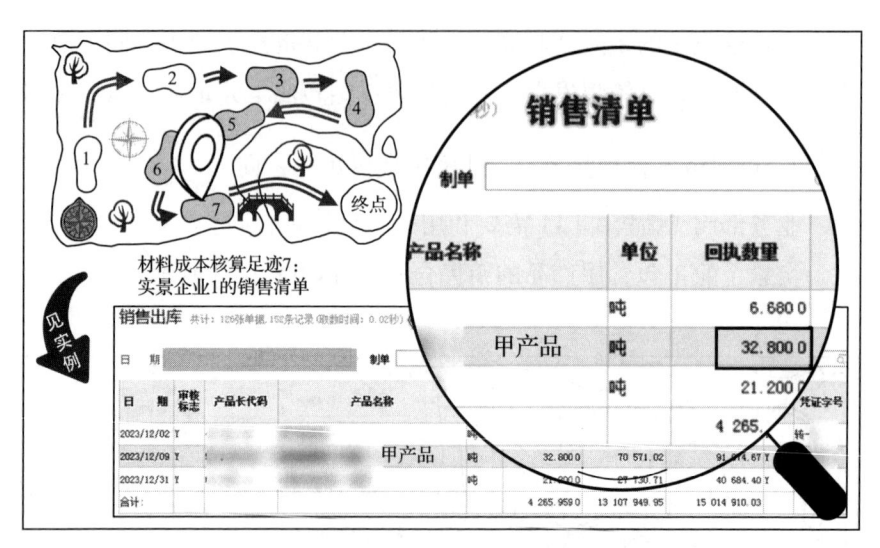

图 2-24　实景企业 1 包含甲产品的销售清单

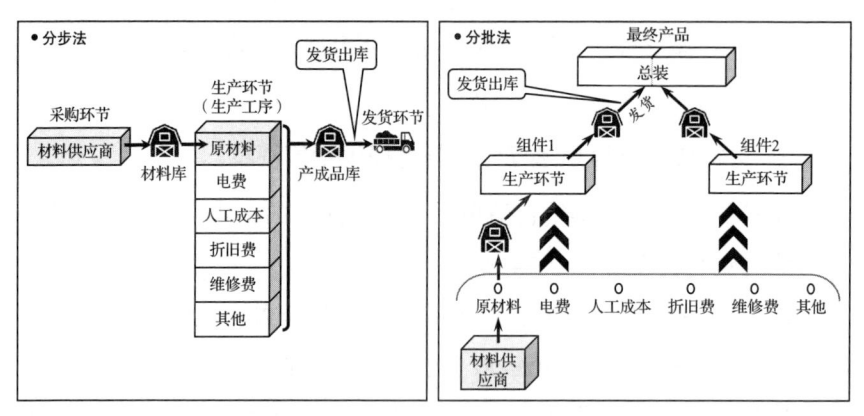

图 2-25　发货出库所在位置

3. 材料成本核算足迹 7：财务链开具销售发票

实景企业 1 财务部门开具的"销售发票"如图 2-26 所示。实景企业 1 的销售发票应作为确认销售收入和结转主营业务成本的凭证附件。

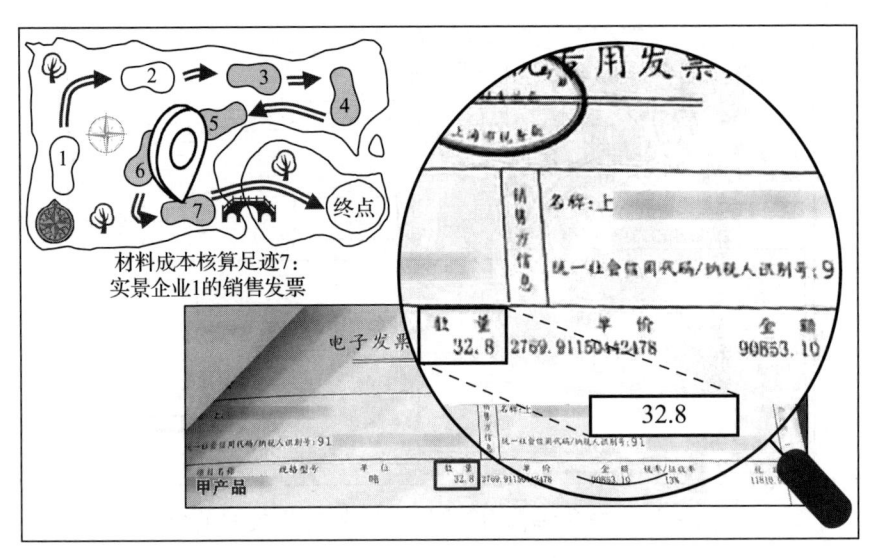

图 2-26　销售 32.8 吨甲产品的销售发票

4. 材料成本核算足迹 7：财务链做销售阶段结转成本分录

在销售阶段，财务部门需要根据会计准则确认收入并结转成本，即将产成品入库结转的"库存商品"再出库结转为营业成本（主营业务成本等）的动作。

在做结转成本的分录时，实景企业 1 以业务部门提供的销售清单、销售开票申请单以及财务部门开具的"销售发票"作为凭证附件。这三个凭证附件所示的甲产品的销售数量均为 32.8 吨，如图 2-27 所示。

在图 2-27 中，发票和销售开票申请单中的销售数量的依据均为销售清单中的"回执数量"。

实景企业 1 在发货销售时，确认了 32.8 吨甲产品的收入，并结转了 32.8 吨甲产品的成本，记账凭证录入界面如图 2-28 所示。

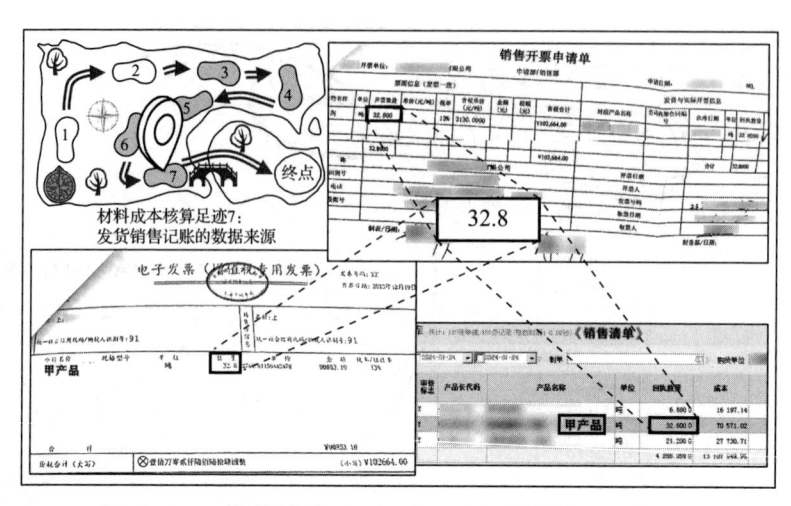

图 2-27　发货销售 32.8 吨甲产品的相关凭证附件

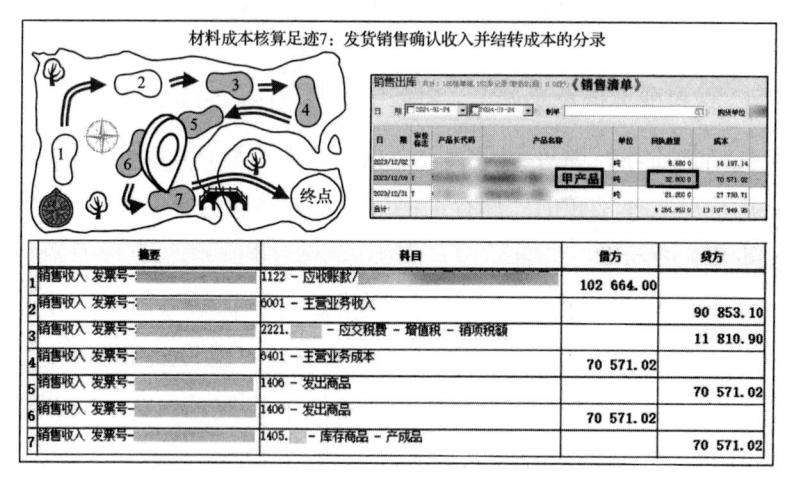

图 2-28　甲产品发货销售凭证录入界面

销售甲产品的具体分录如下。

借：应收账款　　　　　　　　　　　　102 664.00

　　贷：主营业务收入　　　　　　　　　　　90 853.10

　　　　应交税费—增值税—销项税额　　　　11 810.90

借：主营业务成本　　　　　　　　　　70 571.02
　　贷：发出商品　　　　　　　　　　　　　　　70 571.02
借：发出商品　　　　　　　　　　　　70 571.02⊖
　　贷：库存商品—产成品　　　　　　　　　　 70 571.02

5. 关于销售退货

如果产品遇到质量异议，导致用户退货，业务部门（销售部门）会在其业务系统中根据用户提供的退货通知单进行处理。实景企业 1 的退货通知单和其销售部门的销售系统所展示的系统退货界面，如图 2-29 所示。

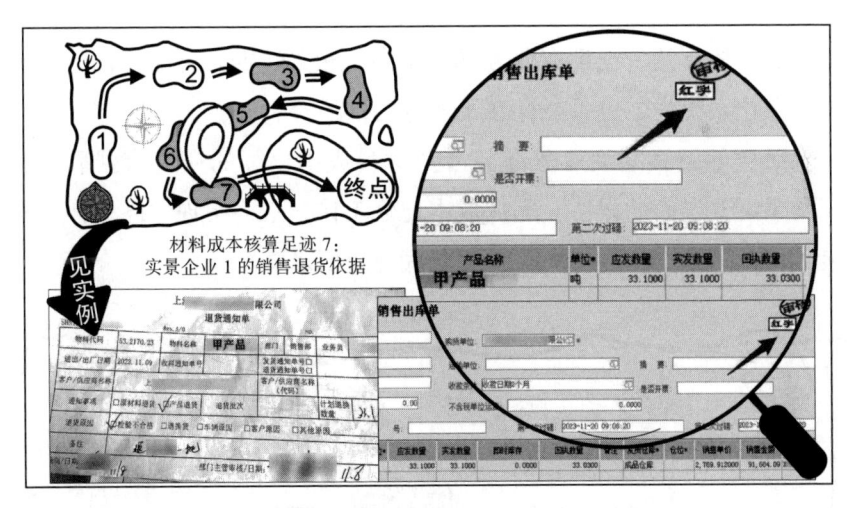

图 2-29　实景企业 1 的销售退货依据

销售退货的相关成本核算凭证分录略。

至此，原材料从业务端到财务端的成本核算地图就算基本走完。其中，业务环节涉及的材料成本核算足迹如图 2-30（足迹 1～足迹 7）所示。

⊖　实景企业 1 为连续购入存货并不断销售产品，存货单位成本的计算采用移动加权平均法。

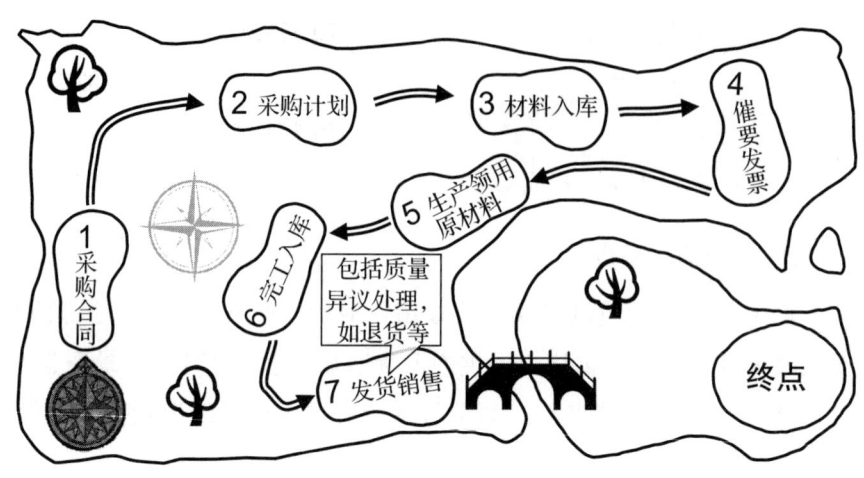

图 2-30 涉及材料成本核算的业务操作足迹

成本核算的依据都在业务部门手中，相关数据既可能存在于业务的信息化系统中，也可能存在于业务的纸质资料中。

财务部门在拿到业务部门涉及材料成本核算的完整依据后，就开始了财务层面的操作，完成成本记账工作，最终实现"终点：出报表"。财务操作足迹如图 2-31 中灰底部分所示。

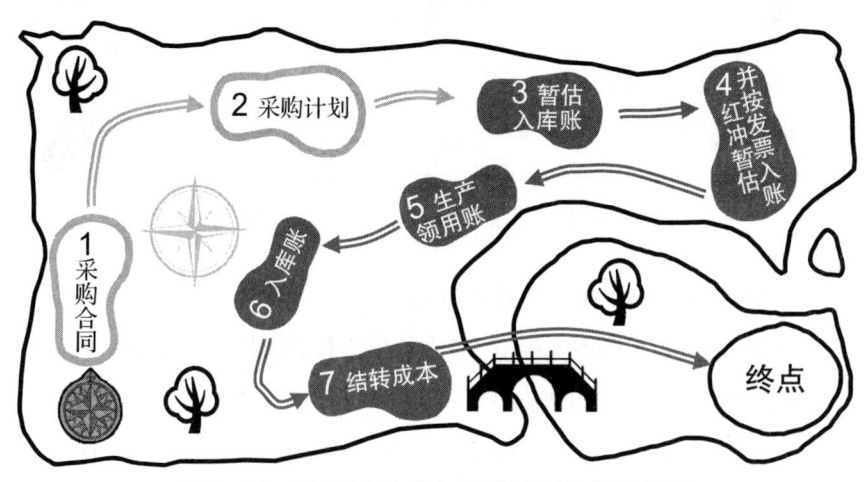

图 2-31 涉及材料成本核算的财务操作足迹

2.1.7 终点的快照

因为实景企业 1 只经过一道生产工序，因此在最终生产工序的时点（足迹 5），终点的快照已成，即甲产品的原材料 A 在报表产品成本二维多栏明细表中留下了成本的痕迹，如图 2-32 所示。无论后面（足迹 6、足迹 7）如何折腾，在"足迹 5"时，甲产品原材料 A 的总成本就已明确为 67 235.85 元。

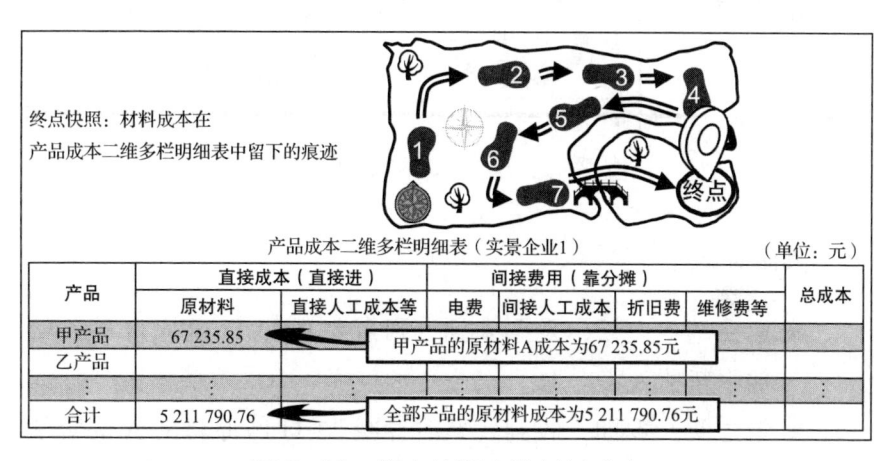

图 2-32 终点快照中的材料成本

实景企业 1 最终能够生成产品成本二维多栏明细表，表明有途径能够区分每种产品的材料成本明细。

市面上各类财务软件和信息化系统均可借助有效的"附加字段"及取数逻辑，自动生成产品成本二维多栏明细表。

2.1.8 动态变化与单点取值

需要说明的是，产品成本二维多栏明细表中的很多成本金额是动态（滚动）变化的，而非固定数值。本例中，随材料成本变化而可能涉及的记账时点如图 2-33 所示（局部）。

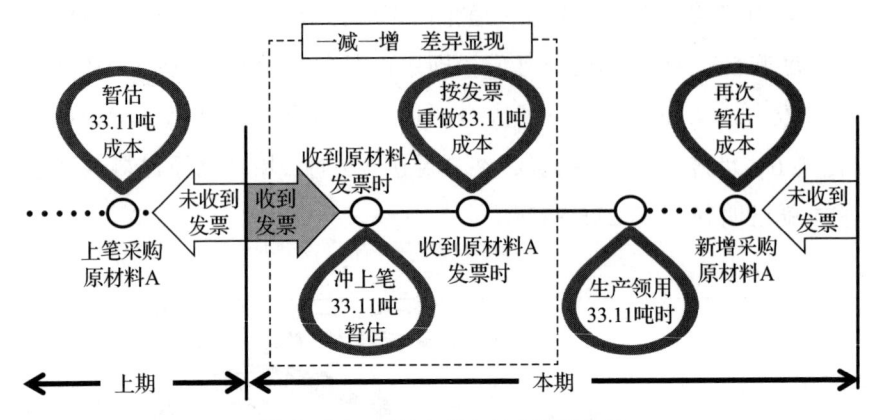

图 2-33　材料成本的记账时点

具体如下：

- 第一笔：上期，发票未到，则需要对 33.11 吨原材料 A 的成本暂估入账。
- 第二笔：本期，收到发票时冲减 33.11 吨原材料 A 的暂估入账。
- 第三笔：本期，按发票重做 33.11 吨原材料 A 的成本。
- 第四笔：本期，生产领用 33.11 吨的原材料时计入生产成本。
- 第五笔：本期，再次暂估本月新增的采购原材料成本（未收到发票）。

……

为方便举例和便于理解，产品成本二维多栏明细表中记录的"甲产品的原材料 A 成本"为单一时点下的取数结果，如图 2-34 所示。

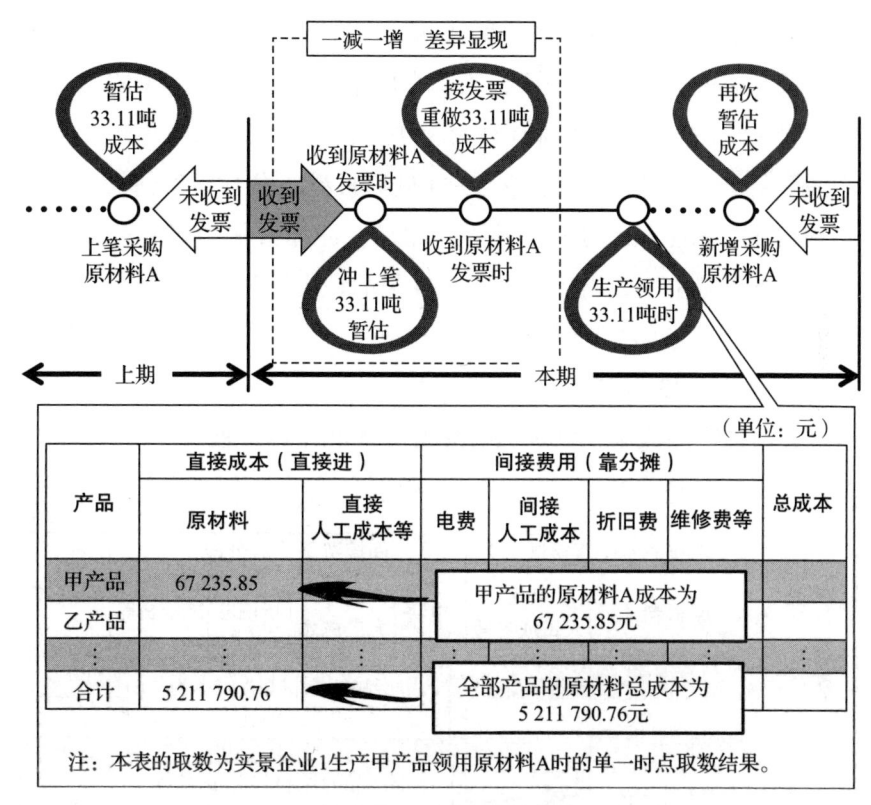

图 2-34 终点快照中材料成本的取数时点

在"生产领用 33.11 吨（原材料 A）时"这一时点形成了产品成本二维多栏明细表中的 67 235.85 元和 5 211 790.76 元。此数据并非月末最终的数据结果。实际结果还将综合汇总本月其他取数点的数据，如本月暂估成本数据以及材料成本变动数据。

2.1.9 足迹总结：以小见大

本案例采用"以小切入口展开大地图"的讲述方法，以实景企业 1 采购原材料 A 作为切入点，采购数量为 33.11 吨，在"飞行棋"地图上描述了 33.11 吨原材料 A 的成本核算从业务链到财务链的全部足迹。该足迹开始于采购合同，采购合同中包含了原材料 A 的实际采购数量 33.11 吨（对应采购计划为 33 吨）；接下来进入入库环节，入库需要制作入库单，其中包含 33.11 吨原材料 A 的成本暂估依据；在收到按 33.11 吨开具的原材料 A 发票后，冲掉暂估的账并按发票入账；接下来是生产领用环节，原材料 A 的领用量为 33.11 吨；领用后就开始生产，最终生产出甲产品（产成品），由于生产无损耗，甲产品的产量仍为 33.11 吨[一]。

此时的产品成本二维多栏明细表快照如图 2-35 所示。

（单位：元）

产品	直接成本（直接进）		间接费用（靠分摊）				总成本
	原材料	直接人工成本等	电费	间接人工成本	折旧费	维修费等	
甲产品	67 235.85		甲产品的原材料A成本为 67 235.85元				
乙产品							
⋮	⋮	⋮	⋮				⋮
合计	5 211 790.76		全部产品的原材料总成本为 5 211 790.76元				

图 2-35　产品成本二维多栏明细表中的材料成本

接下来为产成品（产品）入库，甲产品的生产成本转变成存货成本；存货成本中包含了 33.11 吨原材料 A 的成本。甲产品发货量为 32.8 吨，并以此发货量乘以产品单价确认收入，同时，以此发货量乘以单位成本（由移动加权平均法[二]算出）结转主营业务成本。

[一] 实景企业 1 的甲产品为将原材料 A 加工粉碎并整形后获得，仅为形变，故无损耗。如果生产环节存在损耗，则发生的各领用资源总成本依旧不变，损耗体现为产量的减少、单位成本的增加。

[二] 移动加权平均法为实景企业 1 所用到的存货收发存后续计量方法。具体使用何种计量方法，各企业应根据自身情况自行设定。

甲产品发货后涉及两张表：一张是已发货的 32.8 吨甲产品的产品成本二维多栏明细表，这部分影响利润表；另一张是甲产品未发货部分的产品成本二维多栏明细表，这部分不影响利润表。

本实景案例根据 33.11 吨和 32.8 吨这两个线索顺藤摸瓜，以微观视角作为切入口，以点及面，以小见大，将整个材料成本到产成品的演化历程一镜到底，将核算全貌徐徐展开，使读者尽收眼底。

综上，从业务部门开始的成本核算工作生成了业务数据流，业务数据流完整地流到财务部门，作为财务部门的记账依据，提供了完整的成本核算数据源，确保了成本核算工作的精确执行。

2.2　实景企业 2：非标准化生产企业的核算

这里简单看一下实景企业 2 的案例。与标准化生产的实景企业 1 不同，实景企业 2 为典型的非标准化生产企业，其产品为钢结构产品，大部分订单均根据用户的定制要求进行生产。实景企业 2 以钢结构产品作为成本核算对象，其表现形式为各种"工程项目"。每个工程项目所要求的材料都无法参照历史经验，如规格、型号等参数。用户会个性化指定所要用到的材料及其规格标准，故难以形成标准成本。

该企业对需要分摊的成本，以成本核算对象的"工时"作为分摊依据（驱动因素）。

2.2.1　足迹 1～足迹 2：采购合同与采购计划

"足迹 1：采购合同"与"足迹 2：采购计划"均为业务链环节；参见本章实景企业 1（与之类同），本例略。

2.2.2 足迹3～足迹5：材料入库到生产领用

1. 足迹3：材料入库

实景企业2以采购部门提供的材料入库单作为原材料入库的记账底稿，如图2-36所示。

由于该企业根据工程项目的设计需要，提前就确定了采购材料的规格，因此每条材料采购记录均对应到成本核算对象即工程项目上。

实景企业2《成本核算办法》中定义的暂估入账分录与实景企业1的相似，但成本核算对象由产品变成了工程项目。暂估分录如下。

借：原材料—国内—主材料—板材
　　（S23006富克LNG项目）　　2 920 371.18
　　原材料—国内—主材料—板材
　　（S23010天禾云景项目）　　10 640.05
　贷：应付账款—暂估—主材料—X南钢铁　　2 920 371.18
　　应付账款—暂估—主材料—X钢股份　　10 640.05

2. 足迹4：催要发票、红冲暂估并按发票入账

类同实景企业1，本例略。

3. 足迹5：生产领用原材料并做生产领用账（材料出库）

由于实景企业2定制化生产的特征，材料在采购时就已经锁定至对应的工程项目，工程项目在生产领用原材料时的分录如下（金额略）。

借：生产成本—国产直接材料（S23006富克LNG项目）
　　生产成本—国产直接材料（S23010天禾云景项目）
　贷：原材料—国内—主材料—板材（S23006富克LNG项目）
　　原材料—国内—主材料—板材（S23010天禾云景项目）

实景企业2的材料入库单

会计期间	工程项目	3级物料类别	4级物料类别	物料名称	规格型号	单位	供应商	……	本期入库单价（元）	本期入库数量（吨）	本期入库金额（元）
2023.12	富兑LNG项目S23006	主要材料	板材	钢板Q235B	3*1500*6000	吨	X南钢铁	……	3 905.98	8.09	31 579.87
…	…	…	…	…	…	…	…	…	…	…	…
2023.12	富兑LNG项目（小计）								3 819.05	764.68	2 920 371.18
2023.12	天禾云景项目S23010	主要材料	板材	钢板Q235B	8*2000*10200	吨	X钢股份	……	3 384.61	1.28	4 335.69
2023.12	天禾云景项目S23010	主要材料	板材	钢板Q235B	10*2200*10000	吨	X钢股份	……	3 333.34	1.73	5 756.67
…	…	…	…	…	…	…	…	…	…	…	…
2023.12	天禾云景项目（小计）								3 520.86	3.02	10 640.05
…	…	…	…	…	…	…	…	…	…	…	…

图 2-36 实景企业 2 的材料入库单

注：图中本期入库数量要保留 5 位小数，此处保留 2 位小数，故本期入库金额的计算有偏差。

2.2.3 足迹 6～终点：完工入库、发货销售至出报表

"足迹 6：完工产成品入库并做入库账""足迹 7：发货销售、开票并结转成本""终点：原材料在产品成本二维多栏明细表中留下痕迹（结果）"，参见本章实景企业 1（与之类同），本例略。

2.3 实景问答

2.3.1 采购材料的发票信息由业务部门还是财务部门录入

采购材料的环节需要注意"核算接口"的建立问题。采购时会用"一张大额发票及附带的明细清单"作为原材料入库的记账凭证附件。对于采购材料的发票信息录入，有的企业由业务部门录入系统，有的企业由财务部门录入系统。要求财务部门录入系统的，主要是考虑到涉税的问题比较专业，如金税系统和进项税额抵扣等具体操作问题。实际上，只要保证发票信息录入的及时性和准确性，谁录入均可。

对于材料的入账，建议最好按照"材料+发票号+成本核算对象+供应商"的形式录入系统。这是一个关键环节，业务部门需要提供这些信息。在这些信息中，"供应商"信息对应"应付账款的清账"问题，涉及资金管理；"成本核算对象"信息对应"生产成本—材料成本"的归属问题，涉及成本核算和绩效分析。

有的企业可能会提前采购、提前备料。在这种情况下，先采购的一大堆原材料，并不知道具体的成本核算对象（领用原材料的对象），例如，不知道具体的工程项目编号或产品名称。这种情形下，可在材料领用时进行标注，即在知道具体的成本核算对象时，在领用单上标

明成本核算对象的信息。

一般来说，理想状态是企业根据订单，在明确成本核算对象后，有计划地、精打细算地去购买原材料，做到 JIT[⊖]。

我们建议大批量采购原材料的企业在有条件的前提下上线"采购管理系统"，以解决"材料入没入库？""入库信息是否正确？"等问题，并实现采购系统和财务系统间的"信息共享"，打通业务接口和财务接口。

该信息共享在很多大型企业做得比较好，例如，某 500 强企业搭建了"一体化财务信息系统"，实现了采购系统、销售系统向财务系统的自动抛账（自动过账）。

2.3.2 如何人为制造"缓冲期"确保材料准确入库

有的企业尚未实现采购系统和财务系统"信息共享"的功能，在这种情况下，企业又如何确保材料准确入库呢？

为了降低出错概率，部分企业的做法是对材料入库设置一个"缓冲期"。为了月初能够准确、及时地出报表，要求采购部门在每月 23 号完成结账（关账），即要求业务部门必须在每月 23 号左右将材料、工时等信息提供给财务部门。这样，财务部门就有了 7 天左右的"缓冲期"，就有充足的时间审核材料成本是否及时入库，并催促业务部门赶紧将尚未入库的材料入库，或者提醒业务人员尽快将即将结束的工程项目的全部材料录入系统。

这样做可以确保月初（2 号左右）做出财务报表。

[⊖] JIT（Just in Time，指适时生产、准时化生产），该概念源于丰田公司，其强调的是"只在必要的时间，生产必要数量的必要产品"。对于材料来说，简单理解就是生产多少产品，就购买多少材料，就领用多少材料，做到材料库存周转的高效和低库存，然而，要做到这一点是有难度的。

目前很多没有"采购管理系统"的企业，或尚未实现采购系统和财务系统"信息共享"的企业，普遍存在的问题是实际入库的数据和账上反映的数据碰不平；甚至有的企业的业务部门为了财务核算而去手工制作"类似台账"的东西给财务部门。财务部门收到这个台账，难以验证台账数据的准确性，没有办法知道真实采购了多少材料，有没有遗漏，导致经常需要反复沟通和"人盯人"。

对于这个问题，用 **23 号结账**这样一个应对的方法，就可以留出时间让财务部门去审核，如果数据不对，也有足够的时间去返工。

理想的状态是，采购系统和财务系统连接起来，采购材料的明细由采购人员及时录入系统。这些共享信息到达财务后，财务部门就负责"审核总额能不能碰得平"这件事，即财务部门只拿着发票去财务系统录入发票信息，并核对"采购系统"中的汇总金额及明细数据与发票信息是否能够碰得平，再点击自动抛账按钮即可。

2.3.3 材料成本核算方法对成本有何影响

材料费用是产品成本的重要组成部分。一般产品的成本，相当大的一部分是由原料、辅料等材料费用构成的。实景企业 2 承接工程项目的材料成本占比约为 60%，在这种情况下，合理节约使用材料对于降低产品成本有着重要的作用。同时，组织好材料成本核算工作，保证材料成本核算的准确性，对成本的影响也很大。

材料成本核算方法有个别计价法、先进先出法、加权平均法等，这些方法各有利弊。

以加权平均法为例，加权平均法为许多制造企业采用，该方法在月末一次性计算加权平均单价，比较简单，而且在市场价格上涨或下跌时所计算出来的单位成本平均化，对材料成本的分摊较为折中。然而，在市场价格变动幅度较大的情况下，按加权平均单价计算的单个工程项目的材料成本与实际成本有一定的差异，但总成本没有差异。如果材料价格变动幅度不大，那么对产品结转成本的影响也不大。

实景企业 1、2 均为连续购入存货并不断销售，存货单位成本的计算采用移动加权平均法，即购买材料入库时按实际成本计价，后续计量则按移动加权平均法算出存货单位成本，该单位成本是动态变化的，是不断滚动迭代的，企业按此单位成本对当月领用、出库的存货进行核算。移动加权平均法的本质是**每一步都需要加权**，其计算时点如图 2-37 所示。

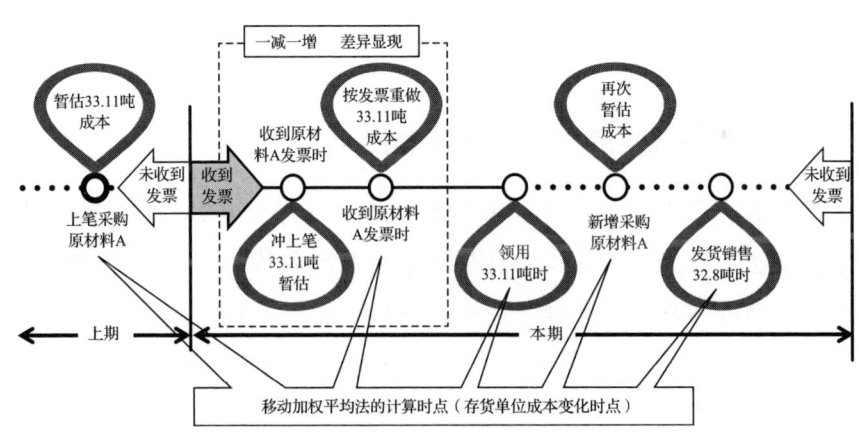

图 2-37　移动加权平均法的计算时点

关于"移动加权平均法"的直观解读，详见第 1 章。

2.3.4　如何做好工程余料的管理

为了保证材料成本核算的准确性，还要做好工程余料[⊖]的管理和

⊖ 余料特指可再利用的生产余料，不同于不可再利用的生产损耗，余料可对外销售或生产再利用。

核算。例如，在工程设计和施工过程中，不可避免地会出现部分工程余料，实景企业2的余料主要为钢板、型材、管材等整料切割后产生的可以再利用的材料。按照余料的会计核算要求，工程项目完工后应及时将工程余料按工程项目入库，进行估价入账，并冲减工程项目材料成本，以真实反映各工程项目材料成本的实际情况。

企业应及时对遗留的余料进行清理，出售余料，补做退料，冲减相关产品或工程项目的成本。

为规范余料管理，最大限度使用生产产品或工程项目的余料，准确核算工程项目成本，实景企业2制定了余料管理规定，由生产部门负责牵头成立了材料管理小组，设计部门、采购部门协调和监督，共同做好余料管理工作。

2.3.5　暂估成本的原因及其注意点

暂估成本本质上来说，和标准成本法（含标准BOM）、材料计划成本法、计提人工成本、计提安全生产准备费等有着相同的底层逻辑。涉及"暂估、标准、计划、计提"的成本核算，都有一个共同的思维，即都是为了让成本不大起大落。当说不清楚实际发生的成本时，不管对不对，先设定一个暂估值。当尘埃落定（实际结果出来了）后，再按正确结果进行调整，此时只要调整一次差异即可。避免了当说不清楚实际成本时（未确定实际结果前）的"空无一物"。

对于暂估成本的注意点，有条件的企业应制定相应的成本暂估管理办法和具体核算分录，或纳入公司财务制度中明确，而不应只提供概括性描述。某企业在其《会计科目管理办法》中对于暂估的相关表述如图2-38所示。

企业会计科目管理办法

……

2202800　应付账款—暂估

本科目核算公司因购买材料、商品和接受劳务等经营活动，基于风险和报酬转移的原则而承担了现时付款义务，但未收到发票等结算单据的款项。

2202800010　应付账款—暂估—原材料

在原材料采购核算中，基于风险和报酬转移的原则而承担了现时付款义务，但未收到发票的采购业务，在各月末，按上述材料的到货数量乘以合同价格，并合理估计运杂费等费用，借记"原材料—××"科目，贷记本科目，次月用红字冲回，按正常程序记账。

会计分录举例：
当月：
　借：原材料—××
　　　贷：应付账款—暂估—××
次月：
　借：原材料—××　　　　　　　红字金额
　　　贷：应付账款—暂估—××　　红字金额

2202800020　应付账款—暂估—资材备件

本科目的核算办法请参照应付账款—暂估—原材料执行。

2202800030　应付账款—暂估—设备

本科目的核算办法请参照应付账款—暂估—原材料执行。

2202800120　应付账款—暂估—能源介质

本科目用于核算生产单元采购的水、电、气等能源介质暂估，本科目的核算办法请参照应付账款—暂估—原材料执行。

2202800130　应付账款—暂估—科研费

本科目核算发生在科研项目上的所有不具备结算条件的研究经费或领用耗材成本。具体办法请参照应付账款—暂估—原材料执行。

图 2-38　企业明确暂估操作的相关规定

对于成本暂估的处理，企业应当予以重视；如果处理不当，则会有稽查风险。例如，某企业因滥用成本暂估而导致收到《税务处理决定书》(部分)，如图 2-39 所示。

税务处理决定书

沪国税宝榆处〔20██〕1██号

我局（所）于2015年7月30日至2015年9月29日对你（单位）2012年1月1日至2014年12月31日涉税情况进行了检查，违法事实及处理决定如下：

一、违法事实

你单位2014年暂估成本72161285.14元，其中2014年汇算清缴时已调增应纳税所得额25705967.28元，另于2015年度收到发票43993669.13元，尚有2461648.73元暂估成本至今未收到发票。

二、处理决定

根据《中华人民共和国企业所得税法》第八条规定，应补企业所得税369247.31元。根据《中华人民共和国税收征收管

图2-39 《税务处理决定书》（部分）

第 3 章

电费核算的"飞行棋"攻略

本章地图导览（见图 3-1）。

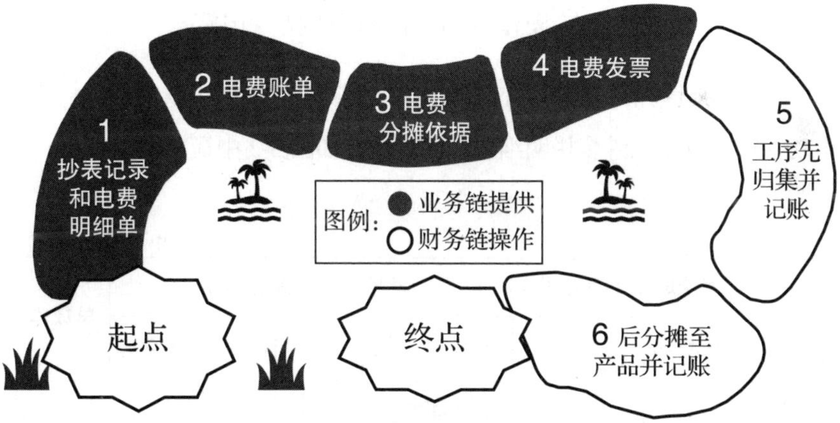

图例：
- ● 业务链提供
- ○ 财务链操作

1 抄表记录和电费明细单
2 电费账单
3 电费分摊依据
4 电费发票
5 工序先归集并记账
6 后分摊至产品并记账

起点　终点

图 3-1　电费核算"飞行棋"地图

在讲完了不需要分摊的直接成本即材料成本核算之后，本章列举需要分摊的典型产品成本构成内容：电费。

逐项搜集电费证据的"飞行棋"轨迹路径地图如图 3-1 所示。"飞行棋"地图中的"落点"表示证据链轨迹的路径，电费核算的证据链主要有以下 6 个落点（不含终点）。

▶ 落点 1（业务链提供）：抄表记录和电费明细单。
▶ 落点 2（业务链提供）：电费账单。
▶ 落点 3（业务链提供）：电费分摊依据。
▶ 落点 4（业务链提供）：电费发票。
▶ 落点 5（财务链操作）：工序先归集并记账。
▶ 落点 6（财务链操作）：后分摊至产品并记账。

终点为财务链操作：在产品成本二维多栏明细表中留下痕迹。本章电费在产品成本二维多栏明细表中的位置，如图 3-2 中箭头所指。

（单位：元）

产品	直接成本（直接进）		间接费用（靠分摊）				总成本
	原材料	直接人工成本等	电费	间接人工成本	折旧费	维修费等	
甲产品							
乙产品			本章电费对应位置					
⋮	⋮	⋮	⋮	⋮	⋮	⋮	⋮
合计							

图 3-2　产品成本二维多栏明细表中的电费

实景企业 1 系按分步法（流水线量产）生产的企业，以成本核算对象的"产量"作为分摊依据，将电费分摊至产品。实景企业 2 是按分批法（定制化、模块化、非量产）生产的企业，以成本核算对象的"工时"作为分摊依据，将电费分摊至产品。

如图 3-2 所示，2 家典型生产型企业的电费均作为间接费用，具体科目为"制造费用—电费"，无直接成本，即不存在"生产成本—电费"科目。

当然，如果有的企业能够为单个产品安装电表，或者电费能够对应到某个产品，则电费可作为直接成本列示在图 3-2 的"直接成本"（具体科目为"生产成本—电费"）之下。

电费核算在两种典型成本发生姿势中所处的位置，如图 3-3 虚线框及标注所示。

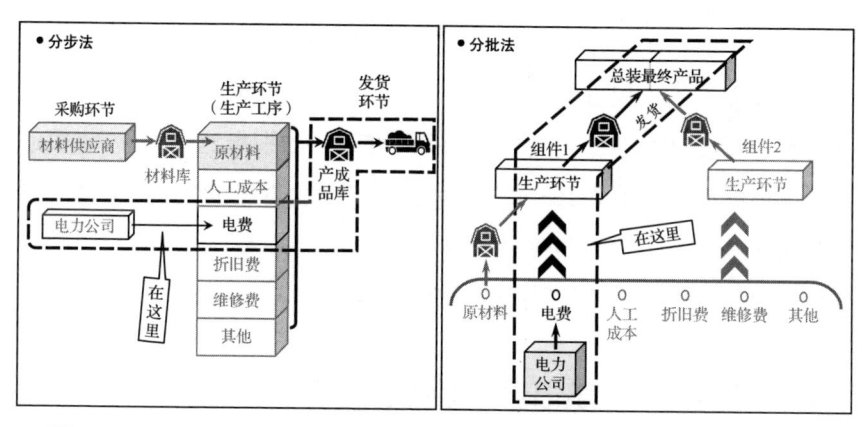

图 3-3 产购销环节中电费核算在两种典型成本发生姿势中的位置

3.1 实景企业 1：从总电费 115 286.62 元到单个产品电费 186.03 元

本章沿用"以小切入口展开大地图""窥一斑而知全貌"的叙述风格，详细解析电费核算的全过程，即**将从收到不含税金额为**

115 286.62 元的电费发票，到按产量占比分摊电费给甲产品（分摊结果为 186.03 元）的全过程证据链都说清楚。实景企业 1 电费核算推演图如图 3-4 所示。

| ① 根据各电表抄表点的抄表记录计算电费，并区分生产用电、办公用电和研发用电 | ② 取得电费账单及其发票，不含税总电费为115 286.62元；其中生产用电103 485.33元需要分摊至产品 | ③ 确定电费的分摊依据（当期可比产量） | ④ 根据产量占比分摊生产用电103 485.33元至甲产品，得出单个甲产品的电费分摊金额为186.03元 | ⑤ 录入记账凭证并在产品成本二维多栏明细表中留下痕迹 |

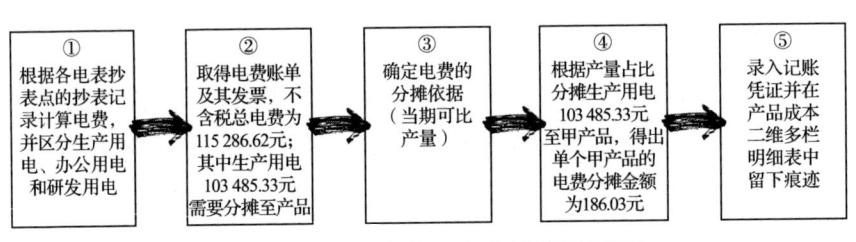

图 3-4　实景企业 1 电费核算推演图

电费核算的证据链轨迹包括以下内容：①根据各电表抄表点的抄表记录计算电费，并区分生产用电、办公用电和研发用电。②取得电费账单及其发票，不含税总电费为 115 286.62 元；其中生产用电 103 485.33 元需要分摊至产品。③确定电费的分摊依据（当期可比产量）。④根据产量占比分摊生产用电 103 485.33 元至甲产品，得出单个甲产品的电费分摊金额为 186.03 元。⑤录入记账凭证并在产品成本二维多栏明细表中留下痕迹⊖。至此，甲产品成本构成中的电费就说清楚了。

3.1.1　落点 1：抄表记录和电费明细单

实景企业 1 电费核算的落点 1 为业务部门提供抄表记录和电费明细单，并以此作为记账的依据（凭证附件）。实景企业 1 为设备部门负责抄录电表，并根据不同抄表点的倍率计算电量，如图 3-5 左下图公司电度表计数抄表记录所示。

⊖ 任何成本核算动作都会影响最终的成本报表，可以形象地理解为都会投影到最终成本报表中并留下痕迹。

第 3 章 电费核算的"飞行棋"攻略 | 75

电费核算落点1（业务链提价）：抄表记录和电费明细单

抄录日期：202×.××.××

公司电度表计数抄表记录

（单位：kW·h）

表计	表计01	表计02	表计03	表计04	表计05	……
编号	I-1	I-2	I-5	I-7	III 1-1	……
上月抄表数	55 948	3 132	25 527	96 255	344 956	……
本月抄表数	56 034	3 143	25 576	97 348	346 841	……
抄表用量	85.67	11	49	1 093	1 885	……
倍率	120	80	80	1	1	……
本月用电数	10 280	880	3 920	1 093	1 885	……

图例：● 业务链提供　○ 财务链操作

电费明细单

归属	抄表表名称	本月用电数（抄表用量×倍率）（kW·h）	实际单价（元/kW·h）	电费金额（元）
生产用电	生产部（现场用电）	10 280	1.378 8	14 174.07
	物控部（现场用电）	1 093	1.378 8	1 507.03
	设备部（现场用电）	2 019	1.378 8	2 783.80
	检化验室（现场用电）	1 885	1.378 8	2 599.04
	安环部（现场用电）	698	1.378 8	962.40
	部门归集小计	15 975	1.378 8	22 026.34
	工序a	10 143	1.378 8	13 985.15
	工序b	5 825	1.378 8	8 031.51
	工序c	823	1.378 8	1 134.48
	工序d	12 324	1.378 8	16 992.79
	工序e	1 295	1.378 8	1 785.37
	工序f	26 102	1.378 8	35 989.08
	工序g	2 568	1.378 8	3 540.61
	工序归集小计	59 080	1.378 8	81 458.99
	生产用电合计	75 055	1.378 8	103 485.33
办公用电（办公楼/车棚/后勤等）		3 692	1.378 8	5 090.39
研发中心用电		4 867	1.378 8	6 710.90
总计		83 614	1.378 8	115 286.62

图 3-5 抄表记录和电费明细单

将抄表用量乘以倍率计算出"本月用电数"之后，再匹配统一的电价，计算出电费明细单中的电费金额，如图3-5右图所示，生产用电按涉及现场用电的5个部门和7个工序分别计算电量和电费；此外，还计算了办公用电（计入管理费用）和研发中心用电（计入研发费用）。

上述生产用电合计103 485.33元，办公用电5 090.39元，研发中心用电6 710.90元，电费合计金额为115 286.62元。

3.1.2 落点2：电费账单

电费核算的落点2为业务部门提供电费账单，该电费账单由电力公司根据用电单位的公司电度表计数抄表记录开具，作为电费核算的依据。该电费账单并非发票，实景企业1设备部提供的电费账单（附件依据）如图3-6所示。

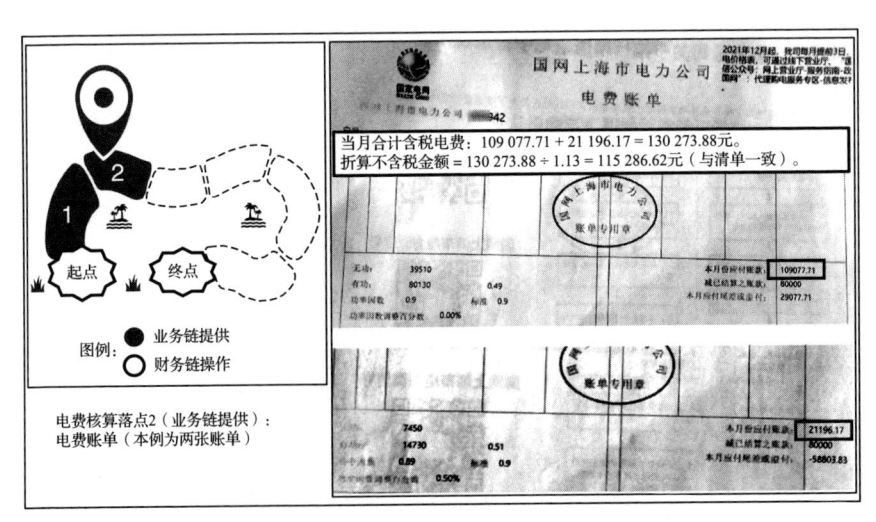

图3-6 设备部提供的电费账单

图3-6中电费账单的合计金额为115 286.62元，和图3-5中电费

明细单中计算的合计金额 115 286.62 元一致。

3.1.3 落点 3：电费分摊依据

电费核算的落点 3 为业务部门提供电费分摊依据。实景企业 1 的电费以"产量"作为分摊依据。业务部门提供了两种电费分摊依据：一种是将电费分摊至工序，以产量为分摊依据；另一种是将电费分摊至产品，以产量为分摊依据。

1. 电费分摊至工序的产量依据

电费分摊至工序的产量依据如图 3-7 所示。

是否分摊	工序/部门	产量	系数	权重
参与共用性成本分摊	工序 a	385.80	39.07	15 073.21
	工序 b	89.11	61.20	5 453.12
	工序 c	88.36	1.00	88.36
	工序 d	402.04	45.00	18 091.27
	工序 e	467.68	3.33	1 556.10
	工序 f	2 517.04	16.95	42 663.83
	工序 g	1 830.99	2.18	3 988.17
小计		5 781.02	/	86 914.05
不参与分摊	管理费用		/	
	研发费用		/	

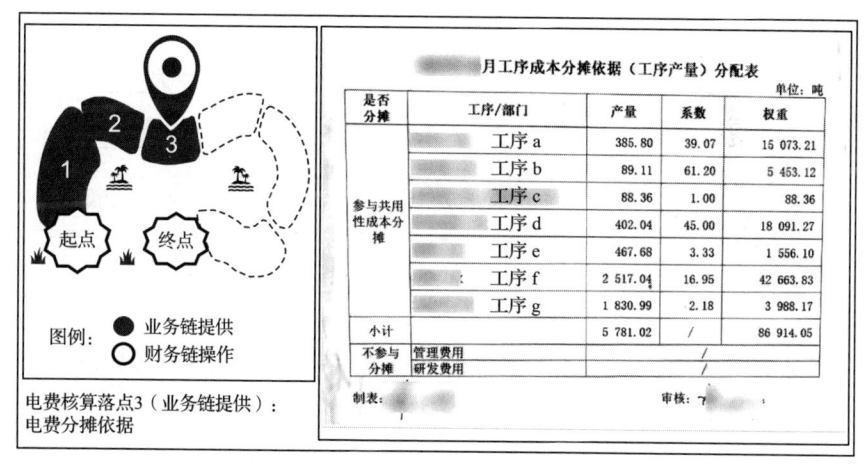

图 3-7 电费分摊至工序的产量依据

在图 3-7 中，工序的产量由业务部门提供，工序的系数由业务部门测算，该系数可以理解为难度系数，故权重计算公式为"权重＝产量 × 系数"，权重的单位为吨。此公式让"权重"成了可比产量。工序的权重占比是指各工序的权重占总权重的比例，例如，工序 a 的权重占比（分摊比例㊀）为 17%（=15 073.21 吨 /86 914.05 吨）。

由于实景企业 1 各工序均安装了电表表计，用电表表计直接计量电费，各工序的用电量已知、电费已知，无须依靠分摊得到各工序电费，故电费核算不会用到图 3-7 所示的电费分摊至工序的产量依据。

2. 电费分摊至产品的产量依据

电费分摊至产品的产量依据如图 3-8 所示。

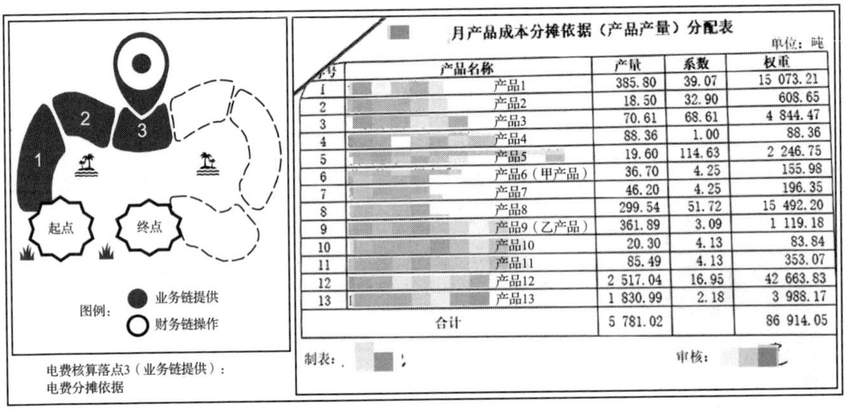

月产品成本分摊依据（产品产量）分配表
单位：吨

序号	产品名称	产量	系数	权重
1	产品1	385.80	39.07	15 073.21
2	产品2	18.50	32.90	608.65
3	产品3	70.61	68.61	4 844.47
4	产品4	88.36	1.00	88.36
5	产品5	19.60	114.63	2 246.75
6	产品6（甲产品）	36.70	4.25	155.98
7	产品7	46.20	4.25	196.35
8	产品8	299.54	51.72	15 492.20
9	产品9（乙产品）	361.89	3.09	1 119.18
10	产品10	20.30	4.13	83.84
11	产品11	85.49	4.13	353.07
12	产品12	2 517.04	16.95	42 663.83
13	产品13	1 830.99	2.18	3 988.17
合计		5 781.02		86 914.05

电费核算落点3（业务链提供）：电费分摊依据

图例：● 业务链提供　○ 财务链操作

图 3-8　电费分摊至产品的产量依据

在图 3-8 中，产品的产量亦由业务部门提供，产品的系数由业务部门测算，该系数可以理解为难度系数，故权重计算公式为"权重 = 产量 × 系数"，权重的单位为吨。此公式让"权重"成了可比产量。产品的权重占比是指各产品的权重占总权重的比例，例如，产品 6（甲产品）的权重占比（分摊比例）为 0.18%（=155.98 吨 /86 914.05 吨）。

㊀ 第一种算法为"各工序成本 = 权重占比 × 总成本"，其中，权重占比 = 各工序权重 ÷ 总权重，故各工序成本 = 各工序权重 ÷ 总权重 × 总成本；第二种算法为"各工序成本 = 分配率 × 各工序权重"，其中，分配率 = 总成本 ÷ 总权重，故各工序成本 = 总成本 ÷ 总权重 × 各工序权重。这两种算法实际上是一个意思。

实景企业 1 的财务信息化系统（成本系统）中有专门维护共用性费用的分摊依据（可比产量）的录入界面。

需要说明的是，如果企业的工序和产品间存在专属的对应关系，则电费"工序先归集"至科目"制造费用—电费（某工序）"后，仅需要在与本工序对应的一个或几个产品间分摊，分摊依据为对应产品的权重（可比产量）占比，如图 3-9 所示。

工序	产品	权重（吨）
工序d的电费	产品5	2 246.75
	产品6	155.98
	产品7	196.35
	产品8	15 492.20
工序e的电费	产品9	1 119.18
	产品10	83.84
	产品11	353.07

工序	产品	权重（吨）
工序x的电费或某部门的电费	产品1	15 073.21
	产品2	608.65
	产品3	4 844.47
	产品4	88.36
	产品5	2 246.75
	产品6	155.98
	产品7	196.35
	产品8	15 492.20
	产品9	1 119.18
	产品10	83.84
	产品11	353.07
	产品12	42 663.83
	产品13	3 988.17

图 3-9　部分分摊还是全部分摊

在图 3-9 中的左图中，工序 d 只对应生产产品 5～产品 8，则工序 d 的电费只在产品 5～产品 8 这 4 个产品间分摊；工序 e 只对应生产产品 9～产品 11，则工序 e 的电费只在产品 9～产品 11 这 3 个产品间分摊。

如将工序 d、工序 e 的电费分摊给全部产品（产品 1～产品 13），就会导致成本失真。

如果某工序和产品间不存在专属的对应关系，例如，所有产品都需经过该工序生产，则该工序电费的科目"制造费用—电费（某工序）"

需要分摊给全部产品，分摊依据为各个产品的权重（可比产量）占比。

在图 3-9 的右图中，假设所有产品均经过了工序 ×，则工序 × 的电费需分摊给全部产品（产品 1～产品 13）。

除了工序的电费，还有相关部门的电费需要分摊，例如，生产部、设备部等在现场发生的电费需要分摊至产品。实景企业 1 的做法：如果"制造费用—电费（某部门）"无特指专属某个产品，则视为涉及了全部产品，需要按各产品的权重（可比产量）占比将"制造费用—电费（某部门）"分摊给全部产品（产品 1～产品 13）。

实景企业 1 不存在需要分摊给全部产品的工序 × 电费，只存在需要分摊给全部产品的部门电费（见图 3-11、图 3-12）。

3.1.4　落点 4：电费发票

电费核算的落点 4 为业务部门提供电费增值税专用发票，也属于业务链环节。有了电费账单后，一段时间内就可以取得电费发票。实景企业 1 设备部取得的电费增值税专用发票（税率 13%，可抵扣）如图 3-10 所示。

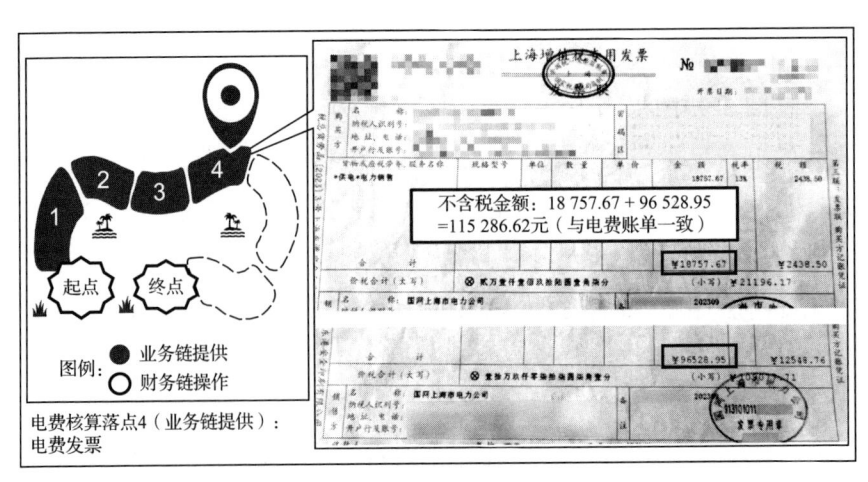

图 3-10　设备部取得的电费发票

两张电费发票的不含税金额合计为 115 286.62 元，和两张电费账单的合计金额一致。

3.1.5 落点 5：工序先归集并记账

从电费核算落点 5 开始进入财务记账环节。

承接上述业务部门的数据链（证据链），财务部门在拿到业务部门提供的涉及成本核算的完整依据后，开始了财务层面的成本核算。

在实景企业 1 中，电费核算的记账顺序为"工序先归集，后分摊至产品"。具体而言，是指先将工序（部门）的电费归集计入"制造费用—电费（工序、部门）"科目，再将此科目按照各产品的可比产量（权重）进行分摊。

电费核算落点 5 是工序先归集并记账，实景企业 1 的财务部门根据记账底稿做"工序（部门）先归集"的分录，如图 3-11 所示。

在图 3-11 中，左图电费明细单为"工序先归集"的记账底稿，已将工序和部门的电费进行了统计。据此，编制凭证分录的界面如图 3-11 的右图所示。具体分录如下。

借：制造费用—电费（生产部）　　　　14 174.07
　　制造费用—电费（物控部）　　　　 1 507.03
　　制造费用—电费（设备部）　　　　 2 783.80
　　制造费用—电费（检化验室）　　　 2 599.04
　　制造费用—电费（安全环保部）　　　 962.40
　　制造费用—电费（工序 a[⊖]）　　　13 985.15
　　制造费用—电费（工序 b）　　　　 8 031.51
　　制造费用—电费（工序 c）　　　　 1 134.48

⊖ 工序 a～工序 g：本处使用替换名。

82 | 成本核算地图：从业务链到财务链

电费核算落点 5（财务链操作）：工序先归集并记账
（计入制造费用以备"分摊"）

	摘要	科目	借方	贷方
1	月份电费	5101.— 制造费用—电费/—主产部	14 174.07	
2	月份电费	5101.— 制造费用—电费/—物控部	1 507.03	
3	月份电费	5101.— 制造费用—电费/—设备部	2 783.80	
4	月份电费	5101.— 制造费用—电费/—检化验室	2 599.04	
5	月份电费	5101.— 制造费用—电费/—安全环保部	962.40	
6	月份电费	5101.— 制造费用—电费/—工序a	13 985.15	
7	月份电费	5101.— 制造费用—电费/—工序b	8 031.51	
8	月份电费	5101.— 制造费用—电费/—工序c	1 134.48	待分摊
9	月份电费	5101.— 制造费用—电费/—工序d	16 992.79	合计
10	月份电费	5101.— 制造费用—电费/—工序e	1 785.37	103 485.33元
11	月份电费	5101.— 制造费用—电费/—工序f	35 989.08	
12	月份电费	5101.— 制造费用—电费/—工序g	3 540.61	
13	月份电费	6602.— 管理费用—电费	5 090.39	
14		6602.23.01.03 — 管理费用—研发费—研发直接投入 其他—上海市电公司	6 710.90	
15	月份电费	1221.03.06 — 其他应收款		
	合计：壹拾壹万伍仟贰佰捌拾陆元陆角贰分		115 286.62	115 286.62

电费明细单（"工序先归集"的记账底稿）

归属	电费明细表名称	用电数（kWh）	实际单价（元/kWh）	电费金额（元）
	抄表部（现场用电）	10 280	1.378 8	14 174.07
	物控部（现场用电）	1 093	1.378 8	1 507.03
	设备部（现场用电）	2 019	1.378 8	2 783.80
	检化验室（现场用电）	1 885	1.378 8	2 599.04
	安全环保部（现场用电）	698	1.378 8	962.40
	部门归集小计	15 975	1.378 8	22 026.34
生产用电	工序 a	10 143	1.378 8	13 985.15
	工序 b	5 825	1.378 8	8 031.51
	工序 c	823	1.378 8	1 134.48
	工序 d	12 324	1.378 8	16 992.79
	工序 e	1 295	1.378 8	1 785.37
	工序 f	26 102	1.378 8	35 989.08
	工序 g	2 568	1.378 8	3 540.61
	工序归集小计	59 080	1.378 8	81 458.99
	生产用电合计	75 055	1.378 8	103 485.33
	办公用电	3 692	1.378 8	5 090.39
	研发中心用电	4 867	1.378 8	6 710.90
	总计	83 614	1.378 8	115 286.62

图 3-11 "工序（部门）先归集"的记账底稿及分录界面

制造费用—电费（工序 d）　　　　　16 992.79

　　制造费用—电费（工序 e）　　　　　 1 785.37

　　制造费用—电费（工序 f）　　　　　35 989.08

　　制造费用—电费（工序 g）　　　　　 3 540.61

　　管理费用—电费　　　　　　　　　　 5 090.39

　　管理费用—研发费—研发直接投入—

　　　研发动力[一]　　　　　　　　　　 6 710.90

　贷：其他应收款—其他—上海市电公司　　115 286.62

上述分录只是"工序先归集"的电费分录，还不涉及电费"后分摊至产品"，故还未用到图 3-8 所示的"电费分摊至产品"的产量依据。

3.1.6 落点6：后分摊至产品并记账

通过"制造费用—电费（工序、部门）"科目将电费归集至工序（部门）后，还要将电费进一步分摊至产品。只有这样，才能让每个产品的成本构成与电费产生联系。电费核算的落点 6 为后分摊至产品并记账，以权重为依据编制电费"后分摊至产品"的记账底稿如图 3-12 所示。

在图 3-12 中，各产品的电费合计为 103 485.33 元，为工序电费总额⑥ 81 458.99 元与部门电费总额⑤ 22 026.34 元之和。具体如下。

工序电费总额⑥ 81 458.99 元的分摊是工序内各产品间的分摊，即该工序电费以该工序内各产品的权重（可比产量）占比作为分摊依据，分摊至对应产品。

[一] 管理费用—研发费—研发直接投入—研发动力：该科目为实景企业 1 自行设置，亦有企业先行计入"研发支出"科目。

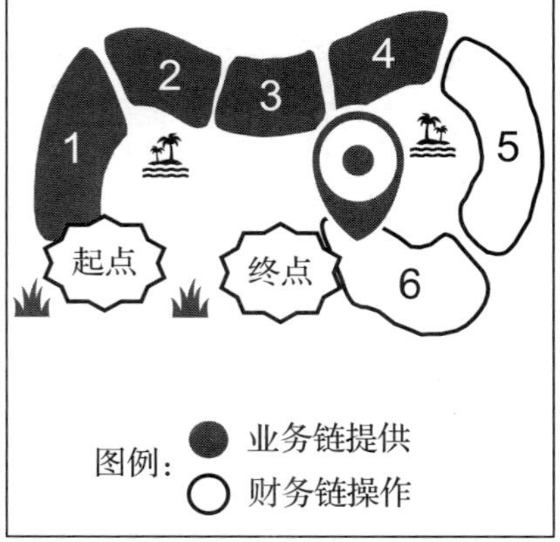

工序	产品	权重 (可比产量) (吨)①	工序先 归集电费 (元)	工序电费 后分摊至产品(元) (③工序内产品分摊)	部门电费 后分摊至产品(元) (④=各权重÷②×⑤)	电费(元) (③+④)
工序a	产品1	15 073.21	13 985.15	13 985.15	3 819.95	17 805.10
工序b	产品2	608.65	8 031.51	896.44	154.25	1 050.69
	产品3	4 844.47		7 135.07	1 227.72	8 362.79
工序c	产品4	88.36	1 134.48	1 134.48	22.39	1 156.87
	产品5	2 246.75		2 110.33	569.39	2 679.71
工序d	产品6 (甲产品)	155.98	16 992.79	146.50	39.53	186.03
	产品7	196.35		184.43	49.76	234.19
工序e	产品8	15 492.20	1 785.37	14 551.53	3 926.14	18 477.67
	产品9	1 119.18		1 284.08	283.63	1 567.71
	产品10	83.84		96.19	21.25	117.44
工序f	产品11	353.07	35 989.08	405.10	89.48	494.57
	产品12	42 663.83		35 989.08	10 812.15	46 801.23
工序g	产品13	3 988.17	3 540.61	3 540.61	1 010.71	4 551.32
合计		② 86 914.05	81 458.99	⑥ 81 458.99	⑤ 22 026.34	103 485.33

电费核算落点6(财务链操作):后分摊至产品并记账实际发票金额115 286.62元分摊电费实际用电费103 485.33元中的生产用电费103 485.33元

图例: ● 业务链提供 ○ 财务链操作

起点 终点

图 3-12 电费 "后分摊至产品" 的记账底稿

部门电费总额⑤ 22 026.34 元的分摊是全部产品间的分摊，即部门电费总额以全部工序每个产品的权重（可比产量）占比作为分摊依据，分摊至每个产品。实景企业 1 的部门电费总额⑤ 22 026.34 元按以下公式分摊至各产品。

分摊至各产品的部门电费 = 各产品权重（可比产量）÷ 总权重② 86 914.05 吨 × 部门电费总额⑤ 22 026.34 元。

在图 3-12 中，"工序"和"产品"存在"一对一"关系的有 4 组："工序 a——产品 1""工序 c——产品 4""工序 f——产品 12""工序 g——产品 13"。

有的企业会将图 3-12 中这 4 组的电费作为"直接成本"计入"生产成本—电费"科目；另将图 3-12 中的其他"一对多"关系的"工序电费"部分（即"工序 b""工序 d""工序 e"），以及"部门电费"部分，均作为待分摊的"间接费用"计入"生产成本—制造费用—电费（某产品）"科目。

区分直接成本和间接费用，意味着既要核算"生产成本—电费"科目，又要核算"生产成本—制造费用—电费（某产品）"科目，会相应增加成本核算的难度。

对于工序和产品是一对多或多对多关系（交叉物流）的企业，则工序（部分）成本核算全部通过分摊的方式分配给产品，只核算"生产成本—制造费用—电费（某产品）"科目，反而更简化。

实景企业 1 为了降低核算强度，将电费全部定义为"间接费用"，计入"生产成本—制造费用—电费（某产品）"科目。该企业认为在记账底稿中已经区分了直接成本和间接费用，故对电费的成本科目进行了简化处理，不再设置"生产成本—电费（某产品）"科目。

企业可基于经济性原则，考虑实现的难易程度，采用灵活的成本核算形式，只要能够说清楚其产品的成本构成即可，但要注意遵循一贯性原则○。

根据图 3-12 所示的分摊电费记账底稿，接下来将"落点 5"先归集至"制造费用—电费（工序、部门）"科目的电费，全部后分摊至"生产成本—制造费用—电费（某产品）"科目。

由于图 3-12 中电费"后分摊至产品"的记账底稿（作为凭证附件）已区分了"工序电费后分摊至产品③"和"部门电费后分摊至产品④"，因此，记账分录按③和④的合计数计入各产品成本。

实景企业 1 的财务部门根据记账底稿录入电费"后分摊至产品"凭证的界面如图 3-13 所示。

电费"后分摊至产品"的具体分录如下。

借：生产成本—制造费用—电费◎
  （产品 1⑤）   17 805.10
  生产成本—制造费用—电费
  （产品 2）   1 050.69
  生产成本—制造费用—电费
  （产品 3）   8 362.79

○ 作者注意到，实景企业 1 核算电费时仅设置"生产成本—制造费用—电费（某产品）"科目，未设置"生产成本—电费（某产品）"科目；而核算人工成本时，基于管理的需要，既设置了"生产成本—制造费用—薪酬（某产品）"科目，又设置了"生产成本—薪酬（某产品）"科目以区分按人计价和按量计价。该企业认为这种不一致不影响其最终内部管理需求。作者认为基于对电耗的分析需求，电费核算可考虑参照人工成本的生产成本科目设置；当然，如果条件许可，也可将核算和管理分开，可通过另外一套内部成本管理系统实现成本管理。

◎ 生产成本—制造费用—电费：同样的科目，有的企业仅设置二级科目"生产成本—制造费用"，并在系统后台隐藏三级科目或算法以备定制化报表统计需求；有的企业将该科目设置为"生产成本—电费"。无论何种设置或算法，只要满足该企业的核算需求即可。

⑤ 产品 1～产品 13：本处使用替换名，余同。

第 3 章 电费核算的"飞行棋"攻略 | 87

☑ 电费核算落点6（财务链操作）："后分摊至产品"的分录

	摘要	科目		借方
1	用电费^后分摊至产品	5001.	-生产成本-制造费用-电费/ 产品1	17 805.10
2	用电费^后分摊至产品	5001.	-生产成本-制造费用-电费/ 产品2	1 050.69
3	用电费^后分摊至产品	5001.	-生产成本-制造费用-电费/ 产品3	8 362.79
4	用电费^后分摊至产品	5001.	-生产成本-制造费用-电费/ 产品4	1 156.87
5	用电费^后分摊至产品	5001.	-生产成本-制造费用-电费/ 产品5	2 679.71
6	用电费^后分摊至产品	5001.	-生产成本-制造费用-电费/ 产品6（甲产品）	186.03
7	用电费^后分摊至产品	5001.	-生产成本-制造费用-电费/ 产品7	234.19
8	用电费^后分摊至产品	5001.	-生产成本-制造费用-电费/ 产品8	18 477.67
9	用电费^后分摊至产品	5001.	-生产成本-制造费用-电费/ 产品9	1 567.72
10	用电费^后分摊至产品	5001.	-生产成本-制造费用-电费/ 产品10	117.44
11	用电费^后分摊至产品	5001.	-生产成本-制造费用-电费/ 产品11	494.57
12	用电费^后分摊至产品	5001.	-生产成本-制造费用-电费/ 产品12	46 801.23
13	用电费^后分摊至产品	5001.	-生产成本-制造费用-电费/ 产品13	4 551.32
			合计：壹拾万叁仟肆佰捌拾伍元叁角叁分	103 485.33

	摘要	科目		贷方
14	用电费^后分摊至产品	5101.	-制造费用-电费/ -生产部	14 174.07
15	用电费^后分摊至产品	5101.	-制造费用-电费/ -物流部	1 507.03
16	用电费^后分摊至产品	5101.	-制造费用-电费/ -设备部	2 783.80
17	用电费^后分摊至产品	5101.	-制造费用-电费/ -智化部	2 599.04
18	用电费^后分摊至产品	5101.	-制造费用-电费/ -安全环保部	962.40
19	用电费^后分摊至产品	5101.	-制造费用-电费/ -工序a	13 985.15
20	用电费^后分摊至产品	5101.	-制造费用-电费/ -工序b	8 031.51
21	用电费^后分摊至产品	5101.	-制造费用-电费/ -工序c	1 134.48
22	用电费^后分摊至产品	5101.	-制造费用-电费/ -工序d	16 992.79
23	用电费^后分摊至产品	5101.	-制造费用-电费/ -工序e	1 785.37
24	用电费^后分摊至产品	5101.	-制造费用-电费/ -工序f	35 989.08
25	用电费^后分摊至产品	5101.	-制造费用-电费/ -工序g	3 540.61
			合计：壹拾万叁仟肆佰捌拾伍元叁角叁分	103 485.33

图3-13 电费"后分摊至产品"凭证录入界面

生产成本—制造费用—电费（产品4）	1 156.87
生产成本—制造费用—电费（产品5）	2 679.71
生产成本—制造费用—电费（产品6）	186.03
生产成本—制造费用—电费（产品7）	234.19
生产成本—制造费用—电费（产品8）	18 477.67
生产成本—制造费用—电费（产品9）	1 567.72
生产成本—制造费用—电费（产品10）	117.44
生产成本—制造费用—电费（产品11）	494.57
生产成本—制造费用—电费（产品12）	46 801.23
生产成本—制造费用—电费（产品13）	4 551.32
贷：制造费用—电费（生产部）	14 174.07
制造费用—电费（物控部）	1 507.03
制造费用—电费（设备部）	2 783.80
制造费用—电费（检化验室）	2 599.04
制造费用—电费（安全环保部）	962.40

制造费用—电费（工序 a[注]）	13 985.15
制造费用—电费（工序 b）	8 031.51
制造费用—电费（工序 c）	1 134.48
制造费用—电费（工序 d）	16 992.79
制造费用—电费（工序 e）	1 785.37
制造费用—电费（工序 f）	35 989.08
制造费用—电费（工序 g）	3 540.61

上述分录中，产品 6 为甲产品，该产品分摊到了 186.03 元的电费。

需要说明的是，图 3-14 标注所指为生产完毕后电费入库在两种典型成本发生姿势中的位置。

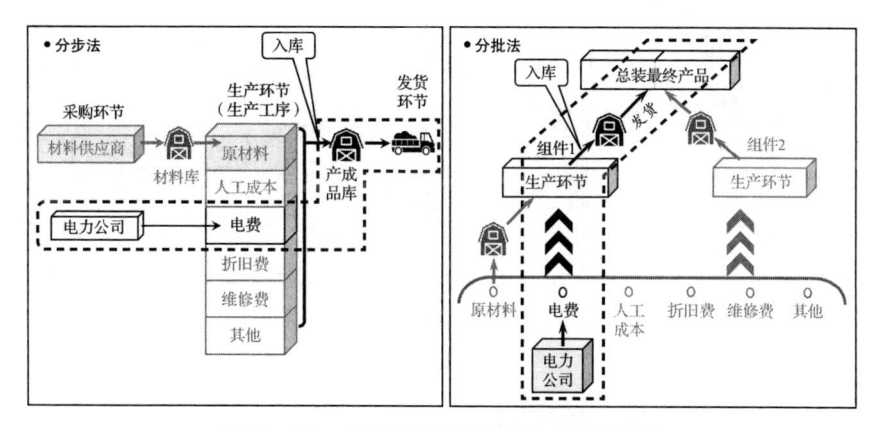

图 3-14　生产完毕后电费入库的位置

生产完产成品后，涉及电费等一系列成本的"生产成本"相关科目需通过"成品入库"变成存货成本（具体科目为"库存商品—产成品"），入库的分录参考如下。

[注] 工序 a～工序 g：本处使用替换名，余同。

借：库存商品—产成品

贷：生产成本—制造费用—电费（各产品）

……

产成品入库后的相关处理类同第 1 章，本章略。

3.1.7 终点的快照

此时，甲产品的电费在产品成本二维多栏明细表中留下了痕迹，终点的快照如图 3-15 所示。

产品成本二维多栏明细表（实景企业1）
（单位：元）

产品	直接成本（直接进）		间接费用（靠分摊）				总成本
	原材料	直接人工成本等	电费	间接人工成本	折旧费	维修费等	
甲产品	67 235.85		186.03				
乙产品	……		……				
⋮	⋮		⋮				
合计	5 211 790.76		103 485.33				

图例：● 业务链提供　○ 财务链操作

甲产品的电费为186.03元

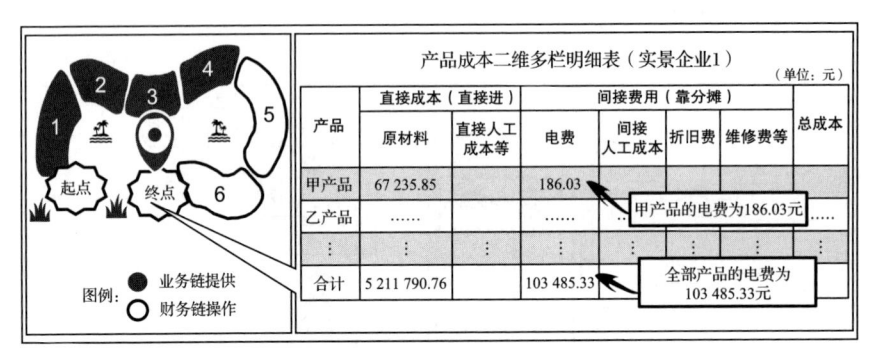

全部产品的电费为103 485.33元

图 3-15　终点快照中的电费

3.1.8 电费核算的数据时点

需要说明的是，产品成本二维多栏明细表中的很多成本金额是动态（滚动）变化的，而非固定数值。以当期电费核算为例，可能会涉及四个记账的时点，如图 3-16 所示。

图 3-16　电费的记账时点

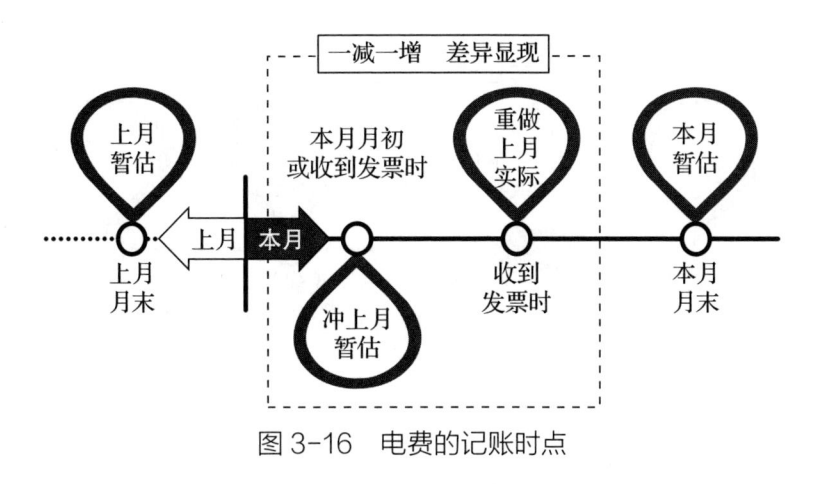

具体如下：

▶ 第一笔：上月月末暂估上月电费。
▶ 第二笔：本月月初或收到发票时冲减上月暂估。
▶ 第三笔：收到发票时重做上月实际电费。
▶ 第四笔：本月月末再暂估本月的电费。

为方便举例和理解，产品成本二维多栏明细表中记录的电费具体为"收到发票时（重做上月实际）⊖"这一单一时点的数据，如图 3-17 中标注所指。

需要注意的是，该单一时点的电费数据未考虑"冲上月暂估"和"本月暂估"这 2 个时点的记账，仅为"收到发票时（重做上月实际）"这个单一时点下的记账及取数结果。此电费数据，并非月末最终的数据结果。实际结果还会综合汇总本月其他取数点的数据。

⊖ 与第 2 章中材料成本取数时点不同。材料成本的取数时点为从库存领用原材料时；电费不存在领用库存，因为电存不下来，故电费取数时点为确认实际电费时，即收到发票时。

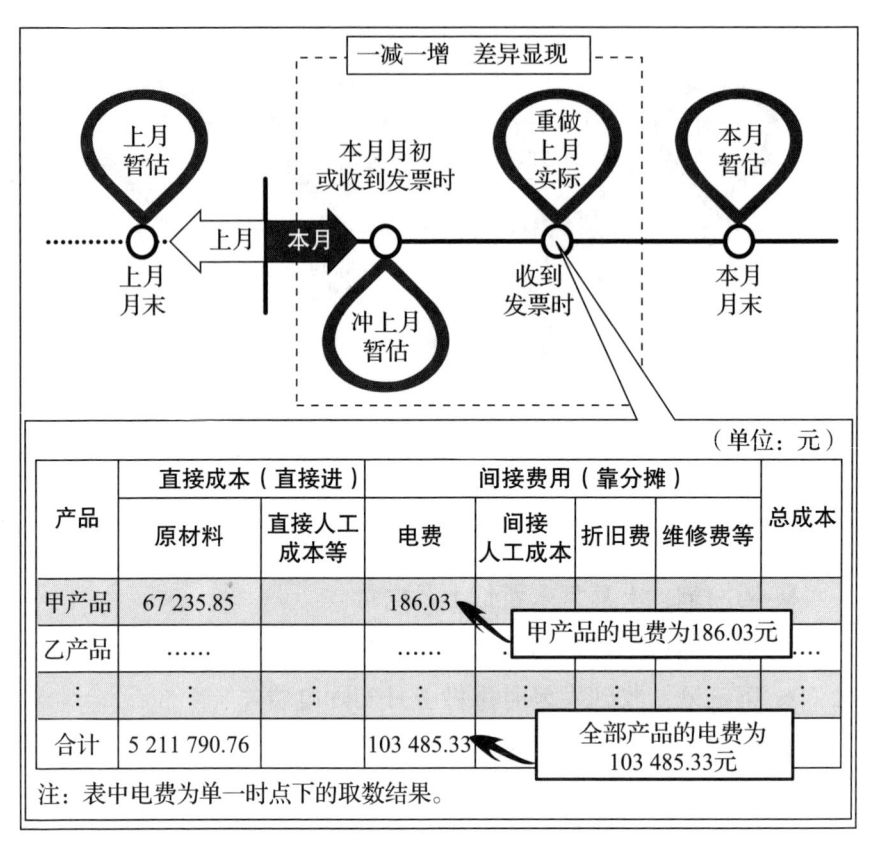

图 3-17　终点快照中电费的取数时点

3.2　实景企业 2：以工时作为电费分摊依据

讲完了按产量分摊电费的实景企业 1 的案例后，接下来讲解实景企业 2 的案例，该企业电费选取的分摊依据（驱动因素）为工时，并将电费全都计入间接费用，即根据各工程项目的工时占比将全部电费分摊至各工程项目。

3.2.1 业务数据链

1. 电费核算落点 1（业务链提供）：抄表记录和电费明细单

和实景企业 1 不同，实景企业 2 的产品为非标准化产品，其产品（成本核算对象）为定制化的工程项目[一]。其电费核算的落点 1 亦为业务链环节，电费核算也需要取得抄表记录和电费明细单。

实景企业 2 的业务部门根据抄表记录制作公司用电统计表（即抄表记录）并根据此表制作电费明细单（即"工序先归集"记账底稿），如图 3-18 所示。

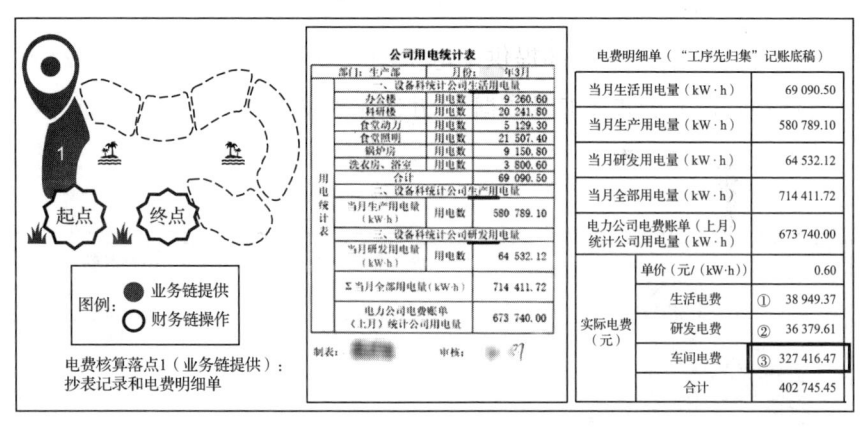

图 3-18　抄表记录和电费明细单

电费明细单中区分了生活电费① 38 949.37 元，研发电费② 36 379.61 元，车间电费③ 327 416.47 元，电费合计 402 745.45 元。其中，生活电费计入管理费用，研发电费计入研发费用，车间电费计入生产成本。

[一] 实景企业 2 为生产钢结构组件产品的企业，产品表现形式为工程项目，如"过山车项目"，产品计量单位为"吨"，故工程项目可以简化理解为该企业的产品。

需要说明的是，该企业"车间电费"全部先归集至生产部，等待分摊至工程项目。

由于本书主要探讨的是产品成本核算相关的内容，关于管理费用和研发费用的电费凭证分录暂略。

本案例依旧采用"以小切入口展开大地图"的讲述风格，讲述实景企业 2 电费的成本核算。

2. 电费核算落点 2（业务链提供）：电费账单

参见本章实景企业 1（与之类同），本例略。

3. 电费核算落点 3（业务链提供）：电费分摊依据

实景企业 2 的生产部提供了电费的分摊依据——生产部 2023 年 3 月制造费用分配表（工时依据），并以正式签字的书面格式传递至财务部门，如图 3-19 所示。

电费核算落点 3（业务链提供）：电费分摊依据——生产部提供电费（用电成本）的分摊依据

生产部2023年3月制造费用分配表（工时依据）
（单位：小时）

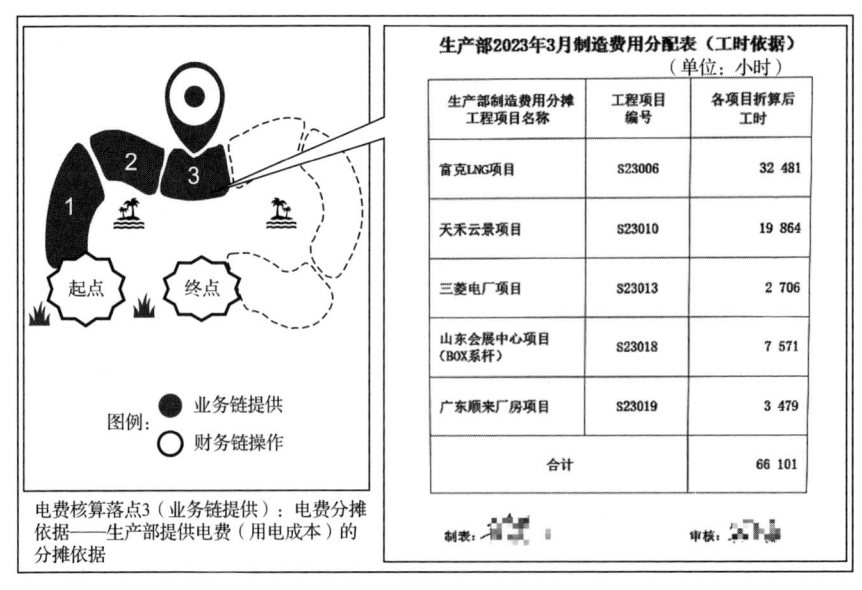

生产部制造费用分摊 工程项目名称	工程项目 编号	各项目折算后 工时
富克LNG项目	S23006	32 481
天禾云景项目	S23010	19 864
三菱电厂项目	S23013	2 706
山东会展中心项目 （BOX系杆）	S23018	7 571
广东顺来厂房项目	S23019	3 479
合计		66 101

图 3-19　生产部提供的电费分摊依据

从图 3-19 中可以看出，该企业成本核算对象为"工程项目"，相当于实景企业 1 的"产品"。当月共有 5 个工程项目，由于电费和工程项目之间没有一一对应的关系，所有电费需要在这 5 个工程项目之间按各项目工时占比进行分摊。

4. 电费核算落点 4（业务链提供）：电费发票

参见本章实景企业 1（与之类同），本例略。

3.2.2　财务数据链

承接上述业务部门的数据链（证据链），财务部门在拿到业务部门提供的涉及成本核算的完整依据后，开始了财务层面的成本核算。

落点 5 和落点 6 为财务链环节，记账顺序为"工序先归集，后分摊至产品"，其中，落点 5 为工序先归集并记账；落点 6 为电费后分摊至产品并记账。

1. 电费核算落点 5（财务链操作）：工序先归集并记账

实景企业 2 "工序先归集"的记账底稿及分录如图 3-20 所示。

电费明细单		
当月生活用电量（kW·h）		69 090.50
当月生产用电量（kW·h）		580 789.10
当月研发用电量（kW·h）		64 532.12
当月全部用电量（kW·h）		714 411.72
电力公司电费账单（上月）统计公司用电量（kW·h）		673 740.00
实际电费（元）	单价（元/(kW·h)）	0.60
^	生活电费	38 949.37
^	研发电费	36 379.61
^	车间电费	327 416.47
^	合计	402 745.45

电费核算落点5（财务链操作）："工序先归集"并记账

借：管理费用—电费　　　　　　　　　38 949.37
　　研发支出—电费　　　　　　　　　36 379.61
　　制造费用—电费—生产部　　　　　327 416.47
贷：应付账款—电力公司　　　　　　　402 745.45

图 3-20　"工序先归集"的记账底稿及分录

在取得电费明细单后，工序先归集的记账依据已经具备，可以编制电费归集的凭证了。具体内容如下。

▶ 计入管理费用（生活）的电费为 38 949.37 元。
▶ 计入研发费用（研发）的电费为 36 379.61 元。
▶ 计入制造费用（车间）的电费为 327 416.47 元。

实景企业 2 计入制造费用的电费全部先归集至生产部，分录如下。

借：制造费用—电费—生产部　　　327 416.47
　贷：应付账款—电力公司　　　　　　　　327 416.47

需要强调的是，后分摊至产品（工程项目）的电费，特指图 3-20 中电费明细单里的 "车间电费 327 416.47 元"，涉及的科目为 "制造费用—电费—生产部"。

2. 电费核算落点 6（财务链操作）：后分摊至产品并记账

先归集计入 "制造费用—电费—生产部" 的电费金额 327 416.47 元，需 "后分摊至产品（工程项目）"。

结合图 3-19 所示的生产部 2023 年 3 月制造费用分配表（工时依据），实景企业 2 编制生产部 2023 年 3 月电费分配表底稿作为 "后分摊至产品（工程项目）" 的记账底稿，如图 3-21 所示。

实景企业 2 的财务根据生产部 2023 年 3 月电费分配表底稿，编制电费分摊计入工程项目成本的自动抛账底稿，以便导入系统自动生成记账凭证，如图 3-22 所示。

"后分摊至产品" 的分录具体如下。

借：生产成本—制造费用[⊖]
　　（富克 LNG 项目）　　　　　　160 887.34

[⊖] 该科目的三级科目由其他字段区分。

生产成本—制造费用
（天禾云景项目）　　　　　　　　98 391.87
生产成本—制造费用
（三菱电厂项目）　　　　　　　　13 403.56
生产成本—制造费用
（山东会展中心项目）　　　　　　37 501.25
生产成本—制造费用
（广东顺来厂房项目）　　　　　　17 232.45
贷：制造费用—电费—生产部　　　327 416.47

实景企业 2 的电费在产品成本二维多栏明细表中留下痕迹，和实景企业 1 类同，如图 3-23 所示。

生产部2023年3月电费分配表底稿				
生产部制造费用分摊 工程项目名称	工程项目 编号	各项目 折算后工时 （小时）	电费后分摊至产品 （工程项目）明细（元） （各项目折算后工时÷①×②）
富克LNG项目	S23006	32 481	160 887.34
天禾云景项目	S23010	19 864	98 391.87
三菱电厂项目	S23013	2 706	13 403.56
山东会展中心项目	S23018	7 571	37 501.25
广东顺来厂房项目	S23019	3 479	17 232.45
合计		① 66 101	② 327 416.47

图例：● 业务链提供　○ 财务链操作

电费核算落点6（财务操作）：电费（实际发票数）327 416.47元按工时"后分摊至产品（工程项目）"并记账

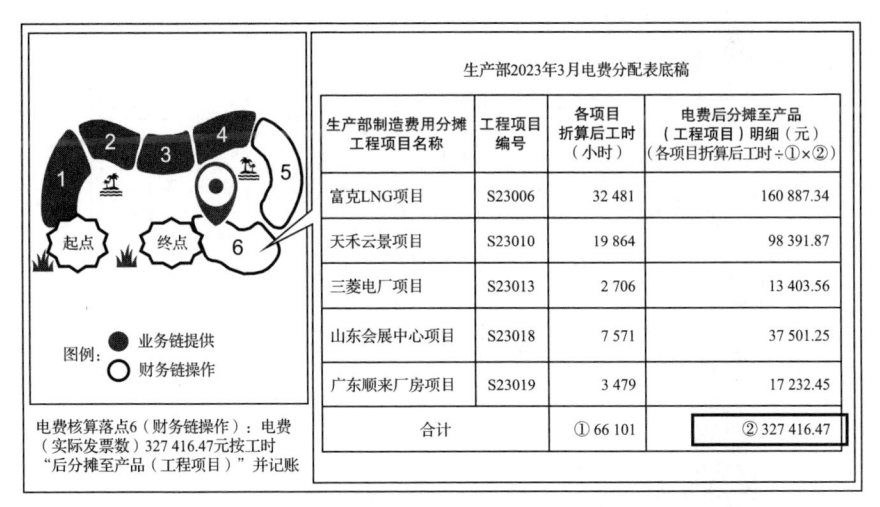

图 3-21　电费"后分摊至产品（工程项目）"的记账底稿

生产部2023年3月电费分配表底稿

生产部制造费用分摊工程项目名称	工程项目编号	各项目折算后工时（小时）	电费后分摊至产品（工程项目）明细[工程项目折算后工时÷①×②]（元）
当兑LNG项目	S23006	32 481	160 887.34
天禾云景项目	S23010	19 864	98 391.87
三菱电厂项目	S23013	2 706	13 403.56
山东会展中心项目	S23018	7 571	37 501.25
广东顺来厂房项目	S23019	3 479	17 232.45
合计		① 66 101	② 327 416.47

实景企业2电费自动抛账底稿（系统自动生成记账凭证分录）

凭证字	凭证号	科目代码	科目名称	币别名称	借方	贷方	凭证摘要	核算项目（产品）	过账
转	135	5001.002	生产成本—制造费用	人民币	160 887.34	0.00	电费分配—生产部	工程成本类—S23006—当兑LNG项目	0
转	135	5001.002	生产成本—制造费用	人民币	98 391.87	0.00	电费分配—生产部	工程成本类—S23010—天禾云景项目	0
转	135	5001.002	生产成本—制造费用	人民币	13 403.56	0.00	电费分配—生产部	工程成本类—S23013—三菱电厂项目	0
转	135	5001.002	生产成本—制造费用	人民币	37 501.25	0.00	电费分配—生产部	工程成本类—S23018—山东会展中心项目	0
转	135	5001.002	生产成本—制造费用	人民币	17 232.45	0.00	电费分配—生产部	工程成本类—S23019—广东顺来厂房项目	0
转	135	5101.007	制造费用—电费	人民币	0.00	327 416.47	电分摊到工程项目—生产部	部门—010—生产部	0

电费核算落点6（财务链操作）：后分摊至产品（工程项目）并记账

图例：● 业务链提供   ○ 财务链操作

图 3-22 电费自动抛账凭证底稿

终点快照：电费在产品成本二维多栏明细表中留下的痕迹

图例：
- ■ 业务链提供
- □ 财务链操作

产品成本二维多栏明细表（实景企业2） （单位：元）

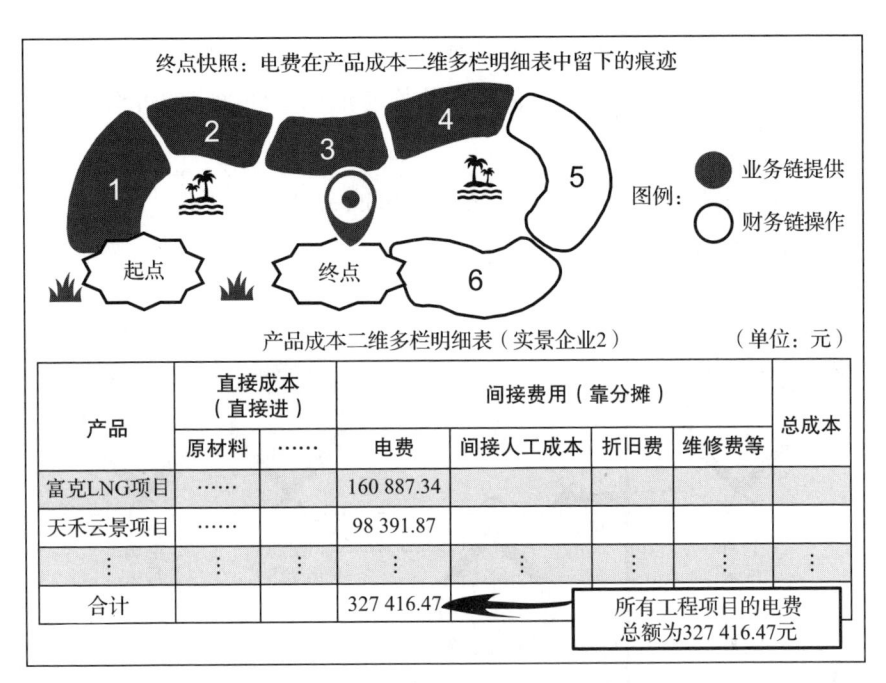

产品	直接成本（直接进）		间接费用（靠分摊）				总成本
	原材料	……	电费	间接人工成本	折旧费	维修费等	
富克LNG项目	……		160 887.34				
天禾云景项目	……		98 391.87				
⋮	⋮	⋮	⋮	⋮	⋮	⋮	⋮
合计			327 416.47				

所有工程项目的电费总额为327 416.47元

图 3-23　终点快照中的电费

3.3　实景问答

电费为什么也需要暂估入账

《国家税务总局关于企业所得税若干问题的公告》（国家税务总局公告2011年第34号）第六条关于企业提供有效凭证时间问题的规定：企业当年度实际发生的相关成本、费用，由于各种原因未能及时取得该成本、费用的有效凭证，企业在预缴季度所得税时，可暂按账面发生金额进行核算；但在汇算清缴时，应补充提供该成本、费用的有效凭证。

不难看出，暂估的目的是保证账实相符。由于业务已经发生，基于"实质重于形式"的会计信息质量要求，即使发票没到，也要在月底关账前进行暂估。暂估所使用的价格应依据已经确定的价格（如合同约定价格）。

仍以当期电费的成本核算为例，可能会涉及以下四个记账的时点，如图 3-24 所示。

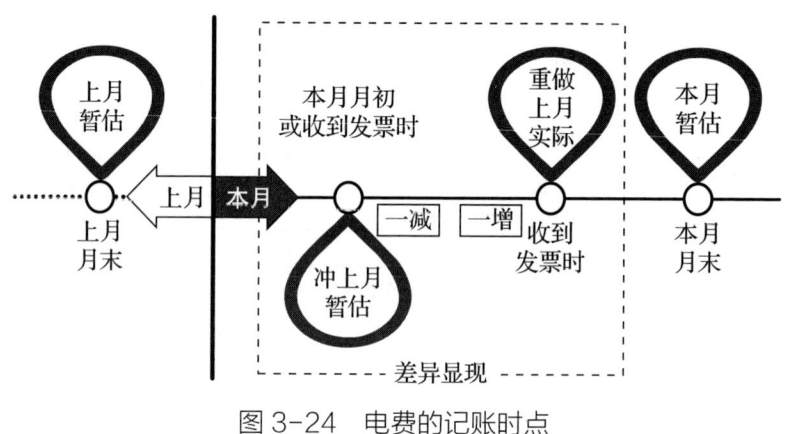

图 3-24 电费的记账时点

具体如下：

- 第一笔：上月暂估入账，企业在未收到上月发票之前，一般先行暂估入账。
- 第二笔：本月冲上月暂估入账。通常情况下，暂估费用需要在次月月初红字冲回，但考虑到发票取得的不确定性，在实际工作中，一般是在收到发票时再做冲回处理，即在收到发票后，先行冲减之前已暂估的记账凭证。
- 第三笔：收到发票时，再根据发票所示正确电费金额重做上月实际账。
- 第四笔：本月月末做本月暂估入账，即企业在未收到本月发票之前，先行暂估入账。

从本月来看，第二笔账为冲上月暂估账（一减），第三笔账为收到发票时重做上月实际账（一增）。一减一增的记账调整仅体现差异。要结合上月月末的暂估账（第一笔）计算本月的实际电费，则前三笔电费成本合计的结果［＝上月暂估账（第一笔）－本月冲上月暂估账（第二笔）＋本月收到发票时重做上月实际账（第三笔）］为本月收到的发票上的实际电费金额。

因此，为便于理解，实景企业1、实景企业2的产品成本二维多栏明细表中电费数据的取数点，均为收到发票时"重做上月实际"这一单一时点，如图3-25所示。

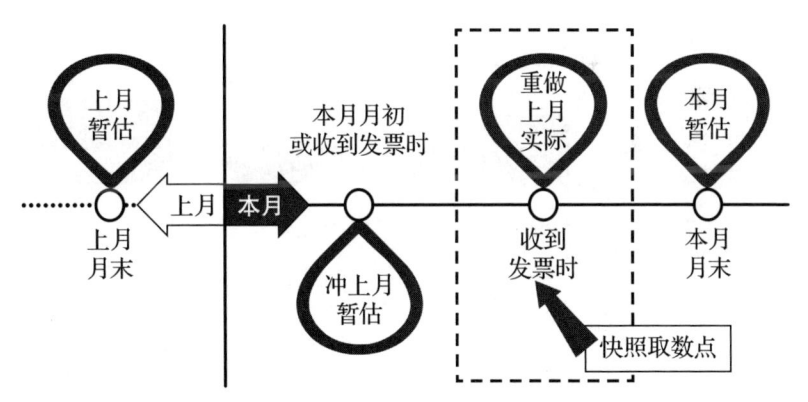

图3-25　终点快照中电费数据的取数点

第 4 章

人工成本实景核算地图

本章地图导览（见图 4-1）。

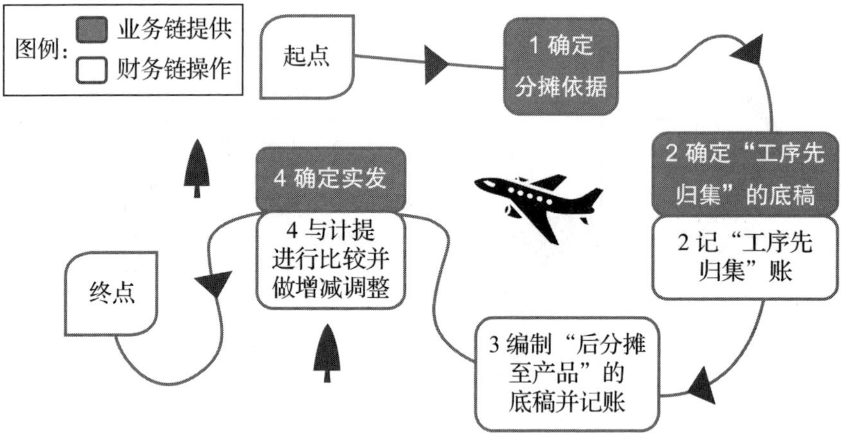

图例：
- ■ 业务链提供
- □ 财务链操作

起点 → 1 确定分摊依据 → 2 确定"工序先归集"的底稿 → 2 记"工序先归集"账 → 3 编制"后分摊至产品"的底稿并记账 → 4 确定实发 → 4 与计提进行比较并做增减调整 → 终点

图 4-1　人工成本核算"飞行棋"地图

逐项搜集人工成本证据的"飞行棋"轨迹路径地图如图 4-1 所示。"飞行棋"地图中的"站点"表示证据链轨迹的路径，人工成本核算的证据链主要有以下 4 个站点（不含终点）。

▶ 站点 1（业务链提供）：确定分摊依据。

▶ 站点 2（业务链提供 + 财务链操作）：确定"工序先归集"的底稿，即人力资源部门提供的薪酬分配明细表；财务部门据此记账。

▶ 站点 3（财务链操作）：编制人工成本"后分摊至产品"的底稿并记账。

▶ 站点 4（业务链提供 + 财务链操作）：确定实发薪酬并在与计提薪酬进行比较后做增减调整。

终点为财务链操作：在产品成本二维多栏明细表中留下痕迹。

在业务部门备齐涉及成本核算的完整依据并传递至财务部门后，财务层面的成本核算就开始了。

人工成本核算有其特有的复杂性。这种复杂性就在于不仅涉及底薪加提成的薪金机制，还包括养老保险、医疗保险[⊖]、生育保险[⊖]、工伤保险、失业保险以及住房公积金（以下简称"5 险 1 金"）等费用的核算；另外，人工成本的核算还需要考虑"各种补贴项目、工龄、岗位级别、学历"等诸多内容，这也是有些企业的工资单很长的原因。

正因人工成本核算的复杂性，在很多企业中，负责发放工资和制作工资表的部门为人力资源部门（业务链环节），而非财务部门。

人工成本核算在两种典型成本发生姿势中所处的位置如图 4-2 虚线框所示。

⊖ 实景企业 1 的医疗保险，由基本医疗保险和地方附加医疗保险两部分构成。

⊖ 实景企业 1 所在地区的生育保险政策为生育保险与基本医疗保险合并，即基本医疗保险中包含了生育保险。

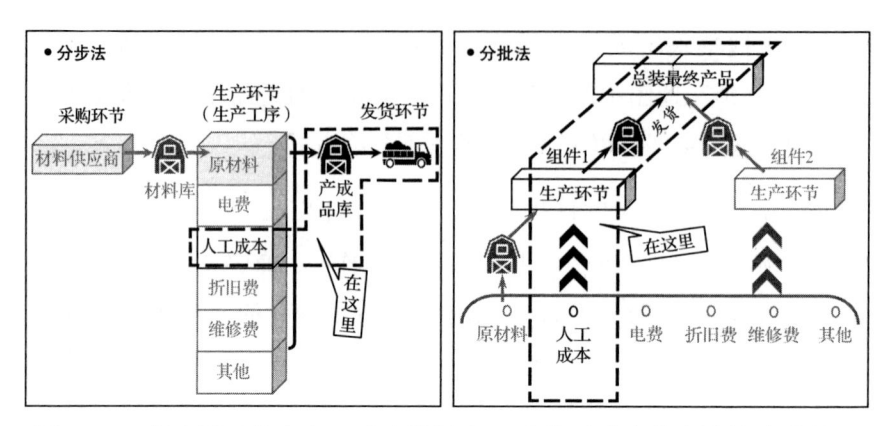

图 4-2 产购销环节中人工成本核算在两种典型成本发生姿势中的位置

本章亦列举 2 家典型的生产型企业案例。其中：

实景企业 1 是按分步法生产的企业，专注于生产标准化产品，并以"产量"为分摊依据，将共用性费用分摊至各个产品。

实景企业 2 是按分批法生产的企业，专注于生产非标准化产品，并以"工时"作为分摊依据，将共用性费用分摊至各个工程项目。

本章人工成本在产品成本二维多栏明细表中的位置如图 4-3 中箭头所指。

（单位：元）

产品	直接成本（直接进）		间接费用（靠分摊）				总成本
	原材料	直接人工成本（按量计价）	电费	间接人工成本（按人计价）	折旧费	维修费等	
甲产品							
乙产品							
⋮	⋮	⋮	⋮	⋮	⋮	⋮	
合计							

（本章人工成本对应位置）

图 4-3 产品成本二维多栏明细表中的人工成本

在 2 家典型的生产型企业中，实景企业 1 的人工成本，既包括直接计入产品成本的直接成本，如"生产成本—薪酬"科目等；也包括需要分摊计入产品成本的间接费用，如"生产成本—制造费用—薪酬"科目等。

需要进行分摊时，分摊依据（驱动因素）可选取"产量"，也可选取"工时"。实景企业 1 以产品的产量作为分摊依据。如图 4-3 所示，实景企业 1 区分直接成本和间接费用的标准是计价方式：按量计价（计件工资）的薪酬为直接成本；按人计价（固定工资）的薪酬为间接费用。

4.1 实景企业 1：人工成本核算地图与飞经站点

本案例以实景企业 1 作为研究对象，分别展现工资、奖金和"5险1金"等人工成本核算地图。

4.1.1 第 1 站：确定分摊依据

人工成本核算的第 1 站属于业务链环节，即确定人工成本分摊依据。实景企业 1 的生产部门提供的人工成本分摊至工序的依据为 × 月工序成本分摊依据（工序产量）分配表，该表可在该企业的"部门间费用分配标准设置"系统界面进行定义，如图 4-4 所示。

为了确定各工序的人工成本，需要以各工序的权重（可比产量）占比作为分摊依据，将共用性费用分摊至各工序。

关于人工成本分摊至工序的产量、系数、权重等的具体说明见第 3 章中的落点 3。

为简化操作和减少多次分摊导致的成本失真，实景企业 1 要求人力资源部门直接按"工序先归集"的口径提供各工序的人工成本明细。故财务核算工序的人工成本无须依靠分摊得到，所以无须使用图 4-4 中的分配表。

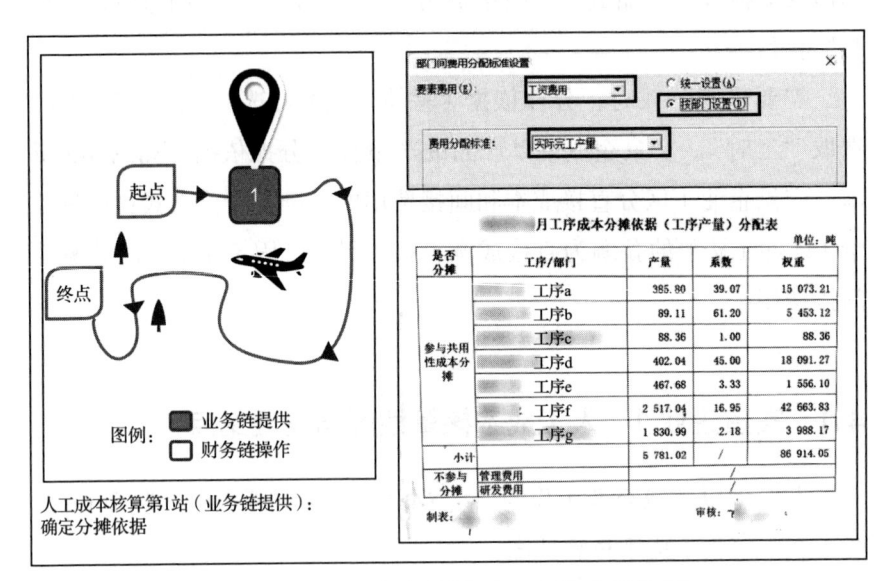

图 4-4　人工成本分摊至工序的产量依据

还有一个分摊依据是实景企业 1 生产部门提供的人工成本分摊至产品的依据 × 月产品成本分摊依据（产品产量）分配表，该表可在该企业的"共耗费用分配标准设置"系统界面进行定义，如图 4-5 所示。

实景企业 1 的财务系统中设置的共用性费用分摊至产品的分摊规则为以各产品的"权重"占比作为分摊依据，将人工成本分摊至各产品。

关于人工成本分摊至产品的产量、系数、权重等的具体解释见第 3 章中的落点 3。

× 月产品成本分摊依据（产品产量）分配表所列当月实际完工产量由业务部门签字确认后提供给财务部门。

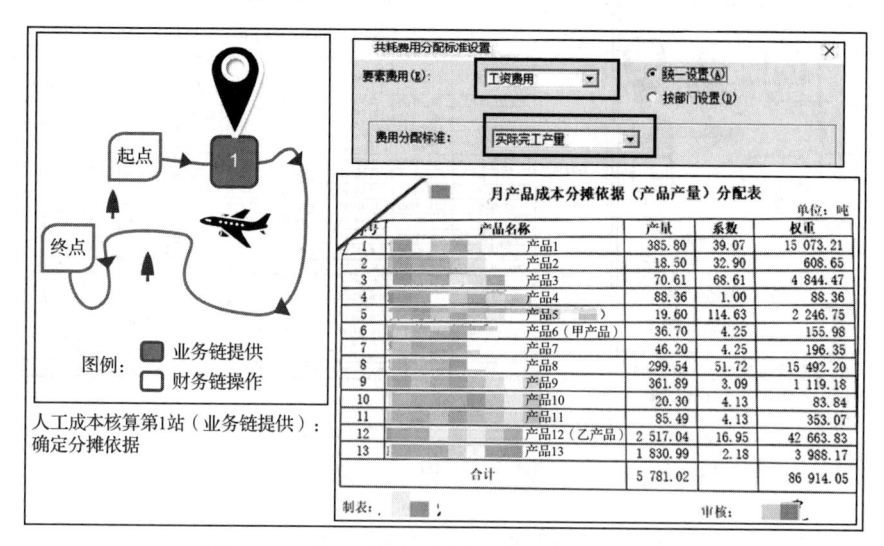

图 4-5　人工成本分摊至产品的产量依据

从工序到产品，计提人工成本的顺序亦为"工序先归集，后分摊至产品"。对实景企业 1 来说，"工序先归集"这一步已由人力资源部门完成；财务部门将此计入"制造费用—薪酬（工序、部门）"科目。"后分摊至产品"是指财务部门编制分摊底稿，将"工序先归集"的"制造费用—薪酬（工序、部门）"科目按可比产量（权重）占比分摊至产品并记账。

4.1.2　第 2 站：确定"工序先归集"的底稿并记账

人工成本核算的第 2 站既涉及业务链，也涉及财务链。

涉及业务链是指人力资源部门提供 × 月薪酬分配明细表（见图 4-6）作为"工序先归集"的底稿。涉及财务链是指财务部门根据 × 月薪酬分配明细表进行"工序先归集"的记账。

在图 4-6 中，各项薪酬（工资/奖金/社保/公积金）数据为人力资源部门根据工序和部门的工作量或人数统计得到。

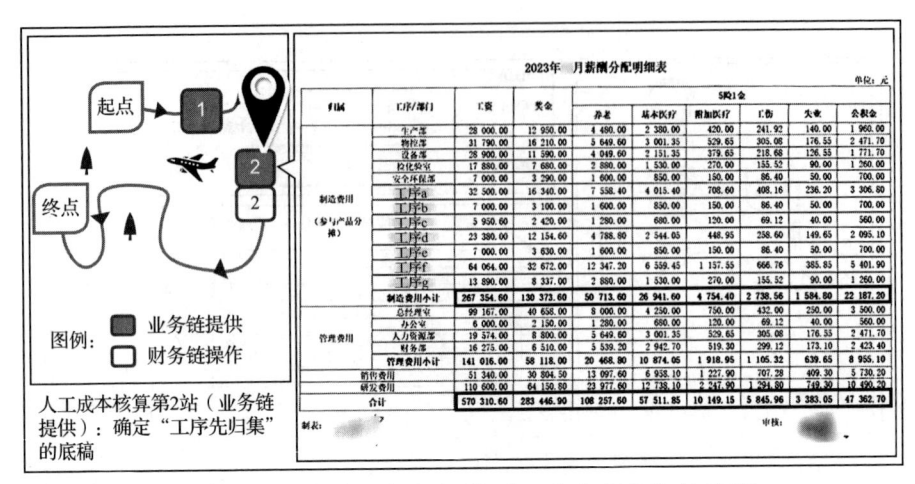

图 4-6 人力资源部门提供"工序先归集"的底稿

实景企业 1 财务部门根据 × 月薪酬分配明细表计提人工成本。

1. 计提工资（财务链操作：先归集）

实景企业 1 "工序先归集"工资的凭证界面及做计提账的分录，如图 4-7 所示。

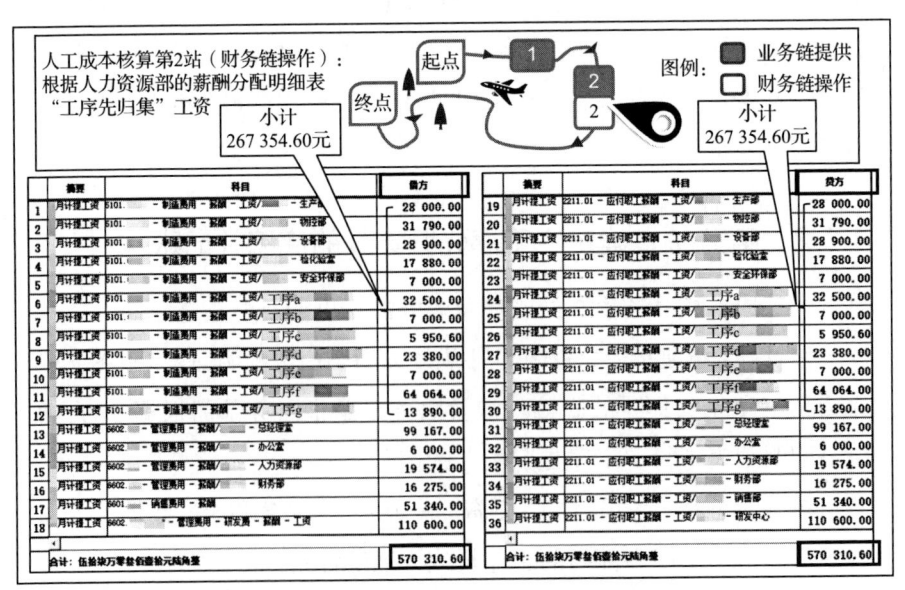

图 4-7 "工序先归集"工资的分录

具体分录如下。

借：制造费用—薪酬—工资（生产部）28 000.00
　　制造费用—薪酬—工资（物控部）31 790.00
　　制造费用—薪酬—工资（设备部）28 900.00
　　制造费用—薪酬—工资
　　（检化验室）　　　　　　　　 17 880.00
　　制造费用—薪酬—工资
　　（安全环保部）　　　　　　　　 7 000.00
　　制造费用—薪酬—工资（工序a）32 500.00
　　制造费用—薪酬—工资（工序b）　7 000.00
　　制造费用—薪酬—工资（工序c）　5 950.60
　　制造费用—薪酬—工资（工序d）23 380.00
　　制造费用—薪酬—工资（工序e）　7 000.00
　　制造费用—薪酬—工资（工序f）64 064.00
　　制造费用—薪酬—工资（工序g）13 890.00

小计 267 354.60 元

　　管理费用—薪酬（总经理室）　　99 167.00
　　管理费用—薪酬（办公室）　　　 6 000.00
　　管理费用—薪酬（人力资源部）　19 574.00
　　管理费用—薪酬（财务部）　　　16 275.00
　　销售费用—薪酬　　　　　　　　51 340.00
　　管理费用—研发费—薪酬—工资 110 600.00
贷：应付职工薪酬—工资（生产部）　　　　28 000.00
　　应付职工薪酬—工资（物控部）　　　　31 790.00
　　应付职工薪酬—工资（设备部）　　　　28 900.00
　　应付职工薪酬—工资（检化验室）　　　17 880.00
　　应付职工薪酬—工资（安全环保部）　　 7 000.00
　　应付职工薪酬—工资（工序a）　　　　32 500.00

应付职工薪酬——工资（工序 b）	7 000.00
应付职工薪酬——工资（工序 c）	5 950.60
应付职工薪酬——工资（工序 d）	23 380.00
应付职工薪酬——工资（工序 e）	7 000.00
应付职工薪酬——工资（工序 f）	64 064.00
应付职工薪酬——工资（工序 g）	13 890.00
应付职工薪酬——工资（总经理室）	99 167.00
应付职工薪酬——工资（办公室）	6 000.00
应付职工薪酬——工资（人力资源部）	19 574.00
应付职工薪酬——工资（财务部）	16 275.00
应付职工薪酬——工资（销售部）	51 340.00
应付职工薪酬——工资（研发中心）	110 600.00

2．计提奖金（财务链操作：先归集）

实景企业 1 "工序先归集" 奖金的凭证界面及做计提账的分录，如图 4-8 所示。

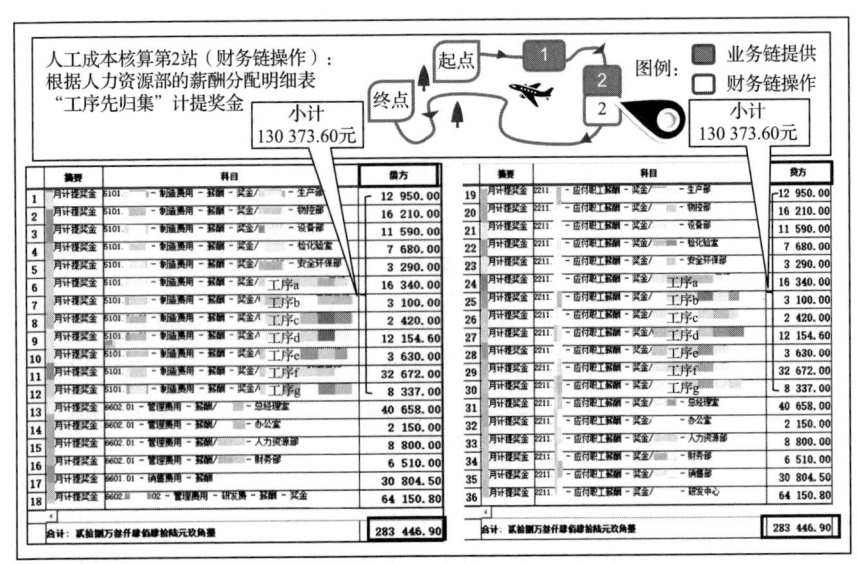

图 4-8 "工序先归集" 奖金的分录

具体分录如下。

借：制造费用—薪酬—奖金（生产部）12 950.00
　　制造费用—薪酬—奖金（物控部）16 210.00
　　制造费用—薪酬—奖金（设备部）11 590.00
　　制造费用—薪酬—奖金（检化验室）7 680.00
　　制造费用—薪酬—奖金
　　（安全环保部）　　　　　　　　3 290.00
　　制造费用—薪酬—奖金（工序 a）16 340.00
　　制造费用—薪酬—奖金（工序 b）3 100.00
　　制造费用—薪酬—奖金（工序 c）2 420.00
　　制造费用—薪酬—奖金（工序 d）12 154.60
　　制造费用—薪酬—奖金（工序 e）3 630.00
　　制造费用—薪酬—奖金（工序 f）32 672.00
　　制造费用—薪酬—奖金（工序 g）8 337.00

小计 130 373.60 元

　管理费用—薪酬（总经理室）　　40 658.00
　管理费用—薪酬（办公室）　　　 2 150.00
　管理费用—薪酬（人力资源部）　 8 800.00
　管理费用—薪酬（财务部）　　　 6 510.00
　销售费用—薪酬　　　　　　　　30 804.50
　管理费用—研发费—薪酬—奖金　64 150.80
贷：应付职工薪酬—奖金（生产部）　　　12 950.00
　　应付职工薪酬—奖金（物控部）　　　16 210.00
　　应付职工薪酬—奖金（设备部）　　　11 590.00
　　应付职工薪酬—奖金（检化验室）　　 7 680.00
　　应付职工薪酬—奖金（安全环保部）　 3 290.00
　　应付职工薪酬—奖金（工序 a）　　　16 340.00
　　应付职工薪酬—奖金（工序 b）　　　 3 100.00

应付职工薪酬—奖金（工序 c）	2 420.00
应付职工薪酬—奖金（工序 d）	12 154.60
应付职工薪酬—奖金（工序 e）	3 630.00
应付职工薪酬—奖金（工序 f）	32 672.00
应付职工薪酬—奖金（工序 g）	8 337.00
应付职工薪酬—奖金（总经理室）	40 658.00
应付职工薪酬—奖金（办公室）	2 150.00
应付职工薪酬—奖金（人力资源部）	8 800.00
应付职工薪酬—奖金（财务部）	6 510.00
应付职工薪酬—奖金（销售部）	30 804.50
应付职工薪酬—奖金（研发中心）	64 150.80

3．计提养老保险（财务链操作：先归集）

实景企业1"工序先归集"养老保险的凭证界面及做计提账的分录，如图4-9所示。

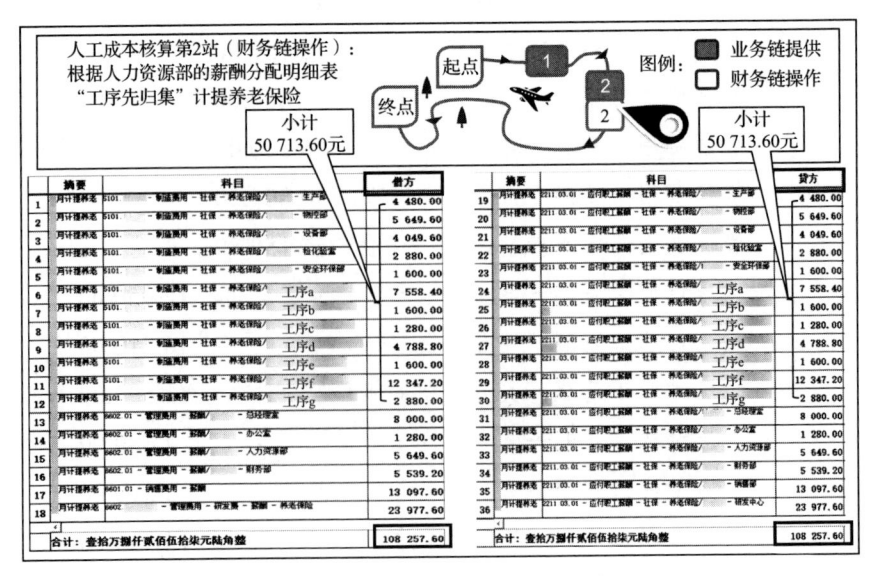

图 4-9 "工序先归集"养老保险的分录

需要注意的是，社保（养老、医疗、生育、工伤、失业保险）在没办理之前不能计提，"5 险 1 金"计提比例各地不一样，需要根据实际情况考虑。

具体分录如下。

借：制造费用—社保—养老保险（生产部）4 480.00
　　制造费用—社保—养老保险（物控部）5 649.60
　　制造费用—社保—养老保险（设备部）4 049.60
　　制造费用—社保—养老保险
　　（检化验室）　　　　　　　　　　2 880.00
　　制造费用—社保—养老保险
　　（安全环保部）　　　　　　　　　1 600.00
　　制造费用—社保—养老保险（工序 a）7 558.40
　　制造费用—社保—养老保险（工序 b）1 600.00
　　制造费用—社保—养老保险（工序 c）1 280.00
　　制造费用—社保—养老保险（工序 d）4 788.80
　　制造费用—社保—养老保险（工序 e）1 600.00
　　制造费用—社保—养老保险（工序 f）12 347.20
　　制造费用—社保—养老保险（工序 g）2 880.00

小计 50 713.60 元

　　管理费用—薪酬（总经理室）　　　8 000.00
　　管理费用—薪酬（办公室）　　　　1 280.00
　　管理费用—薪酬（人力资源部）　　5 649.60
　　管理费用—薪酬（财务部）　　　　5 539.20
　　销售费用—薪酬　　　　　　　　 13 097.60
　　管理费用—研发费—薪酬—养老保险 23 977.60

贷：应付职工薪酬—社保—养老保险（生产部） 4 480.00
　　应付职工薪酬—社保—养老保险（物控部） 5 649.60
　　应付职工薪酬—社保—养老保险（设备部） 4 049.60
　　应付职工薪酬—社保—养老保险（检化验室） 2 880.00
　　应付职工薪酬—社保—养老保险
（安全环保部） 1 600.00
　　应付职工薪酬—社保—养老保险（工序 a） 7 558.40
　　应付职工薪酬—社保—养老保险（工序 b） 1 600.00
　　应付职工薪酬—社保—养老保险（工序 c） 1 280.00
　　应付职工薪酬—社保—养老保险（工序 d） 4 788.80
　　应付职工薪酬—社保—养老保险（工序 e） 1 600.00
　　应付职工薪酬—社保—养老保险（工序 f） 12 347.20
　　应付职工薪酬—社保—养老保险（工序 g） 2 880.00
　　应付职工薪酬—社保—养老保险（总经理室） 8 000.00
　　应付职工薪酬—社保—养老保险（办公室） 1 280.00
　　应付职工薪酬—社保—养老保险
（人力资源部） 5 649.60
　　应付职工薪酬—社保—养老保险（财务部） 5 539.20
　　应付职工薪酬—社保—养老保险（销售部） 13 097.60
　　应付职工薪酬—社保—养老保险（研发中心）23 977.60

4. 计提基本医疗保险（财务链操作：先归集）

实景企业 1 "工序先归集" 基本医疗保险的凭证界面及做计提账的分录，如图 4-10 所示。

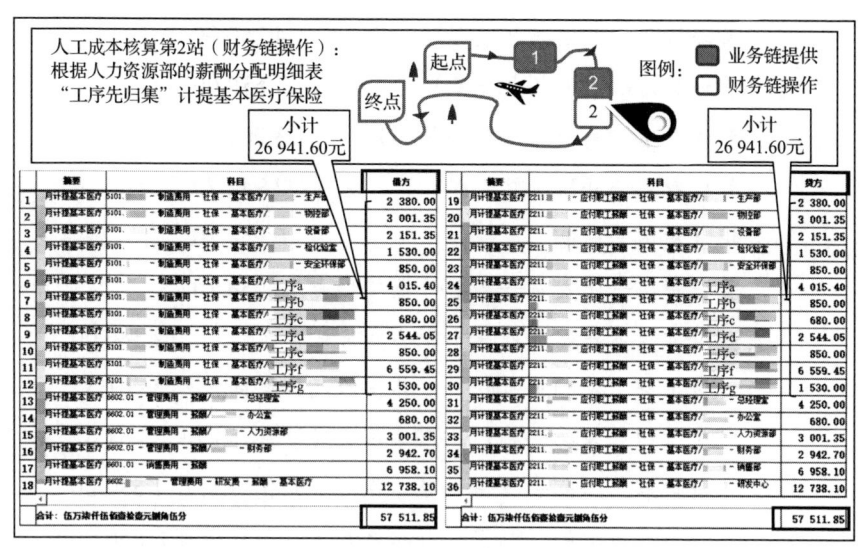

图 4-10 "工序先归集"基本医疗保险的分录

具体分录如下。

借：制造费用—社保—基本医疗（生产部）2 380.00
　　制造费用—社保—基本医疗（物控部）3 001.35
　　制造费用—社保—基本医疗（设备部）2 151.35
　　制造费用—社保—基本医疗
　　（检化验室）　　　　　　　　　　1 530.00
　　制造费用—社保—基本医疗
　　（安全环保部）　　　　　　　　　　850.00
　　制造费用—社保—基本医疗（工序 a）4 015.40
　　制造费用—社保—基本医疗（工序 b）　850.00
　　制造费用—社保—基本医疗（工序 c）　680.00
　　制造费用—社保—基本医疗（工序 d）2 544.05
　　制造费用—社保—基本医疗（工序 e）　850.00
　　制造费用—社保—基本医疗（工序 f）6 559.45
　　制造费用—社保—基本医疗（工序 g）1 530.00

小计 26 941.60 元

管理费用—薪酬（总经理室） 4 250.00
管理费用—薪酬（办公室） 680.00
管理费用—薪酬（人力资源部） 3 001.35
管理费用—薪酬（财务部） 2 942.70
销售费用—薪酬 6 958.10
管理费用—研发费—薪酬—基本医疗 12 738.10
贷：应付职工薪酬—社保—基本医疗（生产部） 2 380.00
　　应付职工薪酬—社保—基本医疗（物控部） 3 001.35
　　应付职工薪酬—社保—基本医疗（设备部） 2 151.35
　　应付职工薪酬—社保—基本医疗（检化验室） 1 530.00
　　应付职工薪酬—社保—基本医疗（安全环保部） 850.00
　　应付职工薪酬—社保—基本医疗（工序 a） 4 015.40
　　应付职工薪酬—社保—基本医疗（工序 b） 850.00
　　应付职工薪酬—社保—基本医疗（工序 c） 680.00
　　应付职工薪酬—社保—基本医疗（工序 d） 2 544.05
　　应付职工薪酬—社保—基本医疗（工序 e） 850.00
　　应付职工薪酬—社保—基本医疗（工序 f） 6 559.45
　　应付职工薪酬—社保—基本医疗（工序 g） 1 530.00
　　应付职工薪酬—社保—基本医疗（总经理室） 4 250.00
　　应付职工薪酬—社保—基本医疗（办公室） 680.00
　　应付职工薪酬—社保—基本医疗
（人力资源部） 3 001.35
　　应付职工薪酬—社保—基本医疗（财务部） 2 942.70
　　应付职工薪酬—社保—基本医疗（销售部） 6 958.10
　　应付职工薪酬—社保—基本医疗（研发中心）12 738.10

5. 计提附加医疗保险[一]（财务链操作：先归集）

实景企业 1 "工序先归集"附加医疗保险的凭证界面及做计提账的分录，如图 4-11 所示。

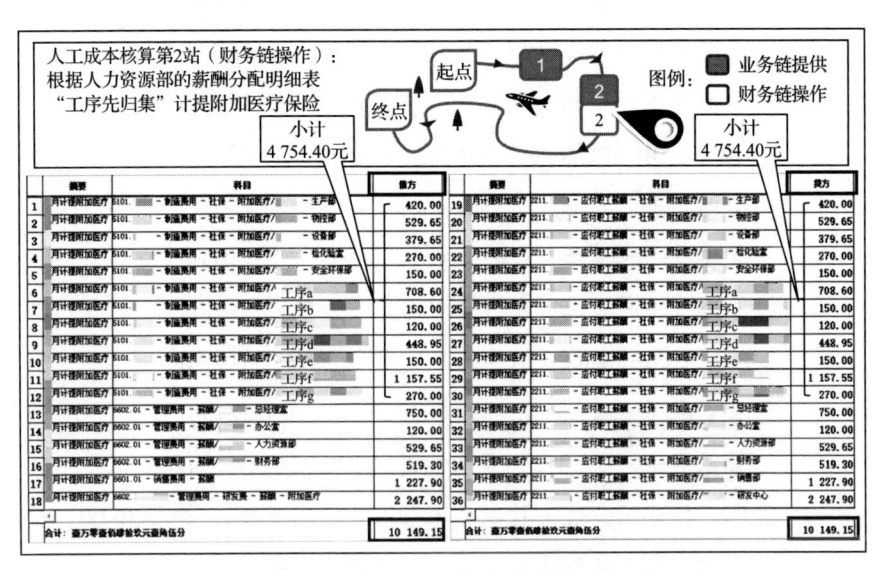

图 4-11 "工序先归集"附加医疗保险的分录

具体分录如下。

借：制造费用—社保—附加医疗（生产部）　　420.00
　　制造费用—社保—附加医疗（物控部）　　529.65
　　制造费用—社保—附加医疗（设备部）　　379.65
　　制造费用—社保—附加医疗（检化验室）　270.00
　　制造费用—社保—附加医疗
　　（安全环保部）　　　　　　　　　　　　150.00

[一] 实景企业 1 将附加医疗保险简称为"附加医疗"，该企业根据当地政策将医疗保险分为了基本医疗保险和地方附加医疗保险两部分。

制造费用—社保—附加医疗（工序 a）　　708.60 ⎫
制造费用—社保—附加医疗（工序 b）　　150.00 ⎬ 小计
制造费用—社保—附加医疗（工序 c）　　120.00 ⎬ 4 754.40 元
制造费用—社保—附加医疗（工序 d）　　448.95 ⎬
制造费用—社保—附加医疗（工序 e）　　150.00 ⎬
制造费用—社保—附加医疗（工序 f）　 1 157.55 ⎬
制造费用—社保—附加医疗（工序 g）　　270.00 ⎭
管理费用—薪酬（总经理室）　　　　　　750.00
管理费用—薪酬（办公室）　　　　　　　120.00
管理费用—薪酬（人力资源部）　　　　　529.65
管理费用—薪酬（财务部）　　　　　　　519.30
销售费用—薪酬　　　　　　　　　　　1 227.90
管理费用—研发费—薪酬—附加医疗　　2 247.90
贷：应付职工薪酬—社保—附加医疗（生产部）　　　420.00
　　应付职工薪酬—社保—附加医疗（物控部）　　　529.65
　　应付职工薪酬—社保—附加医疗（设备部）　　　379.65
　　应付职工薪酬—社保—附加医疗（检化验室）　　270.00
　　应付职工薪酬—社保—附加医疗（安全环保部）　150.00
　　应付职工薪酬—社保—附加医疗（工序 a）　　　708.60
　　应付职工薪酬—社保—附加医疗（工序 b）　　　150.00
　　应付职工薪酬—社保—附加医疗（工序 c）　　　120.00
　　应付职工薪酬—社保—附加医疗（工序 d）　　　448.95
　　应付职工薪酬—社保—附加医疗（工序 e）　　　150.00
　　应付职工薪酬—社保—附加医疗（工序 f）　　1 157.55
　　应付职工薪酬—社保—附加医疗（工序 g）　　　270.00

应付职工薪酬—社保—附加医疗（总经理室） 750.00

应付职工薪酬—社保—附加医疗（办公室） 120.00

应付职工薪酬—社保—附加医疗（人力资源部） 529.65

应付职工薪酬—社保—附加医疗（财务部） 519.30

应付职工薪酬—社保—附加医疗（销售部） 1 227.90

应付职工薪酬—社保—附加医疗（研发中心） 2 247.90

6. 计提工伤保险（财务链操作：先归集）

实景企业1"工序先归集"工伤保险的凭证界面及做计提账的分录，如图4-12所示。

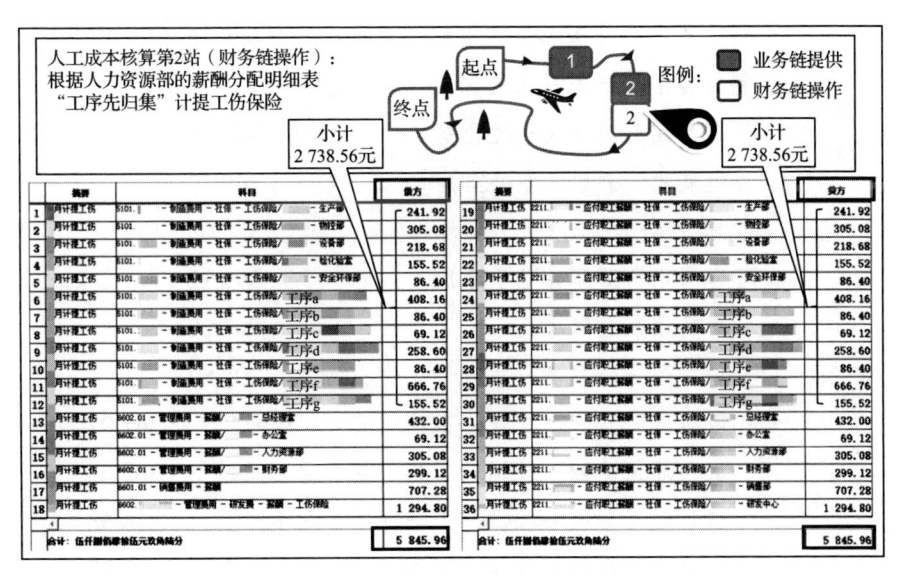

图4-12 "工序先归集"工伤保险的分录

具体分录如下。

借：制造费用—社保—工伤保险（生产部）　　　241.92
　　制造费用—社保—工伤保险（物控部）　　　305.08
　　制造费用—社保—工伤保险（设备部）　　　218.68
　　制造费用—社保—工伤保险（检化验室）　　155.52
　　制造费用—社保—工伤保险（安全环保部）　86.40
　　制造费用—社保—工伤保险（工序a）　　　408.16
　　制造费用—社保—工伤保险（工序b）　　　86.40
　　制造费用—社保—工伤保险（工序c）　　　69.12
　　制造费用—社保—工伤保险（工序d）　　　258.60
　　制造费用—社保—工伤保险（工序e）　　　86.40
　　制造费用—社保—工伤保险（工序f）　　　666.76
　　制造费用—社保—工伤保险（工序g）　　　155.52

　　小计 2 738.56 元

　　管理费用—薪酬（总经理室）　　　　　　　432.00
　　管理费用—薪酬（办公室）　　　　　　　　69.12
　　管理费用—薪酬（人力资源部）　　　　　　305.08
　　管理费用—薪酬（财务部）　　　　　　　　299.12
　　销售费用—薪酬　　　　　　　　　　　　　707.28
　　管理费用—研发费—薪酬—工伤保险　　　1 294.80
贷：应付职工薪酬—社保—工伤保险（生产部）　　241.92
　　应付职工薪酬—社保—工伤保险（物控部）　　305.08
　　应付职工薪酬—社保—工伤保险（设备部）　　218.68
　　应付职工薪酬—社保—工伤保险（检化验室）　155.52
　　应付职工薪酬—社保—工伤保险（安全环保部）86.40
　　应付职工薪酬—社保—工伤保险（工序a）　　408.16
　　应付职工薪酬—社保—工伤保险（工序b）　　86.40
　　应付职工薪酬—社保—工伤保险（工序c）　　69.12

应付职工薪酬—社保—工伤保险（工序 d） 258.60

应付职工薪酬—社保—工伤保险（工序 e） 86.40

应付职工薪酬—社保—工伤保险（工序 f） 666.76

应付职工薪酬—社保—工伤保险（工序 g） 155.52

应付职工薪酬—社保—工伤保险（总经理室） 432.00

应付职工薪酬—社保—工伤保险（办公室） 69.12

应付职工薪酬—社保—工伤保险（人力资源部） 305.08

应付职工薪酬—社保—工伤保险（财务部） 299.12

应付职工薪酬—社保—工伤保险（销售部） 707.28

应付职工薪酬—社保—工伤保险（研发中心） 1 294.80

7．计提失业保险（财务链操作：先归集）

实景企业 1"工序先归集"失业保险的凭证界面及做计提账的分录，如图 4-13 所示。

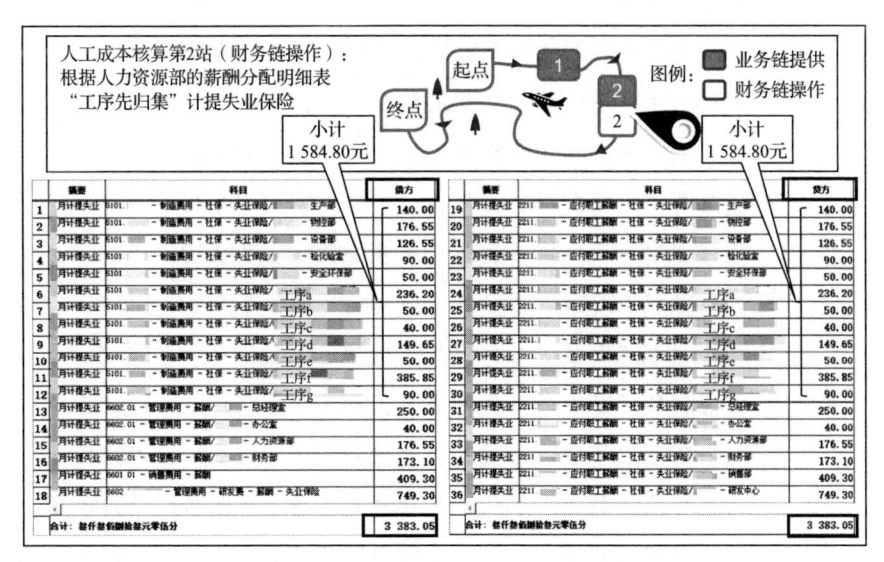

图 4-13 "工序先归集"失业保险的分录

具体分录如下。

借：制造费用—社保—失业保险（生产部）　　　140.00
　　制造费用—社保—失业保险（物控部）　　　176.55
　　制造费用—社保—失业保险（设备部）　　　126.55
　　制造费用—社保—失业保险（检化验室）　　 90.00
　　制造费用—社保—失业保险（安全环保部） 50.00
　　制造费用—社保—失业保险（工序 a）　　　236.20
　　制造费用—社保—失业保险（工序 b）　　　 50.00
　　制造费用—社保—失业保险（工序 c）　　　 40.00
　　制造费用—社保—失业保险（工序 d）　　　149.65
　　制造费用—社保—失业保险（工序 e）　　　 50.00
　　制造费用—社保—失业保险（工序 f）　　　385.85
　　制造费用—社保—失业保险（工序 g）　　　 90.00

小计 1 584.80 元

　　管理费用—薪酬（总经理室）　　　　　　　250.00
　　管理费用—薪酬（办公室）　　　　　　　　 40.00
　　管理费用—薪酬（人力资源部）　　　　　　176.55
　　管理费用—薪酬（财务部）　　　　　　　　173.10
　　销售费用—薪酬　　　　　　　　　　　　　409.30
　　管理费用—研发费—薪酬—失业保险　　　　749.30
贷：应付职工薪酬—社保—失业保险（生产部）　　　140.00
　　应付职工薪酬—社保—失业保险（物控部）　　　176.55
　　应付职工薪酬—社保—失业保险（设备部）　　　126.55
　　应付职工薪酬—社保—失业保险（检化验室）　　 90.00
　　应付职工薪酬—社保—失业保险（安全环保部） 50.00
　　应付职工薪酬—社保—失业保险（工序 a）　　　236.20
　　应付职工薪酬—社保—失业保险（工序 b）　　　 50.00

应付职工薪酬—社保—失业保险（工序 c）	40.00
应付职工薪酬—社保—失业保险（工序 d）	149.65
应付职工薪酬—社保—失业保险（工序 e）	50.00
应付职工薪酬—社保—失业保险（工序 f）	385.85
应付职工薪酬—社保—失业保险（工序 g）	90.00
应付职工薪酬—社保—失业保险（总经理室）	250.00
应付职工薪酬—社保—失业保险（办公室）	40.00
应付职工薪酬—社保—失业保险（人力资源部）	176.55
应付职工薪酬—社保—失业保险（财务部）	173.10
应付职工薪酬—社保—失业保险（销售部）	409.30
应付职工薪酬—社保—失业保险（研发中心）	749.30

8. 计提住房公积金（财务链操作：先归集）

"5 险 1 金"中的"1 金"特指住房公积金。实景企业 1 "工序先归集"住房公积金的凭证界面及做计提账的分录，如图 4-14 所示。

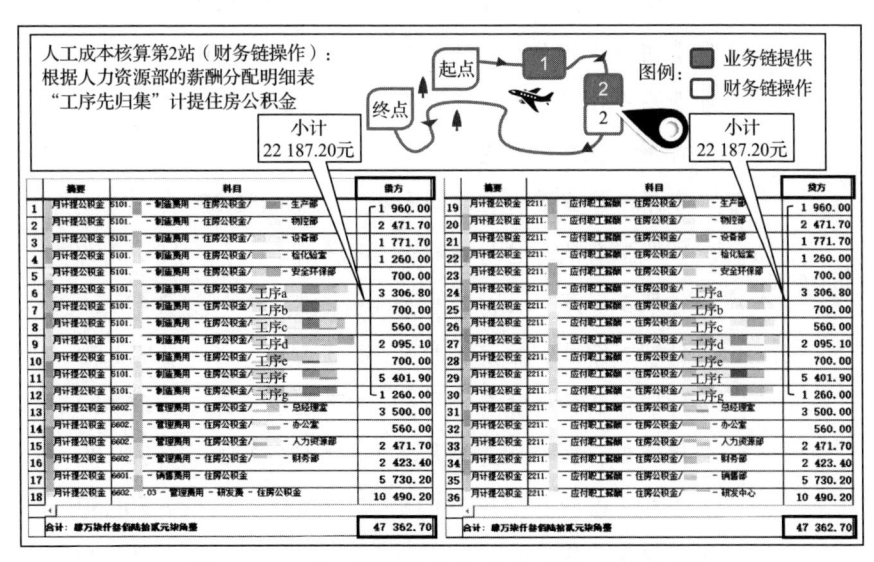

图 4-14 "工序先归集"住房公积金的分录

具体分录如下。

借：制造费用—住房公积金（生产部）　　1 960.00
　　制造费用—住房公积金（物控部）　　2 471.70
　　制造费用—住房公积金（设备部）　　1 771.70
　　制造费用—住房公积金（检化验室）　1 260.00
　　制造费用—住房公积金（安全环保部）　700.00
　　制造费用—住房公积金（工序 a）　　3 306.80
　　制造费用—住房公积金（工序 b）　　　700.00
　　制造费用—住房公积金（工序 c）　　　560.00
　　制造费用—住房公积金（工序 d）　　2 095.10
　　制造费用—住房公积金（工序 e）　　　700.00
　　制造费用—住房公积金（工序 f）　　5 401.90
　　制造费用—住房公积金（工序 g）　　1 260.00

小计 22 187.20 元

　　管理费用—住房公积金（总经理室）　3 500.00
　　管理费用—住房公积金（办公室）　　　560.00
　　管理费用—住房公积金（人力资源部）2 471.70
　　管理费用—住房公积金（财务部）　　2 423.40
　　销售费用—住房公积金　　　　　　　5 730.20
　　管理费用—研发费—住房公积金　　10 490.20
贷：应付职工薪酬—住房公积金（生产部）　　1 960.00
　　应付职工薪酬—住房公积金（物控部）　　2 471.70
　　应付职工薪酬—住房公积金（设备部）　　1 771.70
　　应付职工薪酬—住房公积金（检化验室）　1 260.00
　　应付职工薪酬—住房公积金（安全环保部）　700.00
　　应付职工薪酬—住房公积金（工序 a）　　3 306.80
　　应付职工薪酬—住房公积金（工序 b）　　　700.00

应付职工薪酬—住房公积金（工序 c）	560.00
应付职工薪酬—住房公积金（工序 d）	2 095.10
应付职工薪酬—住房公积金（工序 e）	700.00
应付职工薪酬—住房公积金（工序 f）	5 401.90
应付职工薪酬—住房公积金（工序 g）	1 260.00
应付职工薪酬—住房公积金（总经理室）	3 500.00
应付职工薪酬—住房公积金（办公室）	560.00
应付职工薪酬—住房公积金（人力资源部）	2 471.70
应付职工薪酬—住房公积金（财务部）	2 423.40
应付职工薪酬—住房公积金（销售部）	5 730.20
应付职工薪酬—住房公积金（研发中心）	10 490.20

4.1.3　第 3 站：编制"后分摊至产品"的底稿并记账

按照"工序先归集，后分摊至产品"的计提人工成本顺序，第 3 站为编制"后分摊至产品"的底稿并记账，如图 4-15 所示。

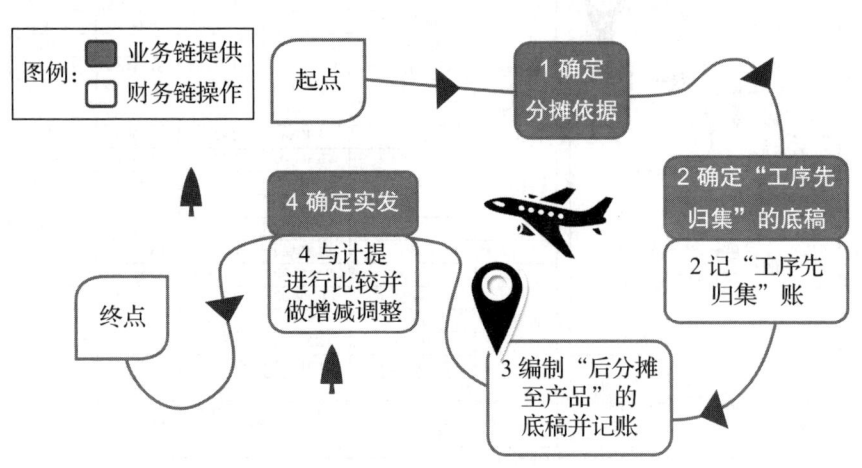

图 4-15　编制"后分摊至产品"的底稿并记账

第3站具体为在第2站所提供的薪酬分配明细表的基础上，根据第1站所确定的分摊依据，明确人工成本分摊至产品的底稿，将第2站归集好的"制造费用——薪酬（工序、部门）"等科目按照各个产品的权重（可比产量）占比分摊给各个产品，并记账。这一站为财务链操作。

分摊底稿的内容和归集底稿一致，即依次编制工资、奖金、5险1金分摊至产品的底稿并依次记账。

1. 工资"后分摊至产品"（财务链操作）

各人工成本"后分摊至产品"仅针对图4-16中的"制造费用小计"行。其中，工资267 354.60元分摊至产品的底稿如图4-17所示。

在图4-17中，各产品的工资合计为267 354 6元，为工序工资总额⑥153 784.60元与部门工资总额⑤113 570.00元之和。具体如下。

薪酬分配明细表（归集人工成本的底稿） （单位：元）

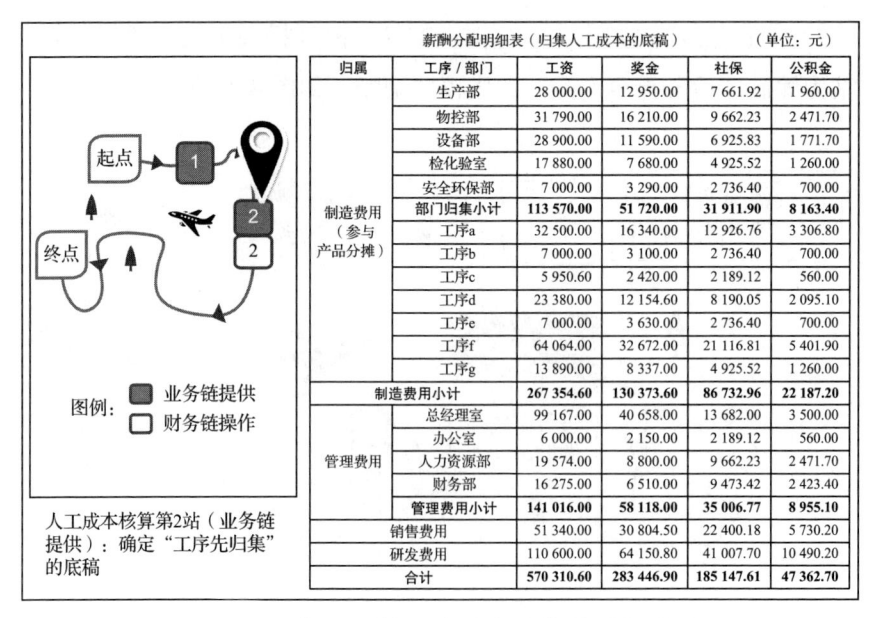

归属	工序/部门	工资	奖金	社保	公积金
制造费用（参与产品分摊）	生产部	28 000.00	12 950.00	7 661.92	1 960.00
	物控部	31 790.00	16 210.00	9 662.23	2 471.70
	设备部	28 900.00	11 590.00	6 925.83	1 771.70
	检化验室	17 880.00	7 680.00	4 925.52	1 260.00
	安全环保部	7 000.00	3 290.00	2 736.40	700.00
	部门归集小计	113 570.00	51 720.00	31 911.90	8 163.40
	工序a	32 500.00	16 340.00	12 926.76	3 306.80
	工序b	7 000.00	3 100.00	2 736.40	700.00
	工序c	5 950.60	2 420.00	2 189.12	560.00
	工序d	23 380.00	12 154.60	8 190.05	2 095.10
	工序e	7 000.00	3 630.00	2 736.40	700.00
	工序f	64 064.00	32 672.00	21 116.81	5 401.90
	工序g	13 890.00	8 337.00	4 925.52	1 260.00
	制造费用小计	267 354.60	130 373.60	86 732.36	22 187.20
管理费用	总经理室	99 167.00	40 658.00	13 682.00	3 500.00
	办公室	6 000.00	2 150.00	2 189.12	560.00
	人力资源部	19 574.00	8 800.00	9 662.23	2 471.70
	财务部	16 275.00	6 510.00	9 473.42	2 423.40
	管理费用小计	141 016.00	58 118.00	35 006.77	8 955.10
	销售费用	51 340.00	30 804.50	22 400.18	5 730.20
	研发费用	110 600.00	64 150.80	41 007.70	10 490.20
	合计	570 310.60	283 446.70	185 147.61	47 362.70

人工成本核算第2站（业务链提供）：确定"工序先归集"的底稿

图例：■ 业务链提供　□ 财务链操作

图4-16 "工序（部门）先归集"的计提底稿

第 4 章 人工成本实景核算地图 | 127

工序	产品	权重 （可比产量） （吨）①	工序先归集 工资 （元）	工序工资 后分摊至产品（元） （③工序内产品分摊）	部门工资 后分摊至产品（元） （④=各权重÷②×⑤）	工资（元） （③+④）
工序a	产品1	15 073.21	32 500.00	直接成本 32 500.00	间接成本 19 696.06	52 196.06
工序b	产品2	608.65	7 000.00	间接成本 781.31	间接成本 795.32	1 576.63
	产品3	4 844.47		间接成本 6 218.69	间接成本 6 330.24	12 548.93
工序c	产品4	88.36	5 950.60	直接成本 5 950.60	间接成本 115.46	6 066.06
工序d	产品5	2 246.75	23 380.00	间接成本 2 903.55	间接成本 2 935.81	5 839.36
	产品6（甲）	155.98		间接成本 201.58	间接成本 203.82	405.40
	产品7	196.35		间接成本 253.75	间接成本 256.57	510.32
	产品8	15 492.20		间接成本 20 021.12	间接成本 20 243.55	40 264.67
工序e	产品9	1 119.18	7 000.00	间接成本 5 034.58	间接成本 1 462.42	6 497.00
	产品10	83.84		间接成本 377.15	间接成本 109.55	486.70
	产品11	353.07		间接成本 1 588.27	间接成本 461.35	2 049.62
工序f	产品12（乙）	42 663.83	64 064.00	直接成本 64 064.00	间接成本 55 748.54	119 812.54
工序g	产品13	3 988.17	13 890.00	直接成本 13 890.00	间接成本 5 211.31	19 101.31
合计		② 86 914.05	153 784.60	⑥ 153 784.60	⑤ 113 570.00	267 354.60

人工成本核算第3站（财务链操作）：编制工资"后分摊至产品"的底稿并记账

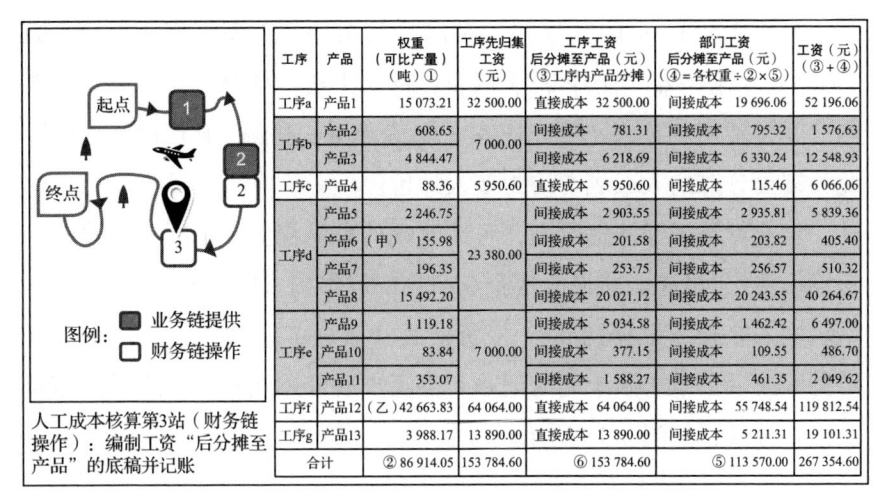

图 4-17 工资"后分摊至产品"的底稿

工序工资总额⑥ 153 784.60 元的分摊，除了按量计价的工序 a、工序 c、工序 f 和工序 g，其余工序均为按人计价，需要在工序内各产品间进行分摊，即工序内的工资按照该工序内各产品的权重（可比产量）占比分摊至对应产品。

部门工资总额⑤ 113 570.00 元的分摊是全部产品间的分摊，即部门工资总额以全部工序每个产品的权重（可比产量）占比作为分摊依据，分摊至每个产品。实景企业 1 的部门工资总额⑤ 113 570.00 元按以下公式分摊至各产品。

分摊至各产品的部门工资 = 各产品权重（可比产量）÷ 总权重② 86 914.05 吨 × 部门工资总额⑤ 113 570.00 元。

在图 4-17 中，"工序"和"产品"存在"一对一"关系的有 4 组："工序 a——产品 1""工序 c——产品 4""工序 f——产品 12""工序 g——产品 13"。碰巧这 4 组均为按量计价的人工成本，不需要分摊。实景企业 1 将图 4-17 中这 4 组的人工成本作为"直接成本"计入"生产成本—薪酬（某产品）"科目。

另将图 4-17 中的其他"一对多"关系的"工序工资"部分（即"工序 b""工序 d""工序 e"）以及"部门工资"部分，均作为待分摊的"间接费用"计入"生产成本—制造费用—薪酬（某产品）"科目。此类需要分摊的人工成本均为按人计价。

企业可基于经济性原则，考虑实现的难易程度，采用灵活的成本核算形式[注]，最终能够说清楚企业产品的成本构成即可。

实景企业 1 根据图 4-17 工资"后分摊至产品"的底稿，通过自动抛账或手工录入系统完成记账，工资"后分摊至产品"的凭证界面及记账分录，如图 4-18 所示。

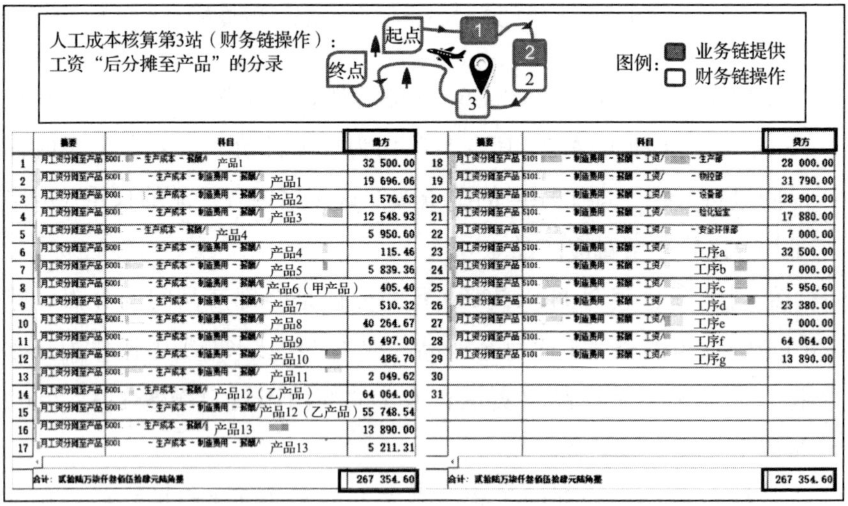

图 4-18　工资"后分摊至产品"的分录

工资"后分摊至产品"的具体分录如下。

⊖ 灵活的成本核算形式：以实景企业 1 为例，该企业根据某些统计的需要，对人工成本的直接成本和间接费用进行了区分；而对电费、折旧费、维修费则简化为只按"间接费用"考虑，即只计入"生产成本—制造费用—×××"三级科目。实景企业 1 认为这种似乎"矛盾"的区别对待并未违反会计的相关原则。

借：生产成本—薪酬（产品1） 32 500.00
　　生产成本—制造费用—薪酬
　　（产品1） 19 696.06
　　生产成本—制造费用—薪酬
　　（产品2） 1 576.63
　　生产成本—制造费用—薪酬
　　（产品3） 12 548.93
　　生产成本—薪酬（产品4） 5 950.60
　　生产成本—制造费用—薪酬（产品4） 115.46
　　生产成本—制造费用—薪酬（产品5） 5 839.36
　　生产成本—制造费用—薪酬（产品6） 405.40
　　生产成本—制造费用—薪酬（产品7） 510.32
　　生产成本—制造费用—薪酬
　　（产品8） 40 264.67
　　生产成本—制造费用—薪酬（产品9） 6 497.00
　　生产成本—制造费用—薪酬（产品10） 486.70
　　生产成本—制造费用—薪酬
　　（产品11） 2 049.62
　　生产成本—薪酬（产品12） 64 064.00
　　生产成本—制造费用—薪酬
　　（产品12） 55 748.54
　　生产成本—薪酬（产品13） 13 890.00
　　生产成本—制造费用—薪酬
　　（产品13） 5 211.31
　　贷：制造费用—薪酬—工资（生产部） 28 000.00
　　　　制造费用—薪酬—工资（物控部） 31 790.00

制造费用—薪酬—工资（设备部）	28 900.00
制造费用—薪酬—工资（检化验室）	17 880.00
制造费用—薪酬—工资（安全环保部）	7 000.00
制造费用—薪酬—工资（工序 a）	32 500.00
制造费用—薪酬—工资（工序 b）	7 000.00
制造费用—薪酬—工资（工序 c）	5 950.60
制造费用—薪酬—工资（工序 d）	23 380.00
制造费用—薪酬—工资（工序 e）	7 000.00
制造费用—薪酬—工资（工序 f）	64 064.00
制造费用—薪酬—工资（工序 g）	13 890.00

2．奖金"后分摊至产品"（财务链操作）

实景企业 1 奖金"后分摊至产品"的底稿，如图 4-19 所示。

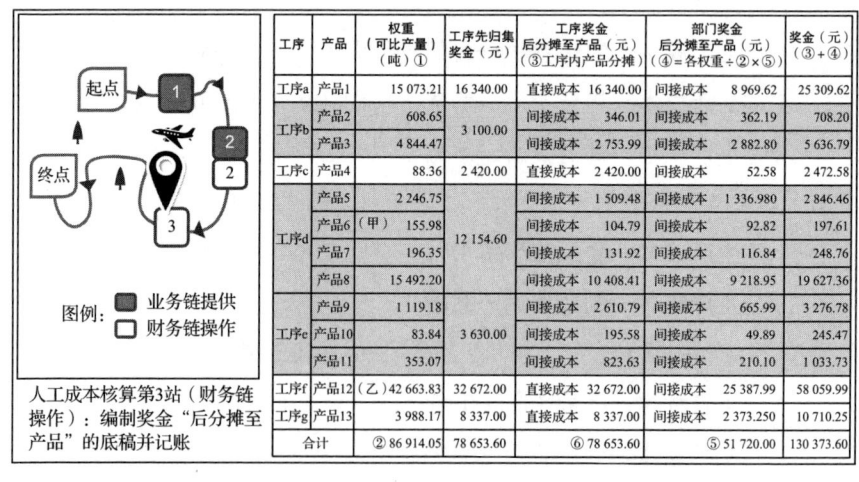

人工成本核算第3站（财务链操作）：编制奖金"后分摊至产品"的底稿并记账

工序	产品	权重（可比产量）（吨）①	工序先归集奖金（元）	工序奖金后分摊至产品（元）③工序内产品分摊	部门奖金后分摊至产品（元）④=各权重÷②×⑤	奖金（元）（③+④）
工序a	产品1	15 073.21	16 340.00	直接成本 16 340.00	间接成本 8 969.62	25 309.62
工序b	产品2	608.65	3 100.00	间接成本 346.01	间接成本 362.19	708.20
	产品3	4 844.51		间接成本 2 753.99	间接成本 2 882.80	5 636.79
工序c	产品4	88.36	2 420.00	直接成本 2 420.00	间接成本 52.58	2 472.58
工序d	产品5	2 246.75	12 154.60	间接成本 1 509.48	间接成本 1 336.980	2 846.46
	产品6（甲）	155.98		间接成本 104.79	间接成本 92.82	197.61
	产品7	196.55		间接成本 131.92	间接成本 116.84	248.76
	产品8	15 492.20		间接成本 10 408.41	间接成本 9 218.95	19 627.36
工序e	产品9	1 119.18	3 630.00	间接成本 2 610.79	间接成本 665.99	3 276.78
	产品10	83.54		间接成本 195.58	间接成本 49.89	245.47
	产品11	353.07		间接成本 823.63	间接成本 210.10	1 033.73
工序f	产品12（乙）	42 663.81	32 672.00	直接成本 32 672.00	间接成本 25 387.99	58 059.99
工序g	产品13	3 988.17	8 337.00	直接成本 8 337.00	间接成本 2 373.250	10 710.25
合计		② 86 914.05	78 653.60	⑥ 78 653.60	⑤ 51 720.00	130 373.60

图 4-19　奖金"后分摊至产品"的底稿

奖金"后分摊至产品"的计算过程同工资"后分摊至产品"的说

明，本处略。

根据此底稿，奖金 130 373.60 元分摊至产品的凭证界面及记账分录，如图 4-20 所示。

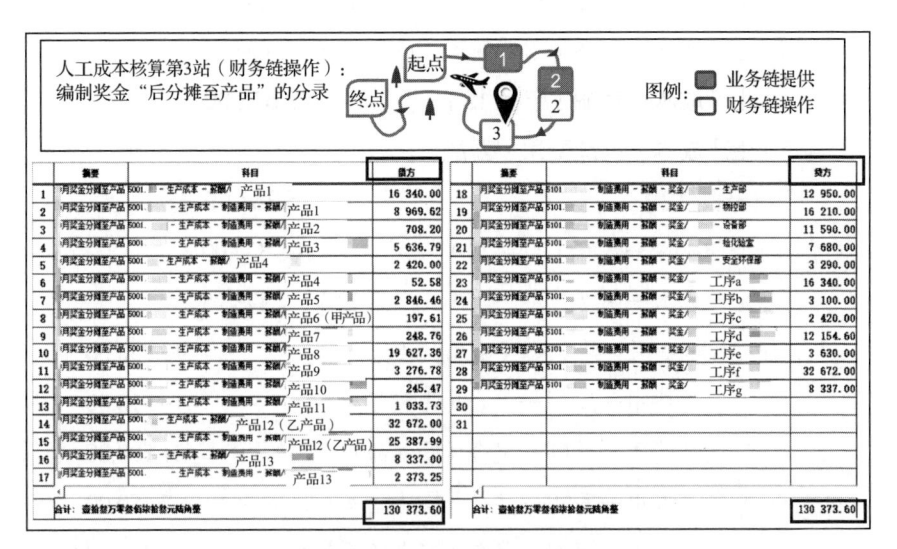

图 4-20 奖金"后分摊至产品"的分录

奖金"后分摊至产品"的具体分录如下。

借：生产成本—薪酬（产品 1） 16 340.00
　　生产成本—制造费用—薪酬（产品 1） 8 969.62
　　生产成本—制造费用—薪酬（产品 2） 708.20
　　生产成本—制造费用—薪酬（产品 3） 5 636.79
　　生产成本—薪酬（产品 4） 2 420.00
　　生产成本—制造费用—薪酬（产品 4） 52.58
　　生产成本—制造费用—薪酬（产品 5） 2 846.46
　　生产成本—制造费用—薪酬（产品 6） 197.61

生产成本—制造费用—薪酬（产品7）　　248.76

生产成本—制造费用—薪酬（产品8）　　19 627.36

生产成本—制造费用—薪酬（产品9）　　3 276.78

生产成本—制造费用—薪酬（产品10）　　245.47

生产成本—制造费用—薪酬（产品11）　　1 033.73

生产成本—薪酬（产品12）　　32 672.00

生产成本—制造费用—薪酬

（产品12）　　25 387.99

生产成本—薪酬（产品13）　　8 337.00

生产成本—制造费用—薪酬（产品13）　　2 373.25

贷：制造费用—薪酬—奖金（生产部）　　12 950.00

　　制造费用—薪酬—奖金（物控部）　　16 210.00

　　制造费用—薪酬—奖金（设备部）　　11 590.00

　　制造费用—薪酬—奖金（检化验室）　　7 680.00

　　制造费用—薪酬—奖金（安全环保部）　　3 290.00

　　制造费用—薪酬—奖金（工序a）　　16 340.00

　　制造费用—薪酬—奖金（工序b）　　3 100.00

　　制造费用—薪酬—奖金（工序c）　　2 420.00

　　制造费用—薪酬—奖金（工序d）　　12 154.60

　　制造费用—薪酬—奖金（工序e）　　3 630.00

　　制造费用—薪酬—奖金（工序f）　　32 672.00

　　制造费用—薪酬—奖金（工序g）　　8 337.00

3. 社保"后分摊至产品"（财务链操作）

实景企业1社保（养老、医疗、生育、工伤、失业保险）"后分摊至产品"的底稿，如图4-21所示。

第 4 章　人工成本实景核算地图 | 133

工序	产品	权重 （可比产量） （吨）①	工序先 归集社保 （元）	工序社保 后分摊至产品（元） （③工序内产品分摊）	部门社保 后分摊至产品（元） （④=各权重÷②×⑤）	社保（元） （③+④）
工序a	产品1	15 073.21	12 926.76	12 926.76	5 534.37	18 461.13
工序b	产品2	608.65	2 736.40	305.42	223.48	528.90
	产品3	4 844.47		2 430.98	1 778.73	4 209.71
工序c	产品4	88.36	2 189.12	2 189.12	32.44	2 221.56
工序d	产品5	2 246.75	8 190.05	1 017.12	824.93	1 842.05
	产品6（甲）	155.98		70.61	57.27	127.88
	产品7	196.35		88.89	72.09	160.98
	产品8	15 492.20		7 013.43	5 688.21	12 701.64
工序e	产品9	1 119.18	2 736.40	1 968.09	410.93	2 379.02
	产品10	83.84		147.43	30.78	178.21
	产品11	353.07		620.88	129.64	750.52
工序f	产品12（乙）	42 663.83	21 116.81	21 116.81	15 664.71	36 781.52
工序g	产品13	3 988.17	4 925.52	4 925.52	1 464.32	6 389.84
合计		② 86 914.05	54 821.06	⑥ 54 821.06	⑤ 31 911.90	86 732.96

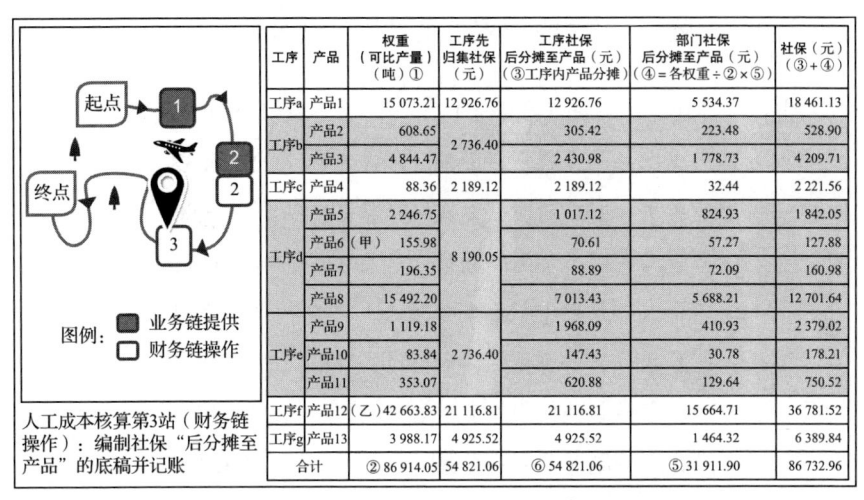

人工成本核算第3站（财务链操作）：编制社保"后分摊至产品"的底稿并记账

图例：■ 业务链提供　□ 财务链操作

图 4-21　社保"后分摊至产品"的底稿

社保"后分摊至产品"的计算过程同工资"后分摊至产品"的说明，本处略。

根据此底稿，社保 86 732.96 元分摊至产品的凭证界面及记账分录，如图 4-22 所示。

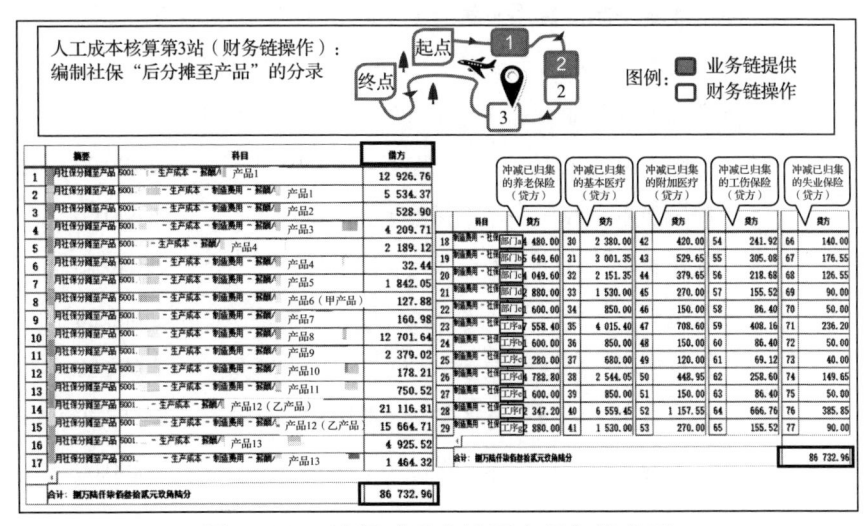

人工成本核算第3站（财务链操作）：编制社保"后分摊至产品"的分录

图例：■ 业务链提供　□ 财务链操作

图 4-22　社保"后分摊至产品"的分录

社保（5险）"后分摊至产品"的具体分录如下。

借：生产成本—薪酬（产品1）　　　　　　　　　12 926.76
　　生产成本—制造费用—薪酬（产品1）　　　　5 534.37
　　生产成本—制造费用—薪酬（产品2）　　　　528.90
　　生产成本—制造费用—薪酬（产品3）　　　　4 209.71
　　生产成本—薪酬（产品4）　　　　　　　　　2 189.12
　　生产成本—制造费用—薪酬（产品4）　　　　32.44
　　生产成本—制造费用—薪酬（产品5）　　　　1 842.05
　　生产成本—制造费用—薪酬（产品6）　　　　127.88
　　生产成本—制造费用—薪酬（产品7）　　　　160.98
　　生产成本—制造费用—薪酬（产品8）　　　　12 701.64
　　生产成本—制造费用—薪酬（产品9）　　　　2 379.02
　　生产成本—制造费用—薪酬（产品10）　　　 178.21
　　生产成本—制造费用—薪酬（产品11）　　　 750.52
　　生产成本—薪酬（产品12）　　　　　　　　 21 116.81
　　生产成本—制造费用—薪酬（产品12）　　　15 664.71
　　生产成本—薪酬（产品13）　　　　　　　　 4 925.52
　　生产成本—制造费用—薪酬（产品13）　　　 1 464.32
　贷：制造费用—社保—养老保险（生产部）　　　4 480.00
　　　制造费用—社保—养老保险（物控部）　　　5 649.60
　　　制造费用—社保—养老保险（设备部）　　　4 049.60
　　　制造费用—社保—养老保险（检化验室）　　2 880.00
　　　制造费用—社保—养老保险（安全环保部）　1 600.00
　　　制造费用—社保—养老保险（工序a）　　　 7 558.40
　　　制造费用—社保—养老保险（工序b）　　　 1 600.00

项目	金额
制造费用—社保—养老保险（工序 c）	1 280.00
制造费用—社保—养老保险（工序 d）	4 788.80
制造费用—社保—养老保险（工序 e）	1 600.00
制造费用—社保—养老保险（工序 f）	12 347.20
制造费用—社保—养老保险（工序 g）	2 880.00
制造费用—社保—基本医疗（生产部）	2 380.00
制造费用—社保—基本医疗（物控部）	3 001.35
制造费用—社保—基本医疗（设备部）	2 151.35
制造费用—社保—基本医疗（检化验室）	1 530.00
制造费用—社保—基本医疗（安全环保部）	850.00
制造费用—社保—基本医疗（工序 a）	4 015.40
制造费用—社保—基本医疗（工序 b）	850.00
制造费用—社保—基本医疗（工序 c）	680.00
制造费用—社保—基本医疗（工序 d）	2 544.05
制造费用—社保—基本医疗（工序 e）	850.00
制造费用—社保—基本医疗（工序 f）	6 559.45
制造费用—社保—基本医疗（工序 g）	1 530.00
制造费用—社保—附加医疗（生产部）	420.00
制造费用—社保—附加医疗（物控部）	529.65
制造费用—社保—附加医疗（设备部）	379.65
制造费用—社保—附加医疗（检化验室）	270.00
制造费用—社保—附加医疗（安全环保部）	150.00
制造费用—社保—附加医疗（工序 a）	708.60
制造费用—社保—附加医疗（工序 b）	150.00
制造费用—社保—附加医疗（工序 c）	120.00

制造费用—社保—附加医疗（工序 d）	448.95
制造费用—社保—附加医疗（工序 e）	150.00
制造费用—社保—附加医疗（工序 f）	1 157.55
制造费用—社保—附加医疗（工序 g）	270.00
制造费用—社保—工伤保险（生产部）	241.92
制造费用—社保—工伤保险（物控部）	305.08
制造费用—社保—工伤保险（设备部）	218.68
制造费用—社保—工伤保险（检化验室）	155.52
制造费用—社保—工伤保险（安全环保部）	86.40
制造费用—社保—工伤保险（工序 a）	408.16
制造费用—社保—工伤保险（工序 b）	86.40
制造费用—社保—工伤保险（工序 c）	69.12
制造费用—社保—工伤保险（工序 d）	258.60
制造费用—社保—工伤保险（工序 e）	86.40
制造费用—社保—工伤保险（工序 f）	666.76
制造费用—社保—工伤保险（工序 g）	155.52
制造费用—社保—失业保险（生产部）	140.00
制造费用—社保—失业保险（物控部）	176.55
制造费用—社保—失业保险（设备部）	126.55
制造费用—社保—失业保险（检化验室）	90.00
制造费用—社保—失业保险（安全环保部）	50.00
制造费用—社保—失业保险（工序 a）	236.20
制造费用—社保—失业保险（工序 b）	50.00
制造费用—社保—失业保险（工序 c）	40.00
制造费用—社保—失业保险（工序 d）	149.65
制造费用—社保—失业保险（工序 e）	50.00

制造费用—社保—失业保险（工序 f）　　　　　385.85

制造费用—社保—失业保险（工序 g）　　　　　 90.00

上述分录中，借方"生产成本"科目不再对 5 个具体的社保险种逐一进行核算。实景企业 1 认为，只要借贷方中任何一方纳入了不同社保的险种科目，就实现了数据可得，通过后台技术处理、设定取数规则等方式，便可编制出产品的成本明细表（定制报表）。

4. 住房公积金"后分摊至产品"（财务链操作）

实景企业 1 住房公积金"后分摊至产品"的底稿，如图 4-23 所示。

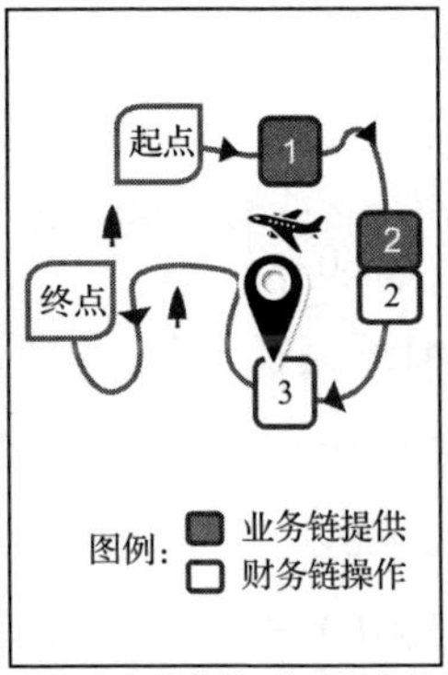

工序	产品	权重（可比产量）（吨）①	工序先归集公积金（元）	工序公积金后分摊至产品（元）（③工序内产品分摊）	部门公积金后分摊至产品（元）（④=各权重÷②×⑤）	公积金（元）（③+④）
工序a	产品1	15 073.21	3 306.80	3 306.80	1 415.75	4 722.55
工序b	产品2	608.65	700.00	78.13	57.17	135.30
	产品3	4 844.47		621.87	455.02	1 076.89
工序c	产品4	88.36	560.00	560.00	8.30	568.30
工序d	产品5	2 246.75	2 095.10	260.19	211.03	471.22
	产品6（甲）	155.98		18.06	14.65	32.71
	产品7	196.35		22.74	18.44	41.18
	产品8	15 492.20		1 794.11	1 455.10	3 249.21
工序e	产品9	1 119.18	700.00	503.460	105.12	608.58
	产品10	83.84		37.710	7.87	45.58
	产品11	353.07		158.830	33.16	191.99
工序f	产品12（乙）	42 663.83	5 401.90	5 401.90	4 007.20	9 409.10
工序g	产品13	3 988.17	1 260.00	1 260.00	374.59	1 634.59
合计		② 86 914.05	14 023.80	⑥ 14 023.80	⑤ 8 163.40	22 187.20

人工成本核算第3站（财务链操作）：编制住房公积金"后分摊至产品"的底稿并记账

图例：■ 业务链提供　□ 财务链操作

图 4-23　住房公积金"后分摊至产品"的底稿

住房公积金"后分摊至产品"的计算过程同工资"后分摊至产品"的说明，本处略。

根据此底稿，住房公积金 22 187.20 元分摊至产品的凭证界面及记账分录，如图 4-24 所示。

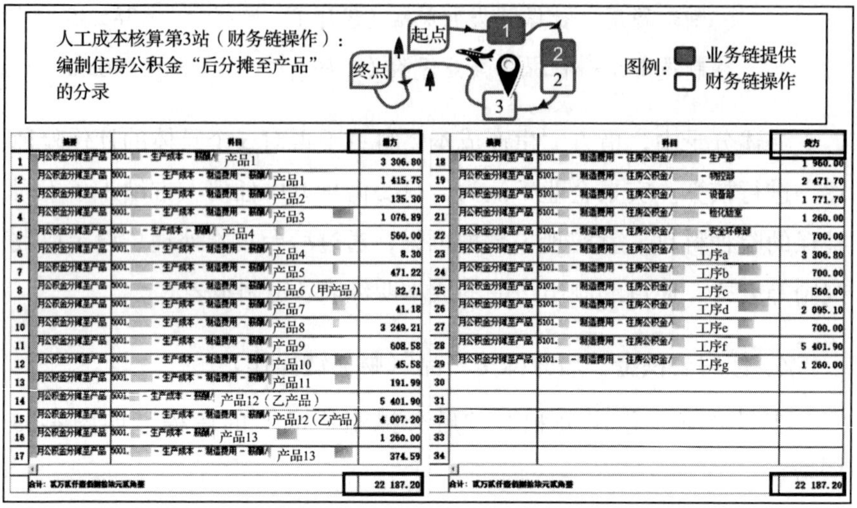

图 4-24 住房公积金"后分摊至产品"的分录

住房公积金"后分摊至产品"的具体分录如下。

借：生产成本—薪酬（产品 1） 3 306.80
　　生产成本—制造费用—薪酬（产品 1） 1 415.75
　　生产成本—制造费用—薪酬（产品 2） 135.30
　　生产成本—制造费用—薪酬（产品 3） 1 076.89
　　生产成本—薪酬（产品 4） 560.00
　　生产成本—制造费用—薪酬（产品 4） 8.30
　　生产成本—制造费用—薪酬（产品 5） 471.22
　　生产成本—制造费用—薪酬（产品 6） 32.71
　　生产成本—制造费用—薪酬（产品 7） 41.18
　　生产成本—制造费用—薪酬（产品 8） 3 249.21
　　生产成本—制造费用—薪酬（产品 9） 608.58
　　生产成本—制造费用—薪酬（产品 10） 45.58

生产成本—制造费用—薪酬（产品 11）　　　191.99
　　生产成本—薪酬（产品 12）　　　　　　　5 401.90
　　生产成本—制造费用—薪酬（产品 12） 4 007.20
　　生产成本—薪酬（产品 13）　　　　　　　　1 260.00
　　生产成本—制造费用—薪酬（产品 13）　　　　374.59
贷：制造费用—住房公积金（生产部）　　　　　1 960.00
　　制造费用—住房公积金（物控部）　　　　　　2 471.70
　　制造费用—住房公积金（设备部）　　　　　　1 771.70
　　制造费用—住房公积金（检化验室）　　　　　1 260.00
　　制造费用—住房公积金（安全环保部）　　　　　700.00
　　制造费用—住房公积金（工序 a）　　　　　　3 306.80
　　制造费用—住房公积金（工序 b）　　　　　　　700.00
　　制造费用—住房公积金（工序 c）　　　　　　　560.00
　　制造费用—住房公积金（工序 d）　　　　　　2 095.10
　　制造费用—住房公积金（工序 e）　　　　　　　700.00
　　制造费用—住房公积金（工序 f）　　　　　　5 401.90
　　制造费用—住房公积金（工序 g）　　　　　　1 260.00

　　人工成本（全口径薪酬：工资、奖金、社保、住房公积金）总额"后分摊至产品"的底稿，如图 4-25 所示。

　　在图 4-25 中，直接成本（计件薪酬）与间接费用（固定薪酬）总计为 506 648.36 元。其中，直接成本的合计数为 227 860.51 元；而间接费用的合计数为 278 787.85 元。本案例选取了其中的 2 种产品。

　　产品 6，即为甲产品，其人工成本都为间接费用，即靠分摊分到的人工成本为 763.60 元。

　　产品 12，即为乙产品，其人工成本既有直接的，也有间接的：直接人工成本为 123 254.71 元，靠分摊分到的间接人工成本为 100 808.44 元，见图 4-25。

工序	产品	权重（可比产量）（吨）①	工序先归集人工成本（元）②	工序人工成本后分摊至产品（元）（③工序内产品分摊）	部门人工成本后分摊至产品（元）（④=各权重÷②×⑤）	人工成本（元）（③+④）
工序a	产品1	15 073.21	65 073.56	直接成本 65 073.56	间接费用 35 615.80	100 689.36
工序b	产品2	608.65	13 536.40	间接费用 1 510.87	间接费用 1 438.16	2 949.03
	产品3	4 844.47		间接费用 12 025.53	间接费用 11 446.79	23 472.32
工序c	产品4	88.36	11 119.72	直接成本 11 119.72	间接费用 208.78	11 328.50
	产品5	2 246.75		间接费用 5 690.34	间接费用 5 308.75	10 999.09
工序d	产品6	（甲）155.98	45 819.75	间接费用 395.04	间接费用 368.56	763.60
	产品7	196.35		间接费用 497.30	间接费用 463.94	961.24
	产品8	15 492.20		间接费用 39 237.07	间接费用 36 605.81	75 842.88
	产品9	1 119.18		间接费用 10 116.92	间接费用 2 644.46	12 761.38
工序e	产品10	83.54	14 066.40	间接费用 757.87	间接费用 198.09	955.96
	产品11	353.07		间接费用 3 191.61	间接费用 834.25	4 025.86
工序f	产品12	（乙）42 663.83	123 254.71	直接成本 123 254.71	间接费用 100 808.44	224 063.15
工序g	产品13	3 988.17	28 412.52	直接成本 28 412.52	间接费用 9 423.47	37 835.99
	合计	② 86 914.05	301 283.06	⑥ 301 283.06	⑤ 205 365.30	506 648.36

∑直接成本=227 860.51元　　∑间接费用=278 787.85元

人工成本核算第3站：全口径薪酬（人工成本）总额"后分摊至产品"的底稿

图例：■ 业务链提供　□ 财务链操作

图 4-25　全口径薪酬（人工成本）总额"后分摊至产品"的底稿

直接成本与间接费用的具体金额将对应产品成本二维多栏明细表中的直接成本和间接费用金额，亦可参见图 4-29。

需要说明的是，图 4-26 标注了人工成本在两种典型成本发生姿势中的位置。

生产完产成品后，涉及人工成本等一系列成本的"生产成本"相关科目需通过"成品入库"变成存货成本（具体科目为"库存商品—产成品），入库的分录参考如下。

　借：库存商品—产成品
　　贷：生产成本—薪酬（各产品）
　　　　生产成本—制造费用—薪酬（各产品）

　……

产成品入库后的相关处理同第 1 章，本章略。

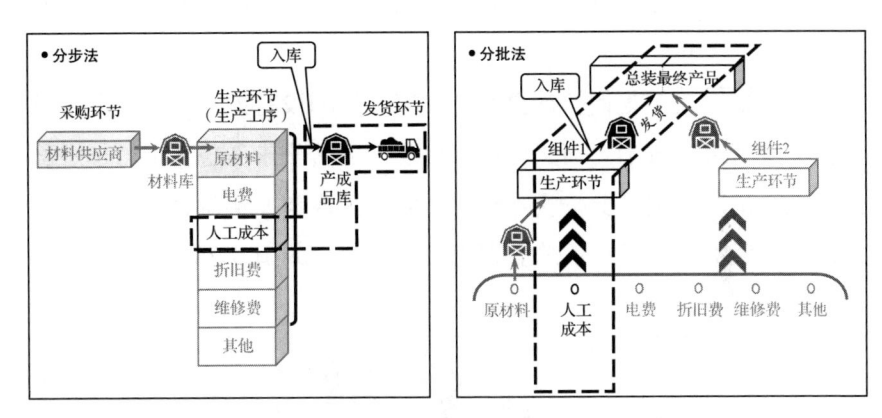

图 4-26　生产完毕后人工成本入库的位置

4.1.4　第 4 站：确定实发、与计提进行比较并做增减调整

人工成本核算第 4 站为确定实发、与计提进行比较并做增减调整；这一站既涉及业务链，也涉及财务链，如图 4-27 所示。

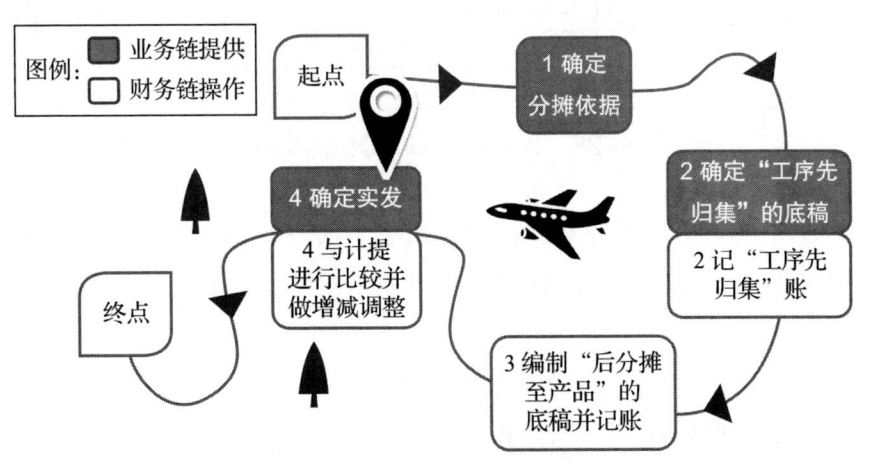

图 4-27　确定实发、与计提进行比较并做增减调整

在图 4-27 中，业务链负责提供实发薪酬的信息；财务链则负责将实发薪酬与计提薪酬进行比较，冲减应付职工薪酬，并做增减成本的调整。

以实景企业 1 为例，计提薪酬和实发薪酬没有差异，不需要进行补提或冲减人工成本。当然，如果出现计提薪酬未考虑人员增加、奖惩变化等情况，则需要按实际情况调整人工成本。实景企业 1 人力资源部门提供的薪酬发放汇总表即为实发数据，如图 4-28 所示。

薪酬发放汇总表 （单位：元）

序号	部门	应发薪酬	工会费	应发薪酬剔除工会费	代扣部分 社保个人部分	代扣部分 公积金个人部分	税前薪酬	个调税（含上月个税调整）	实发薪酬
1	固定薪酬	858 407.30	-420	857 987.30	-45 690.72	-35 307.70	776 988.88	-18 213.90	758 774.98
2	计件薪酬	227 860.51	-182	227 678.51	-20 390.20	-12 055.00	195 233.31	-1 168.24	194 065.07
	合计	1 086 267.81	-602	1 085 665.81	-66 080.92	-47 362.70	972 222.19	-19 382.14	952 840.05

人工成本核算第4站：根据薪酬发放汇总表确定实发薪酬并在与计提进行比较后做增减调整

图例：■ 业务链提供　□ 财务链操作

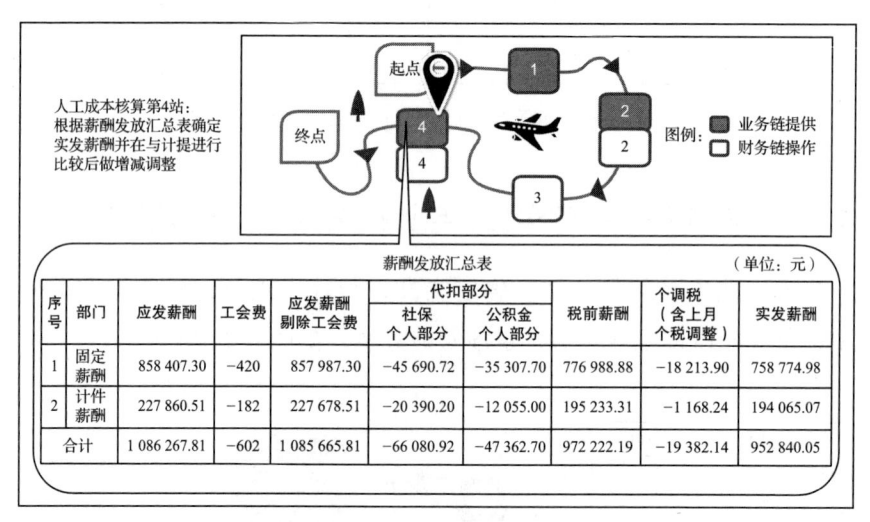

图 4-28　人力资源部门提供的实发数据

图 4-28 中的薪酬发放汇总表记录了实发薪酬，系人力资源部门提供。此表应与之前计提的应付职工薪酬进行比较，并做增减调整。

薪酬发放汇总表分为固定薪酬和计件薪酬。其中，固定薪酬无法直接对应到具体产品，所以算间接费用；而计件薪酬可直接对应到具体产品，所以算直接成本。

实景企业 1 实发薪酬的具体分录如下。

借：应付职工薪酬—工资（生产部）	28 000.00
应付职工薪酬—工资（物控部）	31 790.00
应付职工薪酬—工资（设备部）	28 900.00
应付职工薪酬—工资（检化验室）	17 880.00
应付职工薪酬—工资（安全环保部）	7 000.00
应付职工薪酬—工资（工序 a）	32 500.00
应付职工薪酬—工资（工序 b）	7 000.00
应付职工薪酬—工资（工序 c）	5 950.60
应付职工薪酬—工资（工序 d）	23 380.00
应付职工薪酬—工资（工序 e）	7 000.00
应付职工薪酬—工资（工序 f）	64 064.00
应付职工薪酬—工资（工序 g）	13 890.00
应付职工薪酬—工资（总经理室）	99 167.00
应付职工薪酬—工资（办公室）	6 000.00
应付职工薪酬—工资（人力资源部）	19 574.00
应付职工薪酬—工资（财务部）	16 275.00
应付职工薪酬—工资（销售部）	51 340.00
应付职工薪酬—工资（研发中心）	110 600.00
应付职工薪酬—奖金（生产部）	12 950.00
应付职工薪酬—奖金（物控部）	16 210.00
应付职工薪酬—奖金（设备部）	11 590.00
应付职工薪酬—奖金（检化验室）	7 680.00
应付职工薪酬—奖金（安全环保部）	3 290.00
应付职工薪酬—奖金（工序 a）	16 340.00

应付职工薪酬—奖金（工序 b）	3 100.00
应付职工薪酬—奖金（工序 c）	2 420.00
应付职工薪酬—奖金（工序 d）	12 154.60
应付职工薪酬—奖金（工序 e）	3 630.00
应付职工薪酬—奖金（工序 f）	32 672.00
应付职工薪酬—奖金（工序 g）	8 337.00
应付职工薪酬—奖金（总经理室）	40 658.00
应付职工薪酬—奖金（办公室）	2 150.00
应付职工薪酬—奖金（人力资源部）	8 800.00
应付职工薪酬—奖金（财务部）	6 510.00
应付职工薪酬—奖金（销售部）	30 804.50
应付职工薪酬—奖金（研发中心）	64 150.80
应付职工薪酬—社保—养老保险（生产部）	4 480.00
应付职工薪酬—社保—养老保险（物控部）	5 649.60
应付职工薪酬—社保—养老保险（设备部）	4 049.60
应付职工薪酬—社保—养老保险（检化验室）	2 880.00
应付职工薪酬—社保—养老保险（安全环保部）	1 600.00
应付职工薪酬—社保—养老保险（工序 a）	7 558.40
应付职工薪酬—社保—养老保险（工序 b）	1 600.00
应付职工薪酬—社保—养老保险（工序 c）	1 280.00
应付职工薪酬—社保—养老保险（工序 d）	4 788.80
应付职工薪酬—社保—养老保险（工序 e）	1 600.00
应付职工薪酬—社保—养老保险（工序 f）	12 347.20
应付职工薪酬—社保—养老保险（工序 g）	2 880.00
应付职工薪酬—社保—养老保险（总经理室）	8 000.00
应付职工薪酬—社保—养老保险（办公室）	1 280.00

应付职工薪酬—社保—养老保险（人力资源部） 5 649.60
应付职工薪酬—社保—养老保险（财务部） 5 539.20
应付职工薪酬—社保—养老保险（销售部） 13 097.60
应付职工薪酬—社保—养老保险（研发中心） 23 977.60
应付职工薪酬—社保—基本医疗（生产部） 2 380.00
应付职工薪酬—社保—基本医疗（物控部） 3 001.35
应付职工薪酬—社保—基本医疗（设备部） 2 151.35
应付职工薪酬—社保—基本医疗（检化验室） 1 530.00
应付职工薪酬—社保—基本医疗（安全环保部） 850.00
应付职工薪酬—社保—基本医疗（工序 a） 4 015.40
应付职工薪酬—社保—基本医疗（工序 b） 850.00
应付职工薪酬—社保—基本医疗（工序 c） 680.00
应付职工薪酬—社保—基本医疗（工序 d） 2 544.05
应付职工薪酬—社保—基本医疗（工序 e） 850.00
应付职工薪酬—社保—基本医疗（工序 f） 6 559.45
应付职工薪酬—社保—基本医疗（工序 g） 1 530.00
应付职工薪酬—社保—基本医疗（总经理室） 4 250.00
应付职工薪酬—社保—基本医疗（办公室） 680.00
应付职工薪酬—社保—基本医疗（人力资源部） 3 001.35
应付职工薪酬—社保—基本医疗（财务部） 2 942.70
应付职工薪酬—社保—基本医疗（销售部） 6 958.10
应付职工薪酬—社保—基本医疗（研发中心） 12 738.10
应付职工薪酬—社保—附加医疗（生产部） 420.00
应付职工薪酬—社保—附加医疗（物控部） 529.65
应付职工薪酬—社保—附加医疗（设备部） 379.65
应付职工薪酬—社保—附加医疗（检化验室） 270.00

应付职工薪酬—社保—附加医疗（安全环保部）	150.00
应付职工薪酬—社保—附加医疗（工序 a）	708.60
应付职工薪酬—社保—附加医疗（工序 b）	150.00
应付职工薪酬—社保—附加医疗（工序 c）	120.00
应付职工薪酬—社保—附加医疗（工序 d）	448.95
应付职工薪酬—社保—附加医疗（工序 e）	150.00
应付职工薪酬—社保—附加医疗（工序 f）	1 157.55
应付职工薪酬—社保—附加医疗（工序 g）	270.00
应付职工薪酬—社保—附加医疗（总经理室）	750.00
应付职工薪酬—社保—附加医疗（办公室）	120.00
应付职工薪酬—社保—附加医疗（人力资源部）	529.65
应付职工薪酬—社保—附加医疗（财务部）	519.30
应付职工薪酬—社保—附加医疗（销售部）	1 227.90
应付职工薪酬—社保—附加医疗（研发中心）	2 247.90
应付职工薪酬—社保—工伤保险（生产部）	241.92
应付职工薪酬—社保—工伤保险（物控部）	305.08
应付职工薪酬—社保—工伤保险（设备部）	218.68
应付职工薪酬—社保—工伤保险（检化验室）	155.52
应付职工薪酬—社保—工伤保险（安全环保部）	86.40
应付职工薪酬—社保—工伤保险（工序 a）	408.16
应付职工薪酬—社保—工伤保险（工序 b）	86.40
应付职工薪酬—社保—工伤保险（工序 c）	69.12
应付职工薪酬—社保—工伤保险（工序 d）	258.60
应付职工薪酬—社保—工伤保险（工序 e）	86.40
应付职工薪酬—社保—工伤保险（工序 f）	666.76
应付职工薪酬—社保—工伤保险（工序 g）	155.52

应付职工薪酬—社保—工伤保险（总经理室）	432.00
应付职工薪酬—社保—工伤保险（办公室）	69.12
应付职工薪酬—社保—工伤保险（人力资源部）	305.08
应付职工薪酬—社保—工伤保险（财务部）	299.12
应付职工薪酬—社保—工伤保险（销售部）	707.28
应付职工薪酬—社保—工伤保险（研发中心）	1 294.80
应付职工薪酬—社保—失业保险（生产部）	140.00
应付职工薪酬—社保—失业保险（物控部）	176.55
应付职工薪酬—社保—失业保险（设备部）	126.55
应付职工薪酬—社保—失业保险（检化验室）	90.00
应付职工薪酬—社保—失业保险（安全环保部）	50.00
应付职工薪酬—社保—失业保险（工序a）	236.20
应付职工薪酬—社保—失业保险（工序b）	50.00
应付职工薪酬—社保—失业保险（工序c）	40.00
应付职工薪酬—社保—失业保险（工序d）	149.65
应付职工薪酬—社保—失业保险（工序e）	50.00
应付职工薪酬—社保—失业保险（工序f）	385.85
应付职工薪酬—社保—失业保险（工序g）	90.00
应付职工薪酬—社保—失业保险（总经理室）	250.00
应付职工薪酬—社保—失业保险（办公室）	40.00
应付职工薪酬—社保—失业保险（人力资源部）	176.55
应付职工薪酬—社保—失业保险（财务部）	173.10
应付职工薪酬—社保—失业保险（销售部）	409.30
应付职工薪酬—社保—失业保险（研发中心）	749.30
应付职工薪酬—住房公积金（生产部）	1 960.00
应付职工薪酬—住房公积金（物控部）	2 471.70

应付职工薪酬—住房公积金（设备部）　　　　1 771.70
应付职工薪酬—住房公积金（检化验室）　　　1 260.00
应付职工薪酬—住房公积金（安全环保部）　　　700.00
应付职工薪酬—住房公积金（工序a）　　　　3 306.80
应付职工薪酬—住房公积金（工序b）　　　　　700.00
应付职工薪酬—住房公积金（工序c）　　　　　560.00
应付职工薪酬—住房公积金（工序d）　　　　2 095.10
应付职工薪酬—住房公积金（工序e）　　　　　700.00
应付职工薪酬—住房公积金（工序f）　　　　5 401.90
应付职工薪酬—住房公积金（工序g）　　　　1 260.00
应付职工薪酬—住房公积金（总经理室）　　　3 500.00
应付职工薪酬—住房公积金（办公室）　　　　　560.00
应付职工薪酬—住房公积金（人力资源部）　　2 471.70
应付职工薪酬—住房公积金（财务部）　　　　2 423.40
应付职工薪酬—住房公积金（销售部）　　　　5 730.20
应付职工薪酬—住房公积金（研发中心）　　 10 490.20
（分录未完）

以上为冲减计提的"应付职工薪酬"（原计提时在贷方）。接下来，原计提时在借方的科目（见4.1.2、4.1.3）与实发的薪酬进行比较，并做增减调整分录：

借：制造费用（如有，借方正数表示补提；
　　　　　　借方负数表示冲减）
　　管理费用（如有，借方正数表示补提；
　　　　　　借方负数表示冲减）
　　……

贷：其他应收款[1]—其他—代扣养老金　　　66 080.92
　　其他应收款—其他—代扣公积金　　　　47 362.70
　　其他应付款[2]—其他—个人工会费　　　　602.00
　　应交税费—应交个人所得税　　　　　　19 382.14
　　银行存款—工行××支行　　　　　　 952 840.05
……

在进行增减调整时，新归集的制造费用（±）会再以"第 1 站：确定分摊依据"为分配原则，又一次分摊给产品（分录略）。

4.1.5　终点的快照

实景企业 1 的人工成本核算完毕后，在产品成本二维多栏明细表中留下痕迹，如图 4-29 所示。

图 4-29 中选取了甲产品和乙产品作为典型示例展现产品成本二维多栏明细表中的数据。其中，甲产品的人工成本由按人计价部分分摊得来，故只在间接费用中列示，金额为 763.60 元；乙产品的人工成本则包含按量计价和按人计价两部分，故既在直接成本中列示（金额为 123 254.71 元），又在间接费用中列示（金额为 100 808.44 元）。

---

[1] 个人社保部分，实务中有的企业计入"应付职工薪酬—社保费（个人部分）"，有的企业计入"其他应收款"，没有原则性对与错，保持前后一致即可。从业务实质上看，这部分个人社保是个人承担的，从员工薪酬中扣除，企业履行代缴义务。

[2] 一般情况下，先交社保，后发工资，计入"其他应收款"；先发工资，后交社保，计入"其他应付款"。

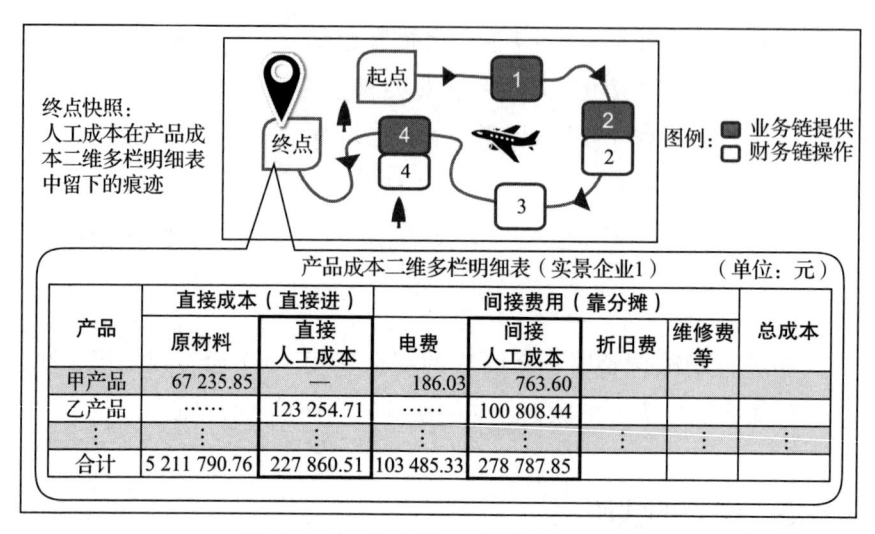

150 | 成本核算地图：从业务链到财务链

图 4-29 终点快照中的人工成本

4.1.6 人工成本核算的数据时点

以人工成本核算为例，亦可能会涉及四个记账的时点和场景，如图 4-30 所示。

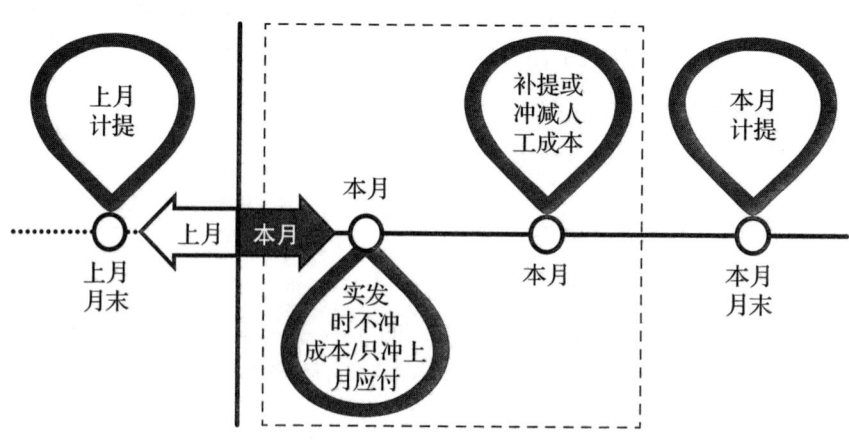

图 4-30 人工成本的核算数据发生时点

具体内容如下。

第一笔：上月月末计提上月人工成本，即上月月末通常根据人力资源部门的人工成本分配表（即实景企业 1 的薪酬分配明细表）先行计提人工成本。

第二笔：次月实发薪酬时，先行冲减上月计提的应付职工薪酬[一]科目，此时，人工成本并不像暂估成本一样去红冲，而是"按兵不动"。

第三笔：按照实际发放薪酬补提或冲减人工成本，即由于可能出现薪酬的变动，例如，人员增减、辞退补偿、奖惩等因素都会造成实际发放薪酬的变化，此时就需要按照实际发放薪酬补提或冲减人工成本。

有的企业因为人员不多，可能会当月计提薪酬并当月发放薪酬，这样可以实现计提和发放没有差额。

第四笔：计提当月的人工成本，即在本月月末再根据人力资源部门的薪酬分配明细表计提当月的人工成本。

为方便举例和理解，实景企业 1 的产品成本二维多栏明细表中记录的人工成本的取数时点为实发薪酬时（含补提或冲减调整后），如图 4-31 所示。

需要说明的是，实际并非如此。产品成本二维多栏明细表中的成本金额是动态（滚动）变化的，而非固定数值。

由于实景企业 1 的实发薪酬和计提人工成本之间不存在差异，故上月计提数即为本月实发数。此取数时点并非月末最终数据结果，实际结果还会综合汇总本月其他取数点的数据，例如，本月计提的成本数据以及其他人工成本变动数据。

[一] 应付职工薪酬系负债类科目，在实发薪酬时，要冲减之前计提的应付职工薪酬；而人工成本属于生产成本，产品入库后就会变成存货类科目。

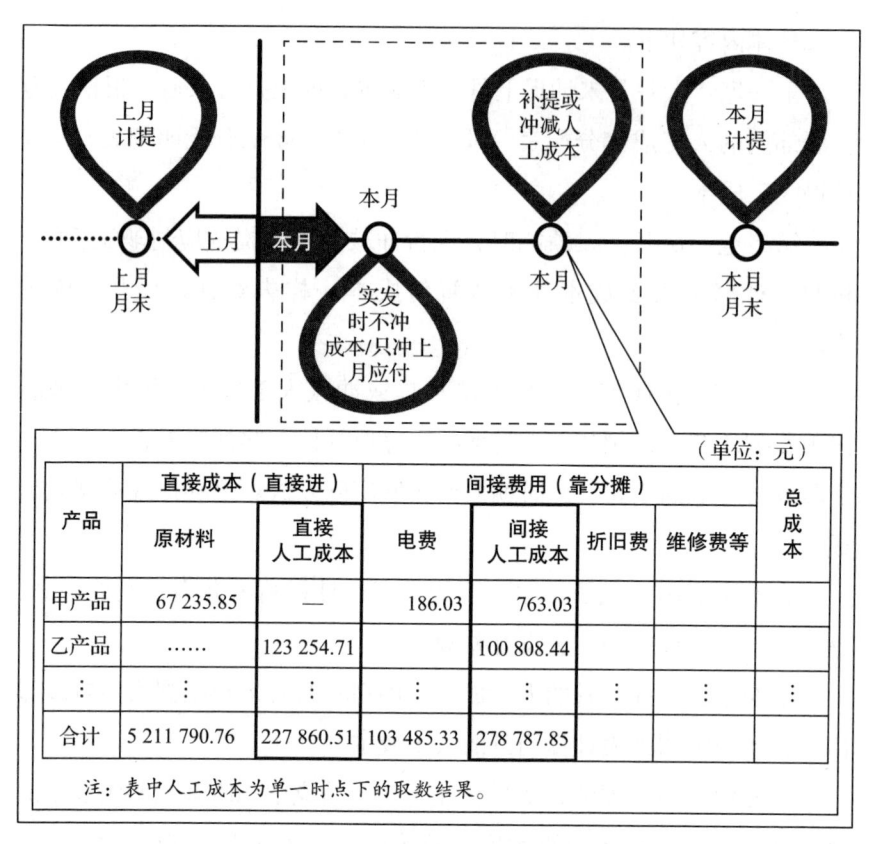

产品	直接成本（直接进）		间接费用（靠分摊）				总成本
	原材料	直接人工成本	电费	间接人工成本	折旧费	维修费等	
甲产品	67 235.85	—	186.03	763.03			
乙产品	……	123 254.71		100 808.44			
⋮	⋮	⋮	⋮	⋮	⋮	⋮	⋮
合计	5 211 790.76	227 860.51	103 485.33	278 787.85			

注：表中人工成本为单一时点下的取数结果。

图 4-31　终点快照中人工成本的取数时点

4.2　实景企业 2：以工时作为人工成本分摊依据

讲完实景企业 1 以产量作为分摊依据后，这里再讲解实景企业 2 的案例，该企业以工时作为分摊依据分摊共用的人工成本。

沿用"以小切入口展开大地图""窥一斑而知全貌"的叙述思路，本案例选取生产部的人工成本作为切入点。

4.2.1 第1站：确定分摊依据

和实景企业1一样，实景企业2在飞行棋第1站确定人工成本的分摊依据（工时依据体现在人工成本分摊底稿中）。实景企业2由人力资源部门提供人工成本分摊底稿，如图4-32中表格所示。

生产部2023年3月人工成本分摊底稿

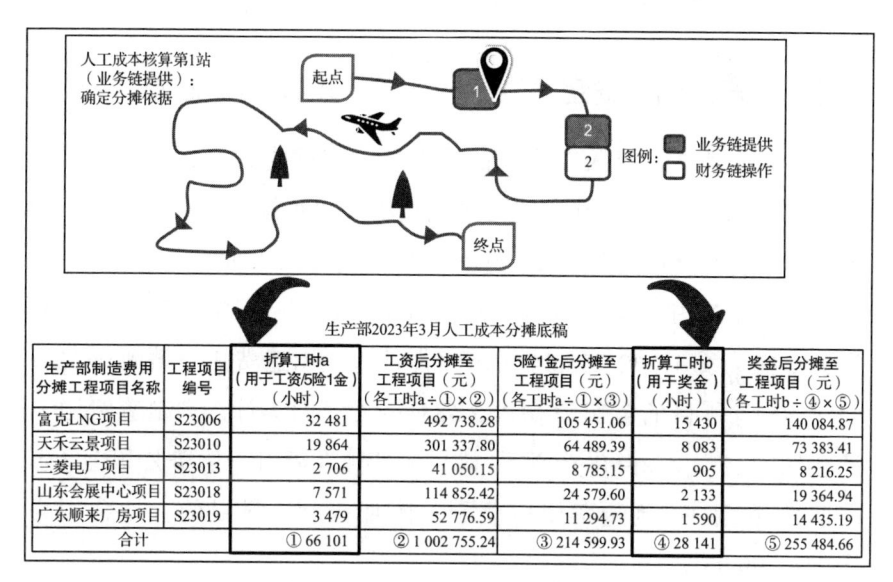

生产部制造费用分摊工程项目名称	工程项目编号	折算工时a（用于工资/5险1金）（小时）	工资后分摊至工程项目（元）（各工时a÷①×②）	5险1金后分摊至工程项目（元）（各工时a÷①×③）	折算工时b（用于奖金）（小时）	奖金后分摊至工程项目（元）（各工时b÷④×⑤）
富克LNG项目	S23006	32 481	492 738.28	105 451.06	15 430	140 084.87
天禾云景项目	S23010	19 864	301 337.80	64 489.39	8 083	73 383.41
三菱电厂项目	S23013	2 706	41 050.15	8 785.15	905	8 216.25
山东会展中心项目	S23018	7 571	114 852.42	24 579.60	2 133	19 364.94
广东顺来厂房项目	S23019	3 479	52 776.59	11 294.73	1 590	14 435.19
合计		① 66 101	② 1 002 755.24	③ 214 599.93	④ 28 141	⑤ 255 484.66

图4-32 人工成本分摊底稿

具体内容如下。

工资/5险1金分摊至工程项目所用到的"工时"为①所在列。

奖金分摊至工程项目所用到的"工时"为④所在列。

需要注意的是，图4-32中分摊工资/5险1金和奖金用到的工时是不一样的，即用于分摊工资/5险1金的工时和用于分摊奖金的工时是由人力资源部门分别、单独提供的。

图4-32中还列示了"工序先归集"至生产部的、分摊前的人工

成本总额②、③、⑤，具体内容如下。

- 先归集至生产部的工资合计为② 1 002 755.24 元。
- 先归集至生产部的 5 险 1 金合计为③ 214 599.93 元，5 险 1 金的明细金额详见图 4-33。
- 先归集至生产部的奖金合计为⑤ 255 484.66 元。

4.2.2　第 2 站：确定"工序先归集"的底稿并记账

实景企业 2 计提人工成本的顺序为"工序先归集，后分摊至产品"。其中，第 2 站为确定"工序先归集"的底稿并记账。以图 4-32 为基础编制的分录底稿（用于自动抛账）如图 4-33 所示。

在图 4-33 中，归集计入"制造费用—薪酬—工资（生产部）"科目的金额为② 1 002 755.24 元；归集计入"制造费用—薪酬—奖金（生产部）"科目的金额为⑤ 255 484.66 元；归集计入"制造费用—社会保险费—××（生产部）"科目＋"制造费用—住房公积金（生产部）"科目＋"制造费用—薪酬—附加福利"科目的合计金额为③ 214 599.93 元。

具体分录如下。

借：制造费用—薪酬—工资
　　（生产部）　　　　　　　　1 002 755.24
　　制造费用—薪酬—奖金
　　（生产部）　　　　　　　　255 484.66
　　制造费用—薪酬—附加福利
　　（生产部）　　　　　　　　10 022.72
　　制造费用—社会保险费—养老保险
　　（生产部）　　　　　　　　104 056.80

制造费用—社会保险费—医疗保险
（生产部）　　　　　　　　52 407.00
　　制造费用—社会保险费—失业保险
（生产部）　　　　　　　　 2 335.73
　　制造费用—社会保险费—工伤保险
（生产部）　　　　　　　　 5 710.05
　　制造费用—社会保险费—生育保险
（生产部）　　　　　　　　 3 314.27
　　制造费用—住房公积金
（生产部）　　　　　　　　36 753.36
贷：应付职工薪酬—薪酬—工资（生产部）　1 002 755.24
　　应付职工薪酬—薪酬—奖金（生产部）　　255 484.66
　　应付职工薪酬—附加福利—防暑防寒费
（生产部）　　　　　　　　10 022.72
　　应付职工薪酬—社会保险费—养老保险
（生产部）　　　　　　　　104 056.80
　　应付职工薪酬—社会保险费—医疗保险
（生产部）　　　　　　　　52 407.00
　　应付职工薪酬—社会保险费—失业保险
（生产部）　　　　　　　　 2 335.73
　　应付职工薪酬—社会保险费—工伤保险
（生产部）　　　　　　　　 5 710.05
　　应付职工薪酬—社会保险费—生育保险
（生产部）　　　　　　　　 3 314.27
　　应付职工薪酬—住房公积金（生产部）　　36 753.36

人工成本核算第2站（财务链操作）："工序先归集"人工成本的自动抛账分录底稿：

凭证字	凭证号	科目代码	科目名称	币别名称	借方	贷方	凭证摘要	核算项目（产品）	过账
转	117	5101.001.01	制造费用—薪酬—工资	人民币	② 1 002 755.24	—	归集人工成本备摊	部门—010—生产部	0
转	117	5101.001.02	制造费用—薪酬—奖金	人民币	⑤ 255 484.66	—	归集人工成本备摊	部门—010—生产部	0
转	117	5101.001.03	制造费用—薪酬—附加福利	人民币	10 022.72	—	归集人工成本备摊	部门—010—生产部	0
转	117	5101.017.01	制造费用—社会保险费—养老保险	人民币	104 056.80	—	归集人工成本备摊	部门—010—生产部	0
转	117	5101.017.02	制造费用—社会保险费—医疗保险	人民币	52 407.00	—	归集人工成本备摊	部门—010—生产部	0
转	117	5101.017.03	制造费用—社会保险费—失业保险	人民币	2 335.73	—	归集人工成本备摊	部门—010—生产部	0
转	117	5101.017.04	制造费用—社会保险费—工伤保险	人民币	5 710.05	—	归集人工成本备摊	部门—010—生产部	0
转	117	5101.017.05	制造费用—社会保险费—生育保险	人民币	3 314.27	—	归集人工成本备摊	部门—010—生产部	0
转	117	5101.018	制造费用—住房公积金	人民币	36 753.36	—	归集人工成本备摊	部门—010—生产部	0
转	117	2211.001.01	应付职工薪酬—薪酬—工资	人民币	—	② 1 002 755.24	归集人工成本备摊	部门—010—生产部	0
转	117	2211.001.02	应付职工薪酬—薪酬—奖金	人民币	—	⑤ 255 484.66	归集人工成本备摊	部门—010—生产部	0
转	117	2211.002.02	应付职工薪酬—附加福利—防暑防寒费	人民币	—	10 022.72	归集人工成本备摊	部门—010—生产部	0
转	117	2211.003.01	应付职工薪酬—社会保险费—养老保险	人民币	—	104 056.80	归集人工成本备摊	部门—010—生产部	0
转	117	2211.003.02	应付职工薪酬—社会保险费—医疗保险	人民币	—	52 407.00	归集人工成本备摊	部门—010—生产部	0
转	117	2211.003.03	应付职工薪酬—社会保险费—失业保险	人民币	—	2 335.73	归集人工成本备摊	部门—010—生产部	0
转	117	2211.003.04	应付职工薪酬—社会保险费—工伤保险	人民币	—	5 710.05	归集人工成本备摊	部门—010—生产部	0
转	117	2211.003.05	应付职工薪酬—社会保险费—生育保险	人民币	—	3 314.27	归集人工成本备摊	部门—010—生产部	0
转	117	2211.004	应付职工薪酬—住房公积金	人民币	—	36 753.36	归集人工成本备摊	部门—010—生产部	0

社保、公积金、其他合计：③ 214 599.93元

图 4-33 人工成本"工序先归集"的分录底稿

4.2.3 第3站：编制"后分摊至产品"的底稿并记账

按照"工序先归集，后分摊至产品"的计提人工成本顺序，人工成本核算第2站完成归集后，第3站将归集好的"制造费用—薪酬—××（生产部）"等科目以工时为分摊依据分摊给各个工程项目，如图4-34所示。

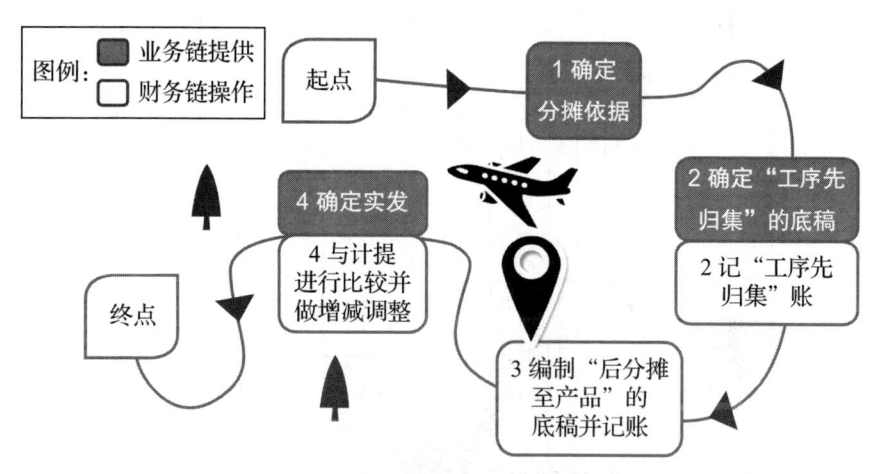

图4-34 编制"后分摊至产品"的底稿并记账

1. 工资"后分摊至工程项目"（财务链操作）

实景企业2编制的工资"后分摊至产品（工程项目）"的自动抛账底稿，如图4-35所示。

图4-35的上表为生产部2023年3月人工成本分摊底稿，其中工资后分摊至工程项目，用的是工资对应的工时合计① 66 101 小时。生产部已归集的工资② 1 002 755.24 元计入"制造费用—薪酬—工资（生产部）"科目，按工资的工时分摊后，即为图中黑框内的数字。

生产部2023年3月人工成本分摊底稿

生产部制造费用分摊工程项目名称	工程项目编号	折算工时a（用于工资/5险1金）（小时）	工资后分摊至工程项目（元）（各工时a÷①×②）	5险1金后分摊至工程项目（元）（各工时a÷①×③）	折算工时b（用于奖金）（小时）	奖金后分摊至工程项目（元）（各工时b÷④×⑤）	过账（元）
富兑LNG项目	S23006	32 481	492 738.28	105 451.06	15 430	140 084.87	
天禾云景项目	S23010	19 864	301 337.80	64 489.39	8 083	73 383.41	
三菱电厂项目	S23013	2 706	41 050.15	8 785.15	905	8 216.25	
山东会展中心项目	S23018	7 571	114 852.42	24 579.60	2 133	19 364.94	
广东顺来厂房项目	S23019	3 479	52 776.59	11 294.73	1 590	14 435.19	
合计		① 66 101	② 1 002 755.24	③ 214 599.93	④ 28 141	⑤ 255 484.66	

（单位：元）

人工成本核算第3站（财务操作）："工资"后分摊至工程项目"的底稿及记账分录

凭证字	凭证号	科目代码	科目名称	币别名称	借方	贷方	凭证摘要	核算项目（产品）
转	118	5001.001	生产成本—制造费用—职工薪酬	人民币	492 738.28	—	工资分配—生产部	工程成本类—S23006—富兑LNG项目
转	118	5001.001	生产成本—制造费用—职工薪酬	人民币	301 337.80	—	工资分配—生产部	工程成本类—S23010—天禾云景项目
转	118	5001.001	生产成本—制造费用—职工薪酬	人民币	41 050.15	—	工资分配—生产部	工程成本类—S23013—三菱电厂项目
转	118	5001.001	生产成本—制造费用—职工薪酬	人民币	114 852.42	—	工资分配—生产部	工程成本类—S23018—山东会展中心项目
转	118	5001.001	生产成本—制造费用—职工薪酬	人民币	52 776.59	—	工资分配—生产部	工程成本类—S23019—广东顺来厂房项目
转	118	5101.001.01	制造费用—薪酬—工资	人民币	—	1 002 755.24	工资分配到工程项目—生产部	部门1—010—生产部

图4-35 工资"后分摊至工程项目"的自动抛账底稿

对应的贷方科目为制造费用，表示制造费用已转出，全部转到了"生产成本—制造费用—职工薪酬（某工程项目）"科目下。

具体分录如下。

借：生产成本—制造费用—职工薪酬
　　（富克 LNG 项目）　　　　　492 738.28
　　生产成本—制造费用—职工薪酬
　　（天禾云景项目）　　　　　301 337.80
　　生产成本—制造费用—职工薪酬
　　（三菱电厂项目）　　　　　41 050.15
　　生产成本—制造费用—职工薪酬
　　（山东会展中心项目）　　　114 852.42
　　生产成本—制造费用—职工薪酬
　　（广东顺来厂房项目）　　　52 776.59
　　贷：制造费用—薪酬—工资（生产部）　　1 002 755.24

分录描述了制造费用（间接费用）分摊至生产成本的过程，具体为分摊至"生产成本—制造费用—职工薪酬（某工程项目）"科目，为了简化科目核算，该科目下的"工资、奖金、5 险 1 金"等四级科目不再穷举，由系统在后台隐藏算法以备定制化报表的统计需求。以下同。

2. 奖金后分摊至工程项目（财务链操作）

实景企业 2 编制的奖金"后分摊至产品（工程项目）"的自动抛账底稿，如图 4-36 所示。

图 4-36 的上表为生产部 2023 年 3 月人工成本分摊底稿，其中奖金后分摊至工程项目，用的是奖金对应的工时合计④ 28 141 小时。生产部已归集的奖金⑤ 255 484.66 元计入"制造费用—薪酬—奖金"科目，按奖金的工时分摊后，即为图中黑框内的数字。

160 | 成本核算地图：从业务链到财务链

生产部2023年3月人工成本分摊底稿

生产部制造费用分摊 工程项目名称	工程项目 编号	折算工时a （用于工资/5险1金） （小时）	工资后分摊至工程 项目（元） （各工时a÷①×②）	5险1金后分摊至 工程项目（元） （各工时a÷①×③）	折算工时b （用于奖金） （小时）	奖金后分摊至工程 项目（元） （各工时b÷④×⑤）
富兑LNG项目	S23006	32 481	492 738.28	105 451.06	15 430	140 084.87
天禾云景电项目	S23010	19 864	301 337.80	64 489.39	8 083	73 383.41
三菱电厂项目	S23013	2 706	41 050.15	8 785.15	905	8 216.25
山东会展中心项目	S23018	7 571	114 852.42	24 579.60	2 133	19 364.94
广东顺来厂房项目	S23019	3 479	52 776.59	11 294.73	1 590	14 435.19
合计		① 66 101	② 1 002 755.24	③ 214 599.93	④ 28 141	⑤ 255 484.66

人工成本核算第3站（财务链操作）：奖金"后分摊至工程项目"的底稿及记账分录

凭证字	凭证号	科目代码	科目名称	币别名称	借方	贷方	凭证摘要	核算项目（产品）	过账
转	119	5001.001	生产成本—制造费用—职工薪酬	人民币	140 084.87	—	奖金分配—生产部	工程成本类—S23006—富兑LNG项目	0
转	119	5001.001	生产成本—制造费用—职工薪酬	人民币	73 383.41	—	奖金分配—生产部	工程成本类—S23010—天禾云景项目	0
转	119	5001.001	生产成本—制造费用—职工薪酬	人民币	8 216.25	—	奖金分配—生产部	工程成本类—S23013—三菱电厂项目	0
转	119	5001.001	生产成本—制造费用—职工薪酬	人民币	19 364.94	—	奖金分配—生产部	工程成本类—S23018—山东会展中心项目	0
转	119	5001.001	生产成本—制造费用—职工薪酬	人民币	14 435.19	—	奖金分配—生产部	工程成本类—S23019—广东顺来厂房项目	0
转	119	5101.001.02	制造费用—薪酬—奖金	人民币		255 484.66	奖金分配到工程项目—生产部	部门—010—生产部	0

图4-36 奖金"后分摊至工程项目"的自动抛账底稿

对应的贷方科目为制造费用，表示制造费用已转出，全部转到了"生产成本—制造费用—职工薪酬（某工程项目）"科目下。

具体分录如下。

借：生产成本—制造费用—职工薪酬

（富克 LNG 项目） 140 084.87

生产成本—制造费用—职工薪酬

（天禾云景项目） 73 383.41

生产成本—制造费用—职工薪酬

（三菱电厂项目） 8 216.25

生产成本—制造费用—职工薪酬

（山东会展中心项目） 19 364.94

生产成本—制造费用—职工薪酬

（广东顺来厂房项目） 14 435.19

贷：制造费用—薪酬—奖金（生产部） 255 484.66

3. 5 险 1 金后分摊至工程项目（财务链操作）

实景企业 2 编制的 5 险 1 金"后分摊至产品（工程项目）"的自动抛账底稿，如图 4-37 所示。

图 4-37 的上表为生产部 2023 年 3 月人工成本分摊底稿，其中 5 险 1 金分摊至工程项目，用的是和工资一样的工时合计① 66 101 小时。生产部已归集的 5 险 1 金③ 214 599.93 元，按 5 险 1 金的工时分摊后，即为图中黑框内的数字。

对应的贷方科目为制造费用，表示制造费用已转出，全部转到了"生产成本—制造费用—职工薪酬（某工程项目）"科目下。

生产部2023年3月人工成本分摊底稿

生产部制造费用分摊 工程项目名称	工程项目 编号	折算工时a (用于工资/险1金) (小时)	5险1金后分摊至 工程项目(元) (各工时a÷①×②)	折算工时b (用于奖金) (小时)	奖金后分摊至工程 项目(元) (各工时b÷④×⑤)
富屹LNG项目	S23006	32 481	492 738.28	15 430	140 084.87
天禾云景项目	S23010	19 864	301 337.80	8 083	73 383.41
三菱电厂项目	S23013	2 706	41 050.15	905	8 216.25
山东会展中心项目	S23018	7 571	114 852.42	2 133	19 364.94
广东顺来厂房项目	S23019	3 479	52 776.59	1 590	14 435.19
合计		① 66 101	② 1 002 755.24	④ 28 141	⑤ 255 484.66

人工成本核算第3站(财务链操作):5险1金"后分摊至工程项目"的底稿及记账分录

凭证字	凭证号	科目代码	科目名称	摘要	币别名称	借方	贷方
转	120	5001.001	生产成本—制造费用—职工薪酬	分配社保等—生产部	人民币	105 451.06	—
转	120	5001.001	生产成本—制造费用—职工薪酬	分配社保等—生产部	人民币	64 489.39	—
转	120	5001.001	生产成本—制造费用—职工薪酬	分配社保等—生产部	人民币	8 785.15	—
转	120	5001.001	生产成本—制造费用—职工薪酬	分配社保等—生产部	人民币	24 579.60	—
转	120	5001.001	生产成本—制造费用—职工薪酬	分配社保等—生产部	人民币	11 294.73	—
转	120	5101.001.03	制造费用—薪酬—附加福利	分配社保等到工程—生产部	人民币	—	10 022.72
转	120	5101.017.01	制造费用—社会保险费—养老保险	分配社保等到工程—生产部	人民币	—	104 056.80
转	120	5101.017.02	制造费用—社会保险费—医疗保险	分配社保等到工程—生产部	人民币	—	52 407.00
转	120	5101.017.03	制造费用—社会保险费—失业保险	分配社保等到工程—生产部	人民币	—	2 335.73
转	120	5101.017.04	制造费用—社会保险费—工伤保险	分配社保等到工程—生产部	人民币	—	5 710.05
转	120	5101.017.05	制造费用—社会保险费—生育保险	分配社保等到工程—生产部	人民币	—	3 314.27
转	120	5101.018	制造费用—住房公积金	分配社保等到工程—生产部	人民币	—	36 753.36

合计:214 599.93元 ③ 214 599.93

(单位:元)

核算项目(产品)	过账
工程成本类-S23006—富屹LNG项目	0
工程成本类-S23010—天禾云景项目	0
工程成本类-S23013—三菱电厂项目	0
工程成本类-S23018—山东会展中心项目	0
工程成本类-S23019—广东顺来厂房项目	0
部门-010-生产部	0
部门-010-生产部	0
部门-010-生产部	0
部门-010-生产部	0
部门-010-生产部	0
部门-010-生产部	0
部门-010-生产部	0

图4-37 5险1金"后分摊至工程项目"的自动抛账底稿

具体分录如下。

借：生产成本—制造费用—职工薪酬
　　（富克LNG项目）　　　　　　　　　105 451.06
　　生产成本—制造费用—职工薪酬
　　（天禾云景项目）　　　　　　　　　64 489.39
　　生产成本—制造费用—职工薪酬
　　（三菱电厂项目）　　　　　　　　　8 785.15
　　生产成本—制造费用—职工薪酬
　　（山东会展中心项目）　　　　　　　24 579.60
　　生产成本—制造费用—职工薪酬
　　（广东顺来厂房项目）　　　　　　　11 294.73
贷：制造费用—薪酬—附加福利（生产部）　　10 022.72
　　制造费用—社会保险费—养老保险
　　（生产部）　　　　　　　　　　　　104 056.80
　　制造费用—社会保险费—医疗保险
　　（生产部）　　　　　　　　　　　　52 407.00
　　制造费用—社会保险费—失业保险（生产部）　2 335.73
　　制造费用—社会保险费—工伤保险（生产部）　5 710.05
　　制造费用—社会保险费—生育保险（生产部）　3 314.27
　　制造费用—住房公积金（生产部）　　　36 753.36

4.2.4　第4站：确定实发、与计提进行比较并做增减调整

人工成本核算第4站为：确定实发薪酬明细数据、与计提薪酬明细数据进行比较并做增减调整，如图4-38所示。

如图4-38所示，和实景企业1一样，实景企业2当期计提薪酬1 472 839.83元和实发薪酬1 472 839.83元一致，不需要调整。

人工成本核算第4站（业务链提供）：
确定实发薪酬并在与计提进行比较后做增减调整

起点 → 1 → 2 → 4 → 3 → 终点 4

图例：■ 业务链提供　□ 财务链操作

生产部2023年3月人工成本分摊底稿　（单位：元）

生产部制造费用分摊 工程项目名称	工程项目 编号	工资	5险1金	奖金	计提薪酬合计	实发薪酬合计
富克LNG项目	S23006	492 738.28	105 451.06	140 084.87	738 274.21	738 274.21
天禾云景项目	S23010	301 337.80	64 489.39	73 383.41	439 210.60	439 210.60
三菱电厂项目	S23013	41 050.15	8 785.15	8 216.25	58 051.55	58 051.55
山东会展中心项目	S23018	114 852.42	24 579.60	19 364.94	158 796.96	158 796.96
广东顺来厂房项目	S23019	52 776.59	11 294.73	14 435.19	78 506.51	78 506.51
合计		1 002 755.24	214 599.93	255 484.66	1 472 839.83	1 472 839.83

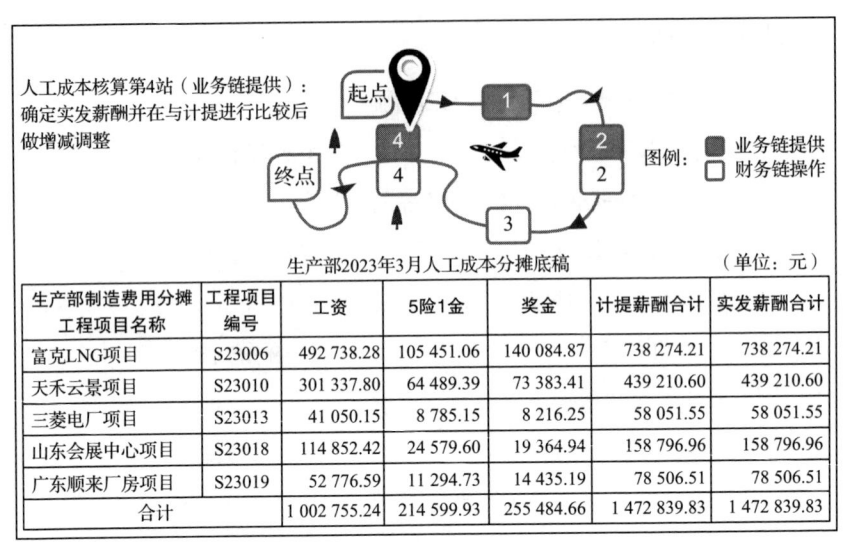

图 4-38　确定实发、与计提进行比较并做增减调整

4.2.5　终点的快照

实景企业 2 在"比较计提和实发并做增减调整"后，人工成本在产品成本二维多栏明细表中的快照如图 4-39 所示。

终点快照：
人工成本在产品成本二维多栏明细表中留下的痕迹

终点 ← 4 ← 3 ← 起点 → 1 → 2 4

图例：■ 业务链提供　□ 财务链操作

产品成本二维多栏明细表（实景企业2）　（单位：元）

产品	直接成本（直接进）		间接费用（靠分摊）				总成本
	原材料	……	电费	间接人工成本	折旧费	维修费等	
富克LNG项目	……		160 887.34	738 274.21			
天禾云景项目	……		98 391.87	439 210.60			
……	……	……	……	……	……	……	
合计			327 416.47	1 472 839.83			

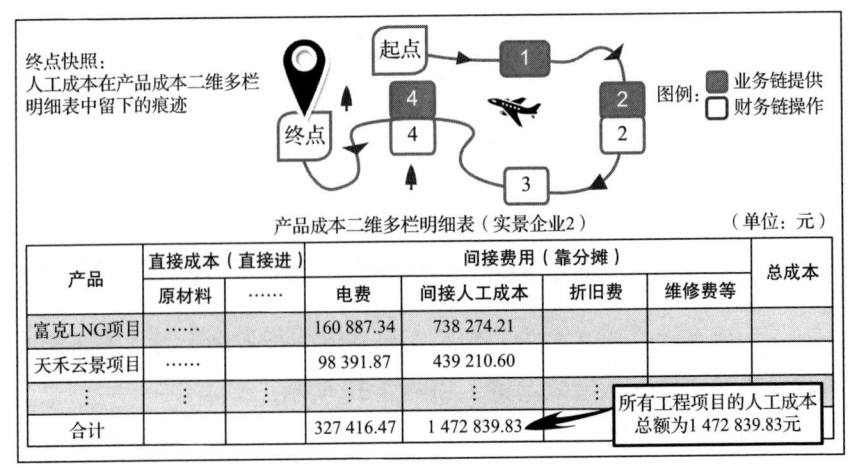

所有工程项目的人工成本总额为 1 472 839.83元

图 4-39　终点快照中的人工成本

4.3 实景问答

4.3.1 如何确定人工工时数据

人工工时数据多作为人工成本（各项职工薪酬成本）在产品或工程项目间分摊的依据。在本人曾供职的公司，人力资源部门会提供给财务部门人工工时数据。该人工工时数据是由现场车间根据人工工时统计表计算得出的。值得注意的是，分摊工资的工时和分摊奖金的工时差别较大，需要分别提供。

获取人工工时数据一定是需要深入一线的，掌握第一手资料。需要综合考虑诸多因素，如工艺特点（成本发生点）、操作难度、人员操作水平等，最终形成人工工时统计表。

4.3.2 如何确定机器工时数据

机器工时数据多作为非人工成本（如电费、折旧费、维修费）在产品或工程项目间分摊的依据。机器工时数据一般由生产部门提供给财务部门。

以机器工时定额数据为例，一般有以下三种方法确定。

（1）经验法：根据以往的经验确定机器加工的工时，这实际上是以往经验的总结，比如某工件某道工序的加工，根据以往经验一直是两小时，也基本没有异议，那么当前该工件这道工序的工时也确定为两小时。

（2）实测法：某工件某道工序以前没有加工过，则以一名水平中等、效率中等的操作工的实际加工工时乘以 1.1 作为该工件这道工序的加工工时，这实际上是通过实测确定工时。

（3）计算法：某工件某道工序的各个工步所需时间加起来就是工时。

企业的机器工时具有其独特性，需要遵循"现场主义"，即需要深入一线，具体情况具体判断，掌握第一手资料。对机器工时不可简单理解为 1 工时等于 1 小时，因为不同的工作，难易程度不同，都按时间计算工时并不合理。尤其是在机械加工领域，情况更为复杂。机器工时的计算亦要考虑诸多因素的影响，并进行一些辅助计算。

例如，某企业根据自身特点为机器工时设计了较为复杂的计算公式，如图 4-40 所示。

$$机器工时T$$
$$=$$
$$(时间裕度系数K_1 \times 批量系数K_2 \times 材质系数K_3 \times 加工难易程度系数K_4 \times 表面粗糙度系数K_5) \times 平均加工时间t_1$$
$$+$$
$$工件或产品装卸时间t_2$$
$$+$$
$$(读图时间t_3 + 机器准备时间t_3 + 工器具备件等交换时间t_4) \div 数量$$

图 4-40　某企业机器工时辅助计算公式

在图 4-40 中，计算机器工时的公式包含加工时间、准备时间、装卸时间、器具交换时间、材质系数、加工难易系数、表面粗糙度系数等。

虽然计算复杂，但当企业可以形成标准化生产时，参照正常生产状态下的历史数据，会给机器工时的确定带来一定的便利。

企业可能会有一套符合自身需求的、复杂但自洽的机器工时计算方法或统计表格。无法绝对合理，但求相对合理。无论计算方法是否合理，都需要有一个工时数据结果[⊖]作为分摊依据。

[⊖] 此处特指对于工时的确定。需要说明的是，成本动因不仅有工时，还有人数、面积或产量等；为实现精准成本核算，根据匹配的成本动因选取适合的分摊依据就显得尤为重要。

第 5 章

折旧费核算的"飞行棋"攻略

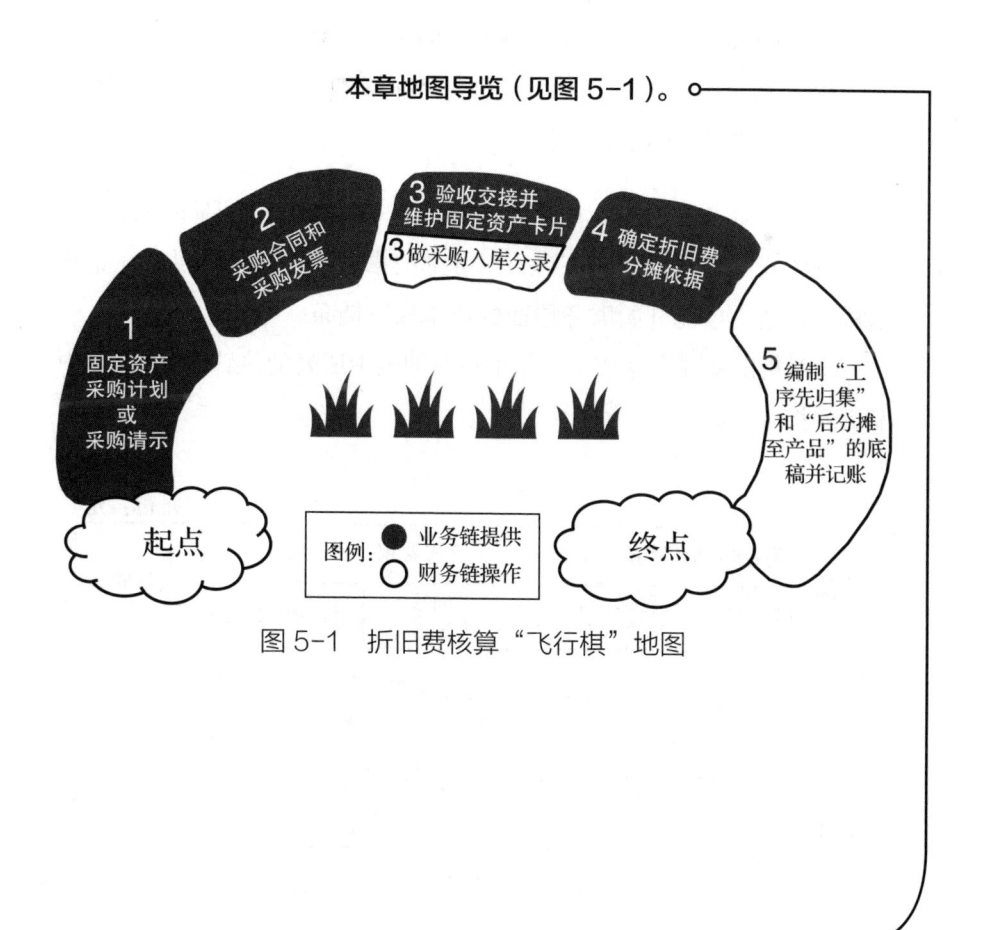

本章地图导览（见图 5-1）。

1 固定资产采购计划或采购请示

2 采购合同和采购发票

3 验收交接并维护固定资产卡片
3 做采购入库分录

4 确定折旧费分摊依据

5 编制"工序先归集"和"后分摊至产品"的底稿并记账

起点　　终点

图例：● 业务链提供　　○ 财务链操作

图 5-1　折旧费核算"飞行棋"地图

逐项搜集折旧费证据的"飞行棋"轨迹路径地图如图5-1所示。"飞行棋"地图中的"步骤"表示证据链轨迹的路径，折旧费核算的证据链主要有以下5个步骤（不含终点）。

▶ 步骤1（业务链提供）：固定资产采购计划或采购请示。

▶ 步骤2（业务链提供）：采购合同和采购发票。

▶ 步骤3（业务链提供＋财务链操作）：验收交接并维护固定资产卡片、做采购入库分录。

▶ 步骤4（业务链提供）：确定折旧费分摊依据。

▶ 步骤5（财务链操作）：编制"工序先归集"和"后分摊至产品"的底稿并记账。

终点为财务链操作：在产品成本二维多栏明细表中留下痕迹。

业务部门的证据链备齐后，财务部门拿到业务部门提供的完整成本核算依据，才能开始财务层面的成本核算链条。

本章折旧费在产品成本二维多栏明细表中所处的位置，如图5-2中箭头所指。

（单位：元）

产品	直接成本（直接进）		间接费用（靠分摊）				总成本
	原材料	直接人工成本等	电费	间接人工成本	折旧费	维修费等	
甲产品							
乙产品		本章折旧费对应位置					
⋮	⋮				⋮	⋮	
合计							

图5-2　产品成本二维多栏明细表中的折旧费

折旧费核算在两种典型成本发生姿势中所处的位置，如图 5-3 虚线框和标注所指。

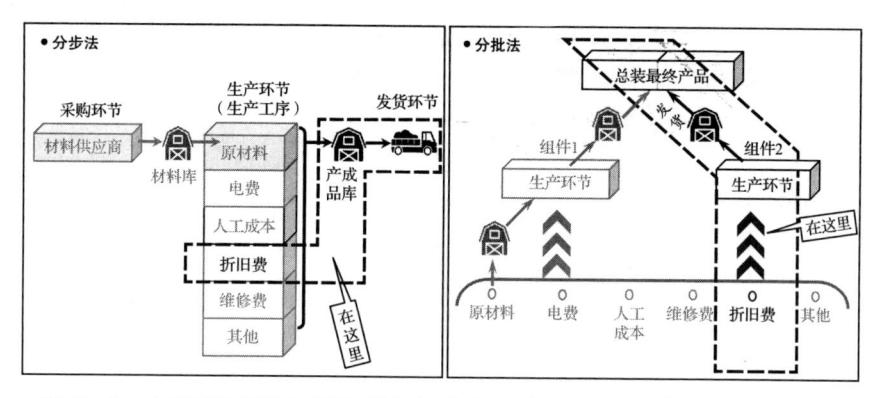

图 5-3　产购销环节中折旧费核算在两种典型成本发生姿势中的位置

同之前章节，本章亦列举 2 家典型生产型企业案例。其中，实景企业 1 是按分步法生产的企业，专注于生产标准化产品，并以"产量"作为分摊依据，将共用性费用分摊至各个产品。

实景企业 2 是按分批法生产的企业，专注于生产非标准化产品，并以"工时"作为分摊依据，将共用性费用分摊至各个工程项目。

2 家典型生产型企业（实景企业 1、实景企业 2）的折旧费均作为间接费用，具体科目为"制造费用—折旧费"，无直接成本，即不存在"生产成本—折旧费"科目。

5.1　实景企业 1：从 75 000 元分析仪到 100.53 元折旧费

本章依旧沿用"以小切口展开大地图""窥一斑而知全貌"的叙述风格，从购买 75 000 元的固定资产开始说起，将直至按产量占比分摊固定资产的折旧费给甲产品（分摊结果为 100.53 元）的全过程

证据链都说清楚。实景企业 1 折旧费核算推演图如图 5-4 所示。

① 请示采购一件固定资产并签订合同，收到发票价税合计 75 000 元 → ② 交接后，以不含税价 66 371 元录入固定资产卡片，实现未来自动计算月折旧费 525.66 元 → ③ 折旧费 525.66 元所在的部门 A，同类固定资产总折旧费为 732.94 元，按"工序先归集"的口径计提制造费用后等待"后分摊至产品" → ④ 对当月生产用折旧费总额 79 731.71 元（包含了部门 A 当月总折旧费 732.94 元）进行"后分摊" → ⑤ 按产量占比分摊 79 731.71 元折旧费后，得出甲产品的折旧费分摊金额为 100.53 元

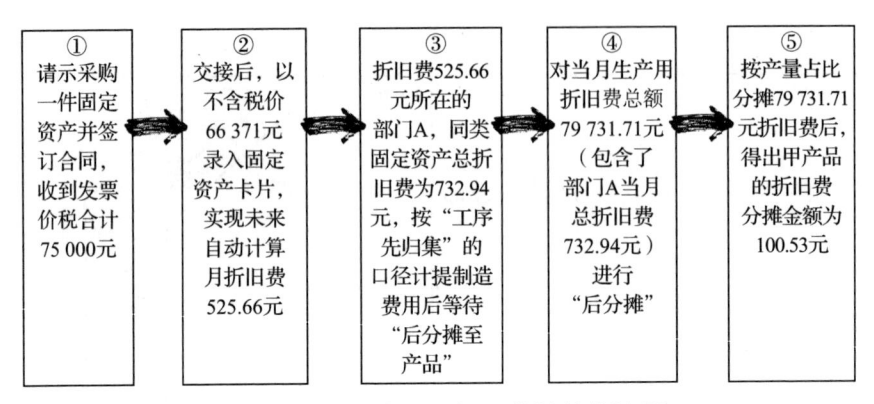

图 5-4　实景企业 1 折旧费核算推演图

折旧费核算的证据链轨迹包括以下内容：①请示采购一件固定资产并签订合同，收到发票价税合计 75 000 元；②交接后，以不含税价 66 371 元录入固定资产卡片，实现未来自动计算月折旧费 525.66 元；③折旧费 525.66 元所在的部门 A，同类固定资产总折旧费为 732.94 元，按"工序先归集"的口径计提"制造费用—折旧费（工序、部门）"科目后等待"后分摊至产品"；④对当月生产用折旧费总额 79 731.71 元（包含了部门 A 当月总折旧费 732.94 元）进行"后分摊"；⑤按产量占比分摊 79 731.71 元折旧费后，得出甲产品的折旧费分摊金额为 100.53 元。至此，甲产品成本构成中的折旧费就说清楚了。

5.1.1　第 1 步：固定资产采购计划或采购请示

折旧费核算第 1 步为固定资产采购计划或采购请示，实景企业 1 要采购 1 套高频红外碳硫分析仪，于是走了一个请购单流程，写明该仪器的预计金额（含税）为 75 000 元，如图 5-5 所示。

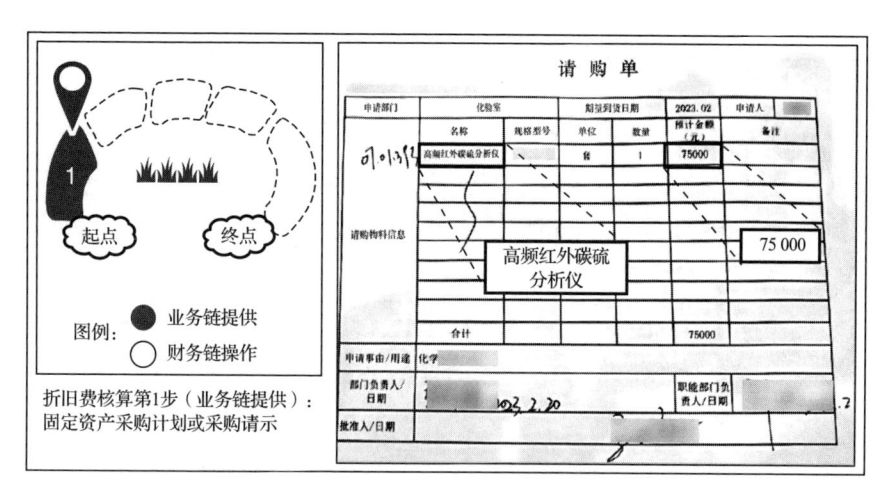

图 5-5　实景企业 1 的固定资产请购单

5.1.2　第 2 步：采购合同和采购发票

折旧费核算第 2 步为业务部门提供采购合同和采购发票。这些依据由实景企业 1 的业务部门提供。该企业的固定资产采购合同和采购发票如图 5-6 和图 5-7 所示。

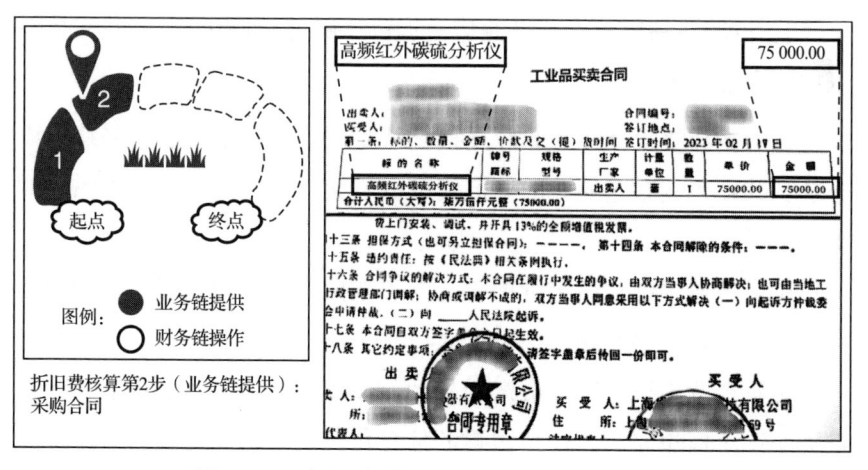

图 5-6　实景企业 1 的固定资产采购合同

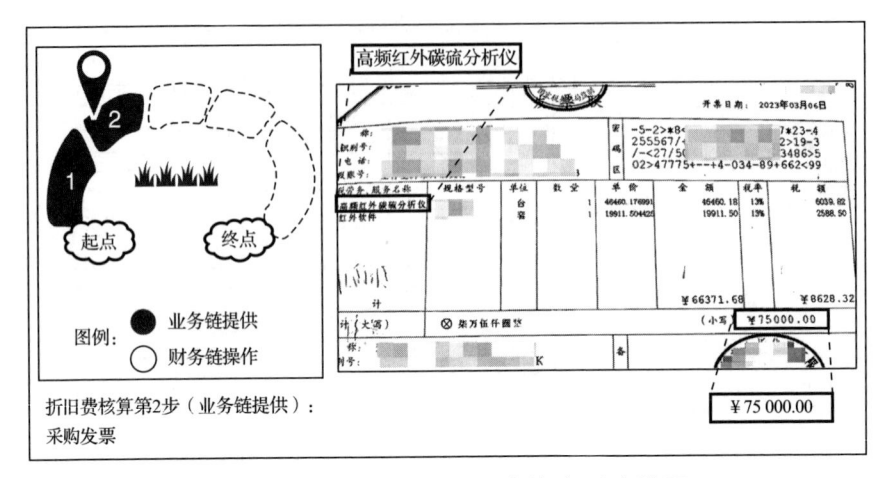

图 5-7　实景企业 1 的固定资产采购发票

合同、发票中所列采购设备的名称为"高频红外碳硫分析仪",金额为 75 000 元,和图 5-5 中请购单的预计金额一致。

5.1.3　第 3 步:验收交接并维护固定资产卡片、做采购入库分录

1. 折旧费核算第 3 步(业务链提供、财务链操作):验收交接并维护固定资产卡片

折旧费核算第 3 步为验收交接并维护固定资产卡片、做采购入库分录,其中,实景企业 1 的固定资产验收交接单由业务部门提供,如图 5-8 所示。

实景企业 1 维护固定资产卡片的工作由财务部门完成,维护固定资产卡片的系统界面如图 5-9 所示。

实景企业 1 维护固定资产卡片功能在其财务信息化系统下的"固定资产"子模块完成。在很多财务信息化系统中,固定资产卡片维护

完成后，都能自动计算并生成每个月的固定资产清单。具体而言，输入固定资产的相关基础数据（原值、净残值、折旧方法、折旧期限）至固定资产卡片后，即可自动生成未来使用期间每个月的固定资产折旧费清单。

折旧费核算第3步（业务链提供）：
验收交接并维护固定资产卡片

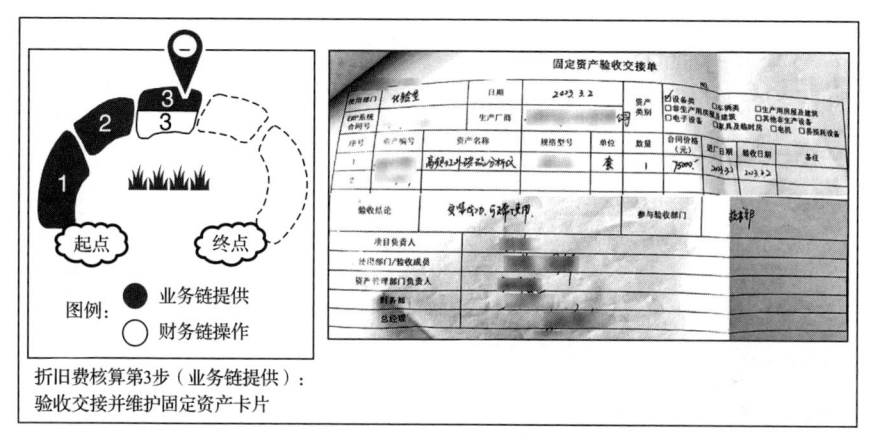

图 5-8　实景企业 1 的固定资产验收交接单

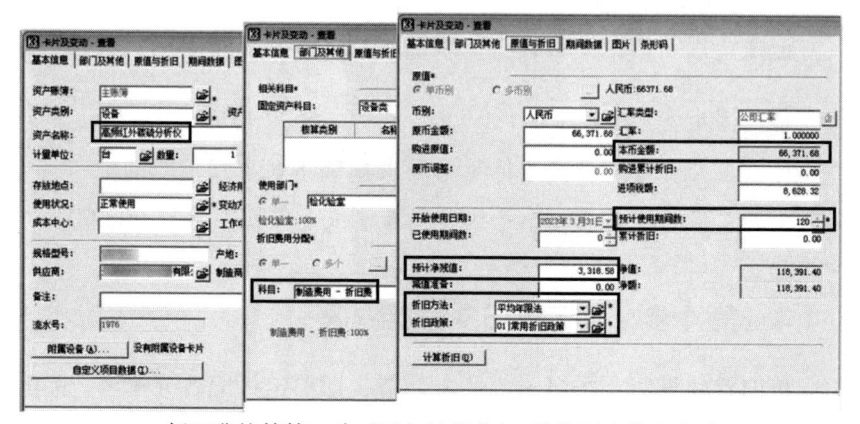

折旧费核算第 3 步（财务链操作）：维护固定资产卡片

图 5-9　实景企业 1 维护固定资产卡片的系统界面

2. 折旧费核算第 3 步（财务链操作）：做采购入库分录

一般来说，财务部门收到发票并且验收入库后，就需要做固定资产采购账了。实景企业 1 购入固定资产的凭证及记账分录如图 5-10 所示。

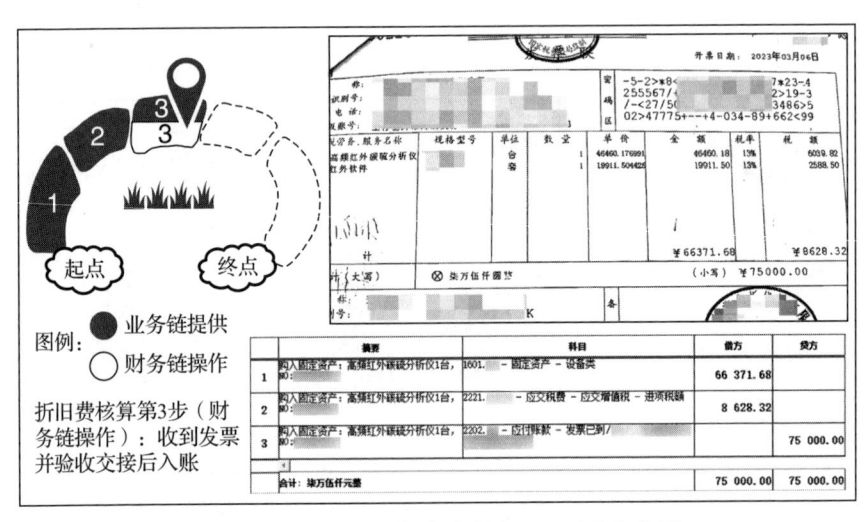

图 5-10　购入固定资产的凭证及记账分录

记账金额须依据发票载明金额录入，具体分录如下。

借：固定资产（设备类）　　　　　　　　66 371.68

　　应交税费—应交增值税—进项税额　8 628.32

贷：应付账款—发票已到（采购单位名称）　　75 000.00

5.1.4　第 4 步：确定折旧费分摊依据

折旧费核算第 4 步属于业务链环节，即确定折旧费分摊至产品的依据。该分摊依据为业务部门提供的 × 月产品成本分摊依据（产品产量）分配表，如图 5-11 所示。

第 5 章 折旧费核算的"飞行棋"攻略 | 175

	产品名称	产量	系数	权重
1	产品1	385.80	39.07	15 073.21
2	产品2	18.50	32.90	608.65
3	产品3	70.61	68.61	4 844.47
4	产品4	88.36	1.00	88.36
5	产品5	19.60	114.63	2 246.75
6	产品6(甲产品)	36.70	4.25	155.98
7	产品7	46.20	4.25	196.35
8	产品8	299.54	51.72	15 492.20
9	产品9(乙产品)	361.89	3.09	1 119.18
10	产品10	20.30	4.13	83.84
11	产品11	85.49	4.13	353.07
12	产品12	2 517.04	16.95	42 663.83
13	产品13	1 830.99	2.18	3 988.17
	合计	5 781.02		86 914.05

折旧费核算第4步（业务链提供）：确定折旧费分摊依据

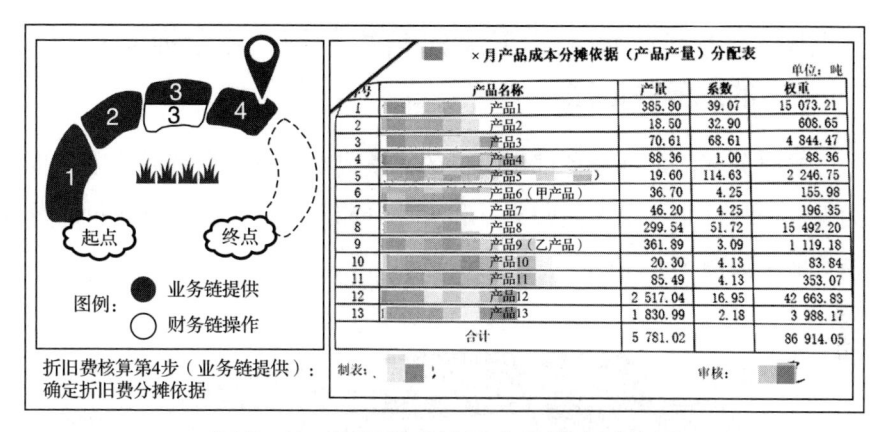

图 5-11　折旧费分摊至产品的产量依据

关于折旧费分摊至产品的产量、系数、权重等的具体解释见第 3 章中的落点 3。

由于实景企业 1 各工序的折旧费可由固定资产清单直接明确，故共用性折旧费的分摊依据，只用到了图 5-11 所示的产品产量分摊依据，而没有用到图 5-12 所示的工序产量分摊依据（人工成本亦没有用到）。

是否分摊	工序/部门	产量	系数	权重
参与共性成本分摊	工序a	385.80	39.07	15 073.21
	工序b	89.11	61.20	5 453.12
	工序c	88.36	1.00	88.36
	工序d	402.04	45.00	18 091.27
	工序e	467.68	3.33	1 556.10
	工序f	2 517.04	16.95	42 663.83
	工序g	1 830.99	2.18	3 988.17
	小计	5 781.02	/	86 914.05
不参与分摊	管理费用			
	研发费用			

折旧费核算第4步（业务链提供）：确定折旧费分摊依据

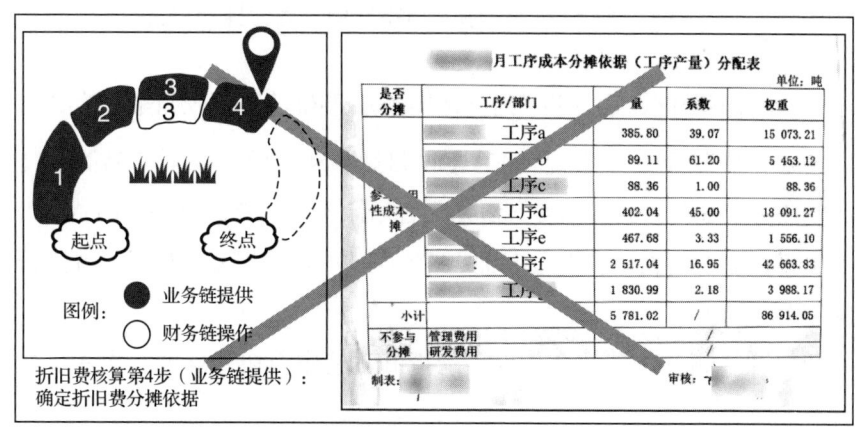

图 5-12　折旧费分摊至工序的产量依据（折旧费不用此表）

5.1.5 第5步：编制"工序先归集"和"后分摊至产品"的底稿并记账

当财务部门拿到业务部门提供的完整成本核算证据链后，第5步为财务部门按照"工序先归集"和"后分摊至产品"的顺序做折旧费核算账，如图5-13所示。

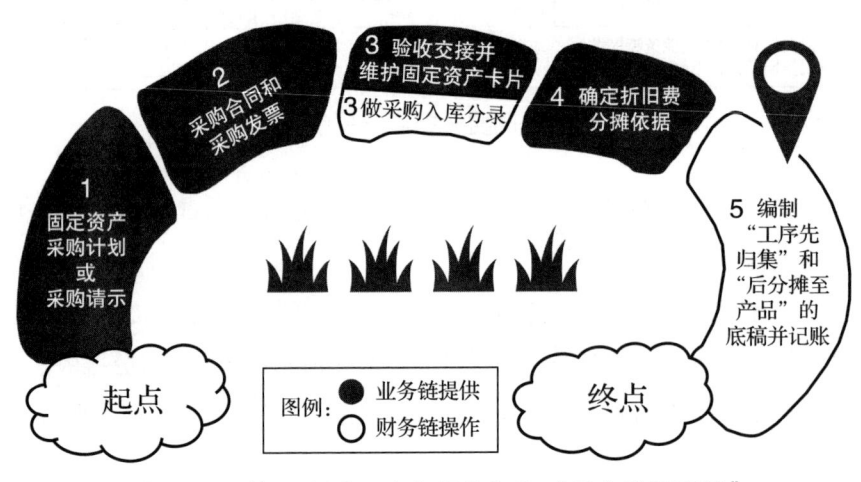

图5-13 第5步"工序先归集"和"后分摊至产品"

1. 折旧费核算第5步（财务链操作）：明确"工序先归集"的底稿

对于实景企业1来说，"工序先归集"和"后分摊至产品"是指先将工序（部门）的折旧费"归并集合"计入"制造费用—折旧费（工序、部门）"科目，再将此科目按照各产品的可比产量（权重）占比分摊至各个产品。

以"高频红外碳硫分析仪"的折旧轨迹作为切入点去一步一步展开全景核算地图。

"高频红外碳硫分析仪"的折旧数据，基于其固定资产卡片信息，即将"高频红外碳硫分析仪"入账价值 66 371.68 元、一定的净残值率、使用时间 10 年、按平均年限法计提折旧等信息在验收后录入固定资产卡片,就可以自动算出每月的折旧费为 525.66 元。该折旧信息记录在实景企业 1 每月自动更新的固定资产清单中,如图 5-14 中上表所示。

固定资产清单中"高频红外碳硫分析仪"的记录										(金额单位:元)
资产名称	类别	使用部门	折旧方法	数量	币别	原值本币	累计折旧	本期折旧额	使用寿命	剩余寿命	折旧费用项目
铂金钳锅	生产设备	检化验室	平均年限法	1	人民币	7 122.17	2 425.63	56.41	120期	77期	制造费用—折旧费
箱式电阻炉1	生产设备	检化验室	平均年限法	1	人民币	12 212.38	2 708.16	96.72	120期	92期	制造费用—折旧费
箱式电阻炉2	生产设备	检化验室	平均年限法	1	人民币	6 837.61	3 844.65	54.15	120期	49期	制造费用—折旧费
高频红外碳硫分析仪	生产设备	检化验室	平均年限法	1	人民币	66 371.68	3 679.62	525.66	120期	113期	制造费用—折旧费
					检化验室合计			732.94			

固定资产清单的统计维度:部门&工序统计表			(单位:元)
是否分摊	部门		金额
参与产品分摊	生产部		9 783.02
	物控部		3 114.84
	设备部		1 545.45
	检化验室		732.94
	安全环保部		544.95
	部门归集小计		15 721.20
	工序a(替代名)		4 227.80
	工序b(替代名)		9 931.10
	工序c(替代名)		9 707.57
	工序d(替代名)		8 387.59
	工序e(替代名)		8 918.00
	工序f(替代名)		8 536.27
	工序g(替代名)		14 302.18
	生产用折旧费小计		79 731.71
不参与产品分摊	管理费用/总经理室		20 043.84
	管理费用/机关办公室		34 522.30
	管理费用/共享空间		9 052.46
	销售费用		2 573.56
	研发费用		56 326.09
	合计		202 249.96

折旧费核算第5步(财务链操作):"工序先归集"——高频红外碳硫分析仪的折旧费从固定资产清单到"固定资产部门&工序统计表"的线索轨迹:525.66元→732.94元→79 731.71元

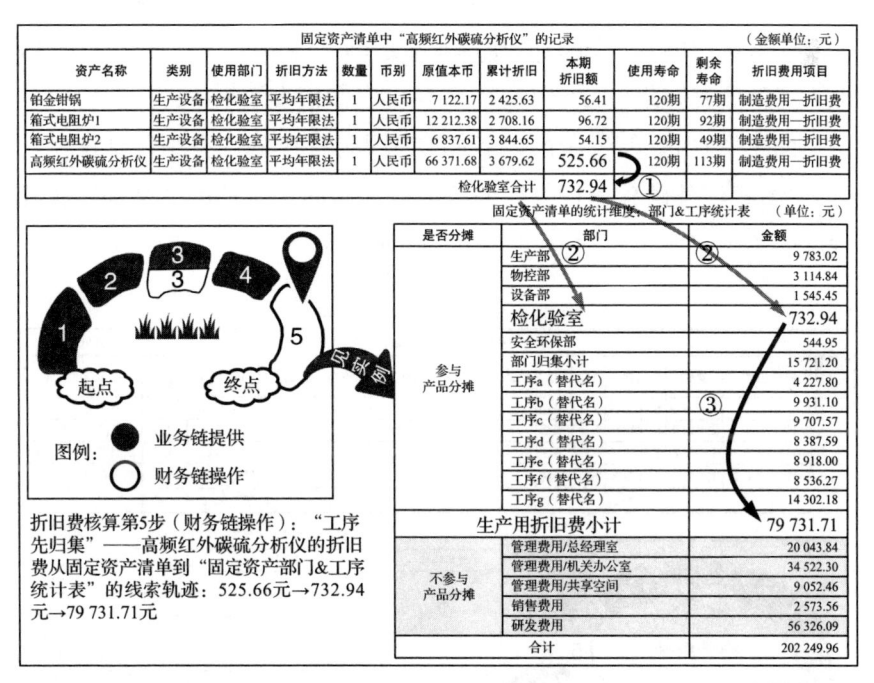

图 5-14 按"部门 & 工序"维度统计的折旧费(归集分录的借方)

在图 5-14 中,固定资产清单有两个统计维度:一个是固定资产的"部门 & 工序"维度。其中,"高频红外碳硫分析仪"的折旧数据与固定资产的"部门 & 工序"统计维度的关系,如图 5-14 中箭头①~③所示。

在图 5-14 中,固定资产清单中的"高频红外碳硫分析仪"的使用部门为检化验室。已知检化验室的"高频红外碳硫分析仪"的折旧额为525.66元,与已知的检化验室的另外3个设备的折旧额合计为732.94元,该金额的轨迹对应图中箭头①。732.94元刚好对应固定资产的"部门&工序"维度统计中检化验室的732.94元,该金额的轨迹对应图中箭头②。检化验室的732.94元又归属于参与产品分摊的"生产用折旧费小计 79 731.71元",该金额的轨迹对应图中箭头③。

需要说明的是,图5-14中固定资产的"部门&工序"统计维度,即为"工序先归集"分录(见图5-16)中的借方数据源。

固定资产清单另一个统计维度为固定资产的"类别"维度。其中,"高频红外碳硫分析仪"的折旧数据与固定资产的"类别"统计维度的关系,如图5-15中箭头①~③所示。

固定资产清单中"高频红外碳硫分析仪"的记录										(金额单位:元)
资产名称	类别	使用部门	折旧方法	数量	币别	原值本币	累计折旧	本期折旧额	使用寿命	剩余寿命	折旧费用项目
铂金坩埚	生产设备	检化验室	平均年限法	1	人民币	7 122.17	2 425.63	56.41	120期	77期	制造费用—折旧费
箱式电阻炉1	生产设备	检化验室	平均年限法	1	人民币	12 212.38	2 708.16	96.72	120期	92期	制造费用—折旧费
箱式电阻炉2	生产设备	检化验室	平均年限法	1	人民币	6 837.61	3 844.65	54.15	120期	49期	制造费用—折旧费
高频红外碳硫分析仪	生产设备	检化验室	平均年限法	1	人民币	66 371.68	3 679.62	525.66	120期	113期	制造费用—折旧费
							检化验室合计	732.94 ①		

固定资产清单的统计维度:类别统计表			(单位:元)
费用科目	类别		金额 ②
制造费用 (参与分摊)	生产车辆		1 152.37
	生产电子设备		186.83
	生产用房屋及建筑物		18 212.08
	生产设备		40 810.95
	生产用房屋及建筑物		18 218.79
	生产用家具		1 150.69 ③
	生产用折旧费小计		79 731.71
管理费用 (不参与分摊)	办公车辆		28 595.35
	办公电子设备		2 167.61
	非生产用房屋及建筑物		32 310.69
	办公设备		544.95
	小计		63 618.60
销售费用	办公车辆		2 573.56
研发费	研发设备		56 326.09
	合计		202 249.96

折旧费核算第5步(财务链操作):"工序先归集"——高频红外碳硫分析仪的折旧费从固定资产清单到"固定资产类别统计表"的线索轨迹:525.66元→732.94元→79 731.71元

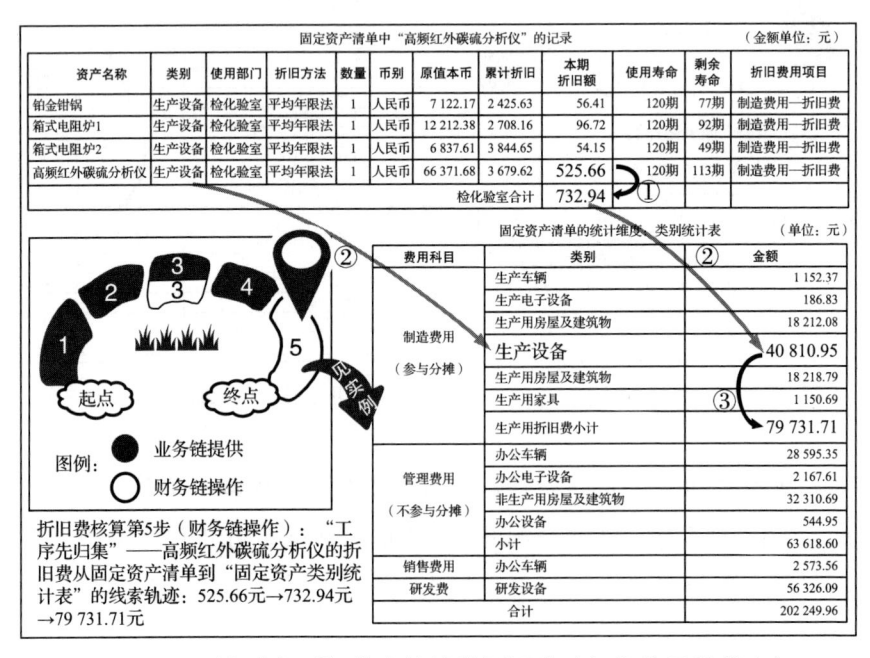

图例:● 业务链提供 ○ 财务链操作

图 5-15 按"类别"维度统计的折旧费(归集分录的贷方)

在图 5-15 中，固定资产清单中的"高频红外碳硫分析仪"的使用部门为检化验室。已知检化验室的"高频红外碳硫分析仪"折旧额为 525.66 元，与已知的检化验室的另外 3 个设备的折旧额合计为 732.94 元，该金额的轨迹对应图中箭头①。732.94 元刚好对应固定资产的"类别"维度统计中的"生产设备"的 40 810.95 元，该金额的轨迹对应图中箭头②。"生产设备"的 40 810.95 元又归属于参与分摊的"生产用折旧费小计"的 79 731.71 元，该金额的轨迹对应图中箭头③。

需要说明的是，图 5-15 中固定资产"类别"统计维度，即为"工序先归集"分录（见图 5-16）中的贷方数据源。

2. 折旧费核算第 5 步（财务链归集）：做先归集折旧费的分录

根据图 5-14、图 5-15 所示的工序先归集底稿，实景企业 1 计提的折旧费总额为 202 249.96 元。分录的借方来自固定资产的"部门 & 工序"统计维度，分录的贷方来自固定资产的"类别"统计维度。实景企业 1 "工序先归集"折旧费的凭证界面及分录如图 5-16 所示。

图 5-16 "工序先归集"折旧费的凭证界面及分录

具体分录如下。

借：制造费用—折旧费（生产部）　　　9 783.02
　　制造费用—折旧费（物控部）　　　3 114.84
　　制造费用—折旧费（设备部）　　　1 545.45
　　制造费用—折旧费（检化验室）　　　732.94
　　制造费用—折旧费（安全环保部）　　544.95
　　制造费用—折旧费（工序a）　　　4 227.80
　　制造费用—折旧费（工序b）　　　9 931.10
　　制造费用—折旧费（工序c）　　　9 707.57
　　制造费用—折旧费（工序d）　　　8 387.59
　　制造费用—折旧费（工序e）　　　8 918.00
　　制造费用—折旧费（工序f）　　　8 536.27
　　制造费用—折旧费（工序g）　　　14 302.18
　　管理费用—折旧费（总经理室）　　　20 043.84
　　管理费用—折旧费（机关办公室）　34 522.30
　　管理费用—折旧费（共享空间）　　　9 052.46
　　销售费用—折旧费　　　2 573.56
　　管理费用—研发费—研发折旧⊖　　56 326.09
贷：累计折旧—生产车辆　　　　　　　　1 152.37
　　　累计折旧—生产电子设备　　　　　　186.83
　　　累计折旧—生产用房屋及建筑物　　18 212.08
　　　累计折旧—生产设备　　　　　　　40 810.95
　　　累计折旧—生产用房屋及建筑物　　18 218.79

⊖ 管理费用—研发费—研发折旧：该科目为实景企业自行设置，亦有企业先行计入"研发支出"科目。

累计折旧—生产用家具	1 150.69
累计折旧—办公车辆	31 168.91
累计折旧—办公电子设备	2 167.61
累计折旧—非生产用房屋及建筑物	32 310.69
累计折旧—办公设备	544.95
累计折旧—研发设备	56 326.09

3. 折旧费核算第 5 步：确定折旧费"后分摊至产品"的底稿

实景企业 1"工序先归集"的"制造费用—折旧费（工序、部门）"金额为 79 731.71 元，此金额以"权重（可比产量）"作为分摊依据"后分摊至产品"的底稿如图 5-17 所示。

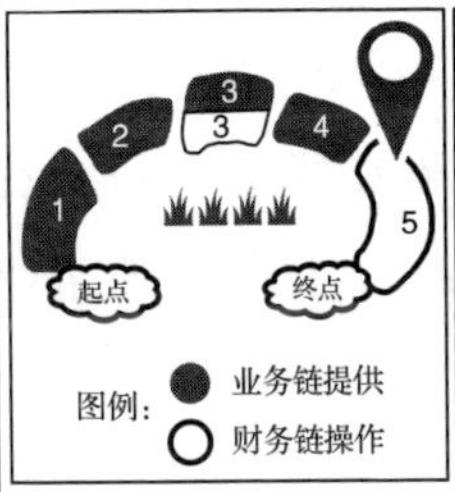

工序	产品	权重（可比产量）（吨）①	工序先归集折旧费（元）	工序折旧费后分摊至产品（元）③工序内产品分摊	部门折旧费后分摊至产品（元）④＝各产量÷②×⑤	折旧费（元）③＋④
工序a	产品1	15 073.21	4 227.80	4 227.80	2 726.47	6 954.27
工序b	产品2	608.65	9 931.10	1 108.46	110.09	1 218.55
	产品3	4 844.47		8 822.64	876.28	9 698.92
工序c	产品4	88.36	9 707.57	9 707.57	15.98	9 723.55
工序d	产品5	2 246.75	8 387.59	1 041.65	406.40	1 448.05
	产品6（甲产品）	155.98		72.31	28.21	100.53
	产品7	196.35		91.03	35.52	126.55
	产品8	15 492.20		7 182.59	2 802.26	9 984.85
工序e	产品9	1 119.18	8 918.00	6 414.05	202.44	6 616.49
	产品10	83.84		480.48	15.16	495.65
	产品11	353.07		2 023.47	63.86	2 087.33
工序f	产品12	42 663.83	8 536.27	8 536.27	7 717.12	16 253.39
工序g	产品13	3 988.17	14 302.18	14 302.18	721.39	15 023.57
合计		② 86 914.05	64 010.51	⑥ 64 010.51	⑤ 15 721.20	79 731.71

折旧费核算第5步（财务链操作）：以权重（可比产量）为依据，将参与分摊的折旧费 79 731.71 元"后分摊至产品"

图例：
● 业务链提供
○ 财务链操作

图 5-17　折旧费"后分摊至产品"底稿

在图 5-17 中，各产品的折旧费合计为 79 731.71 元，等于工序折旧费总额⑥ 64 010.51 元与部门折旧费总额⑤ 15 721.20 元之和。具体如下：

工序折旧费总额⑥ 64 010.51 元的分摊，除了工序 a、工序 c、工序 f 和工序 g，其余工序均需要在工序内各产品间进行分摊，即工序内的折旧费按照该工序内各产品的权重（可比产量）占比分摊至对应产品。

部门折旧费总额⑤ 15 721.20 元的分摊是全部产品间的分摊，即部门折旧费总额以全部工序每个产品的权重（可比产量）占比作为分摊依据，分摊至每个产品。实景企业 1 的部门折旧费总额⑤ 15 721.20 元按以下公式分摊至各产品。

分摊至各产品的部门折旧费＝各产品权重（可比产量）÷ 总权重② 86 914.05 吨 × 部门折旧费总额⑤ 15 721.20 元。

在图 5-17 中，"工序"和"产品"存在"一对一"关系的有 4 组："工序 a——产品 1""工序 c——产品 4""工序 f——产品 12""工序 g——产品 13"。

实景企业 1 为降低核算复杂度，将折旧费全部归类为"间接费用"，计入"生产成本—制造费用—折旧费（某产品）"科目。该企业认为在记账底稿中已经区分了直接成本和间接费用，故对折旧费的成本科目进行了简化处理，不再单独设置"生产成本—折旧费（某产品）"科目[⊖]。

由于图 5-17 中折旧费后分摊至产品的记账底稿（作为凭证附件）已区分了"工序折旧费后分摊至产品③"和"部门折旧费后分摊至产品④"，因此，入账分录按③＋④的合计数计入各产品成本。

实景企业 1 折旧费"后分摊至产品"的凭证界面及记账分录如图 5-18 所示。

⊖ 有的企业会将"一对一"关系的折旧费作为"直接成本"计入"生产成本—折旧费（某产品）"科目；另将图中其他"一对多"关系的"工序归集"部分以及"部门归集"部分作为需要分摊的"间接费用"计入"生产成本—制造费用—折旧费（某产品）"科目。

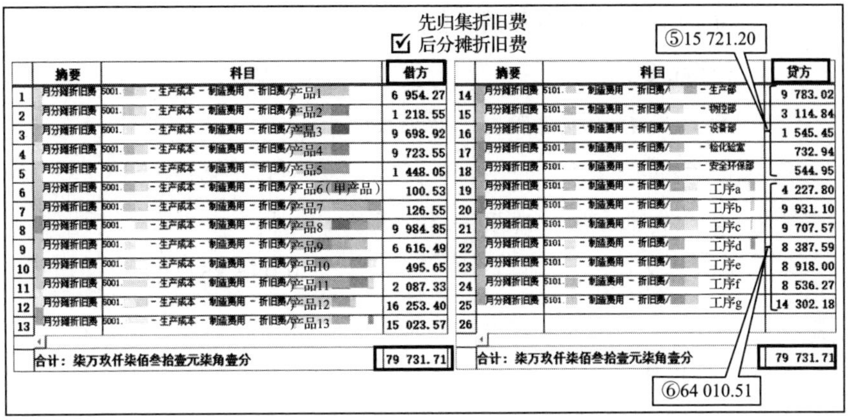

第 5 章　折旧费核算的"飞行棋"攻略 | 183

	摘要	科目	借方
1	月分摊折旧费	5001.—生产成本-制造费用-折旧费/产品1	6 954.27
2	月分摊折旧费	5001.—生产成本-制造费用-折旧费/产品2	1 218.55
3	月分摊折旧费	5001.—生产成本-制造费用-折旧费/产品3	9 698.92
4	月分摊折旧费	5001.—生产成本-制造费用-折旧费/产品4	9 723.55
5	月分摊折旧费	5001.—生产成本-制造费用-折旧费/产品5	1 448.05
6	月分摊折旧费	5001.—生产成本-制造费用-折旧费/产品6（单产品）	100.53
7	月分摊折旧费	5001.—生产成本-制造费用-折旧费/产品7	126.55
8	月分摊折旧费	5001.—生产成本-制造费用-折旧费/产品8	9 984.85
9	月分摊折旧费	5001.—生产成本-制造费用-折旧费/产品9	6 616.49
10	月分摊折旧费	5001.—生产成本-制造费用-折旧费/产品10	495.65
11	月分摊折旧费	5001.—生产成本-制造费用-折旧费/产品11	2 087.33
12	月分摊折旧费	5001.—生产成本-制造费用-折旧费/产品12	16 253.40
13	月分摊折旧费	5001.—生产成本-制造费用-折旧费/产品13	15 023.57
	合计：柒万玖仟柒佰叁拾壹元柒角壹分		79 731.71

	摘要	科目	贷方
14	月分摊折旧费	5101.—制造费用-折旧费/—生产部	9 783.02
15	月分摊折旧费	5101.—制造费用-折旧费/—物控部	3 114.84
16	月分摊折旧费	5101.—制造费用-折旧费/—设备部	1 545.45
17	月分摊折旧费	5101.—制造费用-折旧费/—轻化验室	732.94
18	月分摊折旧费	5101.—制造费用-折旧费/—安全环保部	544.95
19	月分摊折旧费	5101.—制造费用-折旧费/工序a	4 227.80
20	月分摊折旧费	5101.—制造费用-折旧费/工序b	9 931.10
21	月分摊折旧费	5101.—制造费用-折旧费/工序c	9 707.57
22	月分摊折旧费	5101.—制造费用-折旧费/工序d	8 387.59
23	月分摊折旧费	5101.—制造费用-折旧费/工序e	8 918.00
24	月分摊折旧费	5101.—制造费用-折旧费/工序f	8 536.27
25	月分摊折旧费	5101.—制造费用-折旧费/工序g	14 302.18
26			
	合计：柒万玖仟柒佰叁拾壹元柒角壹分		79 731.71

先归集折旧费 ☑ 后分摊折旧费

⑤15 721.20
⑥64 010.51

图 5-18　折旧费"后分摊至产品"的分录

具体分录如下。

借：生产成本—制造费用—折旧费⊖
　　（产品 1）　　　　　　　　　　6 954.27
　　生产成本—制造费用—折旧费
　　（产品 2）　　　　　　　　　　1 218.55
　　生产成本—制造费用—折旧费
　　（产品 3）　　　　　　　　　　9 698.92
　　生产成本—制造费用—折旧费
　　（产品 4）　　　　　　　　　　9 723.55
　　生产成本—制造费用—折旧费
　　（产品 5）　　　　　　　　　　1 448.05

⊖ 生产成本—制造费用—折旧费：有的企业仅设置二级科目"生产成本—制造费用"，三级科目不在核算分录中体现，而是在系统后台统计（特定算法满足定制化报表统计需求）；有的企业既设置"生产成本—折旧费"科目，又设置"生产成本—制造费用—折旧费"科目，用来分别核算直接成本和间接费用。无论何种设置或算法，只要满足企业的核算需求即可。

生产成本—制造费用—折旧费（产品6）	100.53
生产成本—制造费用—折旧费（产品7）	126.55
生产成本—制造费用—折旧费（产品8）	9 984.85
生产成本—制造费用—折旧费（产品9）	6 616.49
生产成本—制造费用—折旧费（产品10）	495.65
生产成本—制造费用—折旧费（产品11）	2 087.33
生产成本—制造费用—折旧费（产品12）	16 253.40
生产成本—制造费用—折旧费（产品13）	15 023.57
贷：制造费用—折旧费（生产部）	9 783.02
制造费用—折旧费（物控部）	3 114.84
制造费用—折旧费（设备部）	1 545.45
制造费用—折旧费（检化验室）	732.94
制造费用—折旧费（安全环保部）	544.95
制造费用—折旧费（工序a）	4 227.80
制造费用—折旧费（工序b）	9 931.10
制造费用—折旧费（工序c）	9 707.57
制造费用—折旧费（工序d）	8 387.59
制造费用—折旧费（工序e）	8 918.00

制造费用—折旧费（工序 f） 8 536.27

制造费用—折旧费（工序 g） 14 302.18

上述分录中，产品 6 为甲产品，分摊到折旧费 100.53 元。

需要说明的是，生产完产成品后，涉及折旧费等一系列成本的"生产成本"相关科目需通过"成品入库"变成存货成本。折旧费入库在两种典型成本发生姿势中的位置，如图 5-19 标注所指。

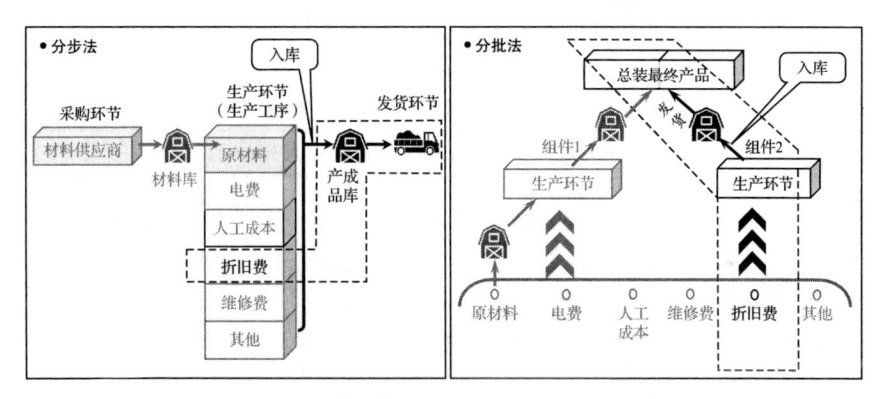

图 5-19 生产完毕后折旧费入库的位置

入库的参考分录如下。

借：库存商品—产成品
　　贷：生产成本—制造费用—折旧费（各产品）

……

产成品入库后的相关处理类同第 1 章，本章略。

5.1.6 终点的快照

完成折旧费核算第 5 步后，就可以确定产品成本二维多栏明细表中的折旧费明细了。所谓"窥一斑而知全貌",依旧是选取了甲产品作为代表,展示折旧费核算的最终结果。折旧费在产品成本二维多栏明细表中留下的痕迹如图 5-20 所示。

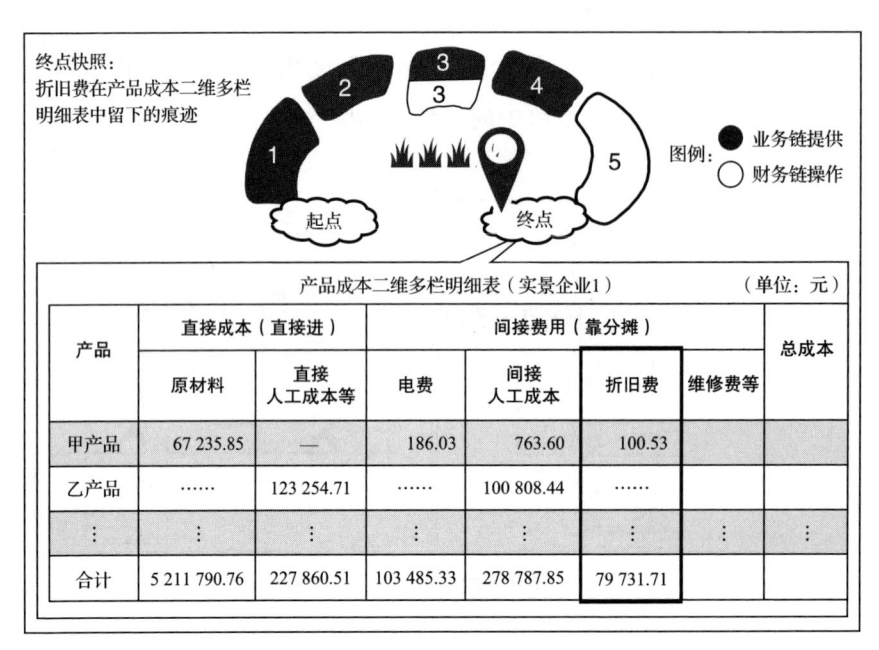

图 5-20 终点快照中的折旧费

5.2 实景企业 2:以工时作为折旧费分摊依据

5.2.1 第 1 步～第 3 步:采购至固定资产卡片

实景企业 2 折旧费核算的第 1 步～第 3 步均涉及业务环节,如图 5-21 所示。

具体内容如下。

- 第 1 步（业务链提供）：固定资产采购计划或采购请示。
- 第 2 步（业务链提供）：采购合同和采购发票。
- 第 3 步（业务链提供、财务链操作）：验收交接并维护固定资产卡片、做采购入库分录。

这 3 步参见本章实景企业 1（与之类同），本例略。

图 5-21 实景企业 2 折旧费核算涉及的业务环节

5.2.2　第 4 步：确定折旧费分摊依据

折旧费核算第 4 步（业务链提供）为确定折旧费分摊依据，实景企业 2 的生产部提供了工时依据，并以正式签字的书面格式传递至财务部门，如图 5-22 所示。

此表和第 3 章电费核算中实景企业 2 的电费分摊依据一致。

生产部制造费用分摊 工程项目名称	工程项目 编号	各项目折算后 工时
官克LNG项目	S23006	32 481
天禾云景项目	S23010	19 864
三菱电厂项目	S23013	2 706
山东会展中心项目 (BOX系杆)	S23018	7 571
广东顺来厂房项目	S23019	3 479
合计		66 101

生产部2023年3月制造费用分配表（工时依据）
（单位：小时）

折旧费核算第4步（业务链提供）：确定折旧费分摊依据——折旧费后分摊至工程项目的依据

图例：
● 业务链提供
○ 财务链操作

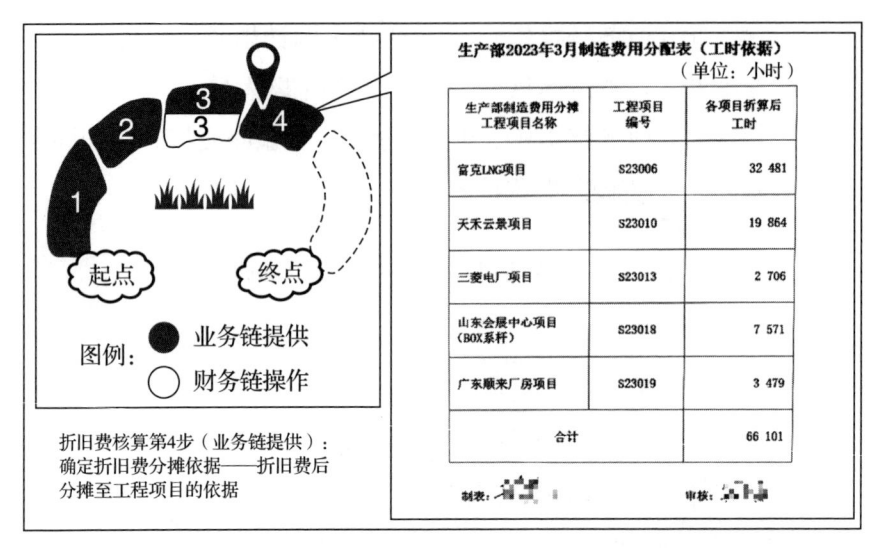

图 5-22　折旧费后分摊至工程项目的工时依据

5.2.3　第 5 步：编制"工序先归集"和"后分摊至产品"的底稿并记账

折旧费核算第 5 步（财务链操作）为编制"工序先归集"和"后分摊至产品"的底稿并记账。和实景企业 1 一样，实景企业 2 也是在固定资产子模块维护"固定资产"卡片。维护后即可实现自动计算并生成每月的固定资产折旧清单。

实景企业 2 的固定资产清单以生产部（部门统计维度）的固定资产折旧清单作为成本核算底稿，如图 5-23 所示。

在固定资产折旧清单中，可以按照不同维度统计：可以按照固定资产的"类别"统计，即按①生产办公电子设备，②机器设备，③生产房屋及建筑物，④生产运输设备统计（见图 5-23）的分类统计；按类别统计的本期折旧费合计金额为 778 642.39 元。也可以按固定资产的"使用部门"统计，即按"生产部"统计（见图 5-23）；按"使用部门"统计的本期折旧费合计金额也为 778 642.39 元。

资产编号	资产名称	类别	使用部门	折旧方法	本期折旧额	使用寿命	剩余寿命	备注	
DS-1053	海尔空调	生产办公电子设备	生产部	平均年限法	55.98	240期	18期		
JQ-0049	涂装机	机器设备	生产部	平均年限法	149.03	240期	18期		
JQ-0287	进口带子研磨机	机器设备	生产部	平均年限法	333.28	240期	37期		
JQ-0478	数控气体切割机	机器设备	生产部	平均年限法	1 892.90	240期	139期	研发用	
JQ-0482	数字控制CO2焊机	机器设备	生产部	平均年限法	51.28	240期	144期		
JQ-0569	5吨半门式起重机	机器设备	生产部	平均年限法	509.04	240期	167期		
JQ-0861	埋弧焊机	机器设备	生产部	平均年限法	89.74	240期	210期		
CFW-030	主厂房	生产房屋及建筑物	生产部	平均年限法	346 139.49	360期	287期		
CFW-037	配电所空压站房	生产房屋及建筑物	生产部	平均年限法	3 652.58	360期	287期		
CFW-039	油漆库	生产房屋及建筑物	生产部	平均年限法	1 406.75	360期	287期		
CFW-040	气站	生产房屋及建筑物	生产部	平均年限法	256.82	360期	287期		
YS-0035	内燃平衡重式叉车6吨	生产运输设备	生产部	平均年限法	714.29	168期	69期		
YS-0041	电动平车	生产运输设备	生产部	平均年限法	1 135.53	168期	95期	研发用	
YS-0049	8吨叉车	生产运输设备	生产部	平均年限法	1 121.79	168期	96期		
YS-0054	3T内燃平衡重式叉车	生产运输设备	生产部	平均年限法	373.17	168期	99期		
生产部合计（剔除研发专用设备计入"制造费用—生产部"科目）					778 642.39				

类别	本期折旧额（计入累计折旧科目）
①生产办公电子设备 汇总	476.04
②机器设备 汇总	373 067.97
③生产房屋及建筑物 汇总	393 821.02
④生产运输设备 汇总	11 277.36
总计	778 642.39

折旧费核算第5步（财务链操作）："工序先归集"——计提折旧，从"累计折旧"科目到"制造费用—部门"科目

图 5-23　以生产部的折旧清单作为成本核算底稿

实景企业 2 计提折旧费亦是按照"工序先归集，后分摊至产品"的顺序，即将折旧费先"归并集合"计入"制造费用—折旧费（生产部）"科目，再将此科目根据工时分摊给各个工程项目。

1. 先做归集折旧费的分录

借：制造费用—折旧费（生产部）　　778 642.39
　　贷：累计折旧—生产办公电子设备　　　　　　　　476.04
　　　　累计折旧—机器设备　　　　　　　　　　373 067.97

| 累计折旧—生产房屋及建筑物 | 393 821.02 |
| 累计折旧—生产运输设备 | 11 277.36 |

这笔"工序先归集"的分录，其记账底稿（数据源）为按照两个维度统计的固定资产折旧清单，其中，借方记账底稿为按使用部门"生产部"维度统计的固定资产折旧清单，计入"制造费用"科目；贷方记账底稿为按"固定资产类别"维度统计的固定资产折旧清单，计入"累计折旧"科目。

2. 后做分摊折旧费的分录

做完折旧费"工序先归集"的分录之后，接下来做折旧费"后分摊至产品"的分录。根据前文所示的分摊依据，实景企业2将折旧费分摊至工程项目的记账底稿如图5-24所示。

生产部2023年3月折旧费分配表

生产部制造费用分摊工程项目名称	工程项目编号	各项目折算后工时（小时）	折旧费后分摊至工程项目（元）（各项目折算后工时÷①×②）
富克LNG项目	S23006	32 481	382 612.72
天禾云景项目	S23010	19 864	233 989.69
三菱电厂项目	S23013	2 706	31 875.56
山东会展中心项目	S23018	7 571	89 183.24
广东顺来厂房项目	S23019	3 479	40 981.18
合计		① 66 101	② 778 642.39

折旧费核算第5步（财务链操作）：以工时权重为依据将生产部折旧费778 642.39元"后分摊至工程项目"

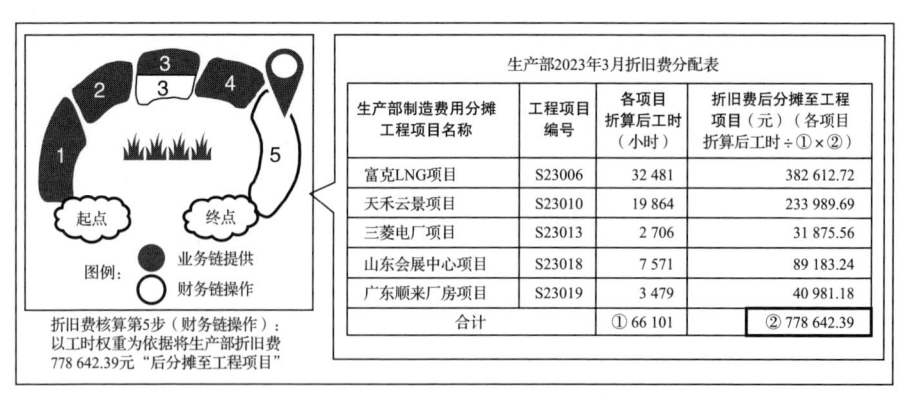

图5-24　分摊折旧费至工程项目的记账底稿

这一步的算法为用图5-24中的② 778 642.39元乘以各工程项目的工时占比（=各项目折算后工时÷合计工时① 66 101），以确定每个工程项目的成本构成中折旧费的具体金额。

具体分录如下。

第 5 章 折旧费核算的"飞行棋"攻略 | 191

借：生产成本—制造费用
　　（富克 LNG 项目）　　　　　　382 612.72
　　生产成本—制造费用
　　（天禾云景项目）　　　　　　　233 989.69
　　　生产成本—制造费用
　　　（三菱电厂项目）　　　　　　31 875.56
　　　生产成本—制造费用
　　　（山东会展中心项目）　　　　89 183.24
　　　生产成本—制造费用
　　　（广东顺来厂房项目）　　　　40 981.18
　　贷：制造费用—折旧费（生产部）　　　　778 642.39

5.2.4　终点的快照

实景企业 2 的折旧费在产品成本二维多栏明细表中留下的痕迹，如图 5-25 所示。

终点快照：
折旧费在产品成本二维多栏明细表中留下的痕迹

图例：● 业务链提供　○ 财务链操作

所有工程项目的折旧费总额为778 642.39元

产品成本二维多栏明细表（实景企业2） （单位：元）

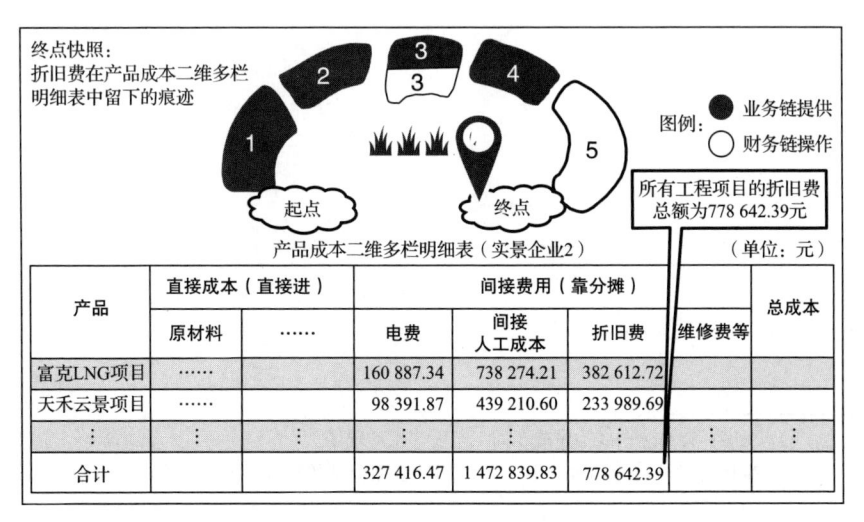

产品	直接成本（直接进）		间接费用（靠分摊）			维修费等	总成本
	原材料	……	电费	间接人工成本	折旧费		
富克LNG项目	……		160 887.34	738 274.21	382 612.72		
天禾云景项目	……		98 391.87	439 210.60	233 989.69		
⋮	⋮	⋮	⋮	⋮	⋮	⋮	⋮
合计			327 416.47	1 472 839.83	778 642.39		

图 5-25　终点快照中的折旧费

5.3 实景问答

折旧费核算和电费核算的区别是什么

无论是折旧费还是电费，其成本核算分录都分为两步：第一步是工序先归集，第二步是后分摊至产品。折旧费和电费的归集都涉及工序[一]和生产部门[二]。

以实景企业1为例，其折旧费归集口径是根据"固定资产清单"精准地对应相应的工序和生产部门；而实景企业1的电费由于其"电表计量点"的数据局限性，无法精准地对应相应的工序和生产部门，需要业务部门根据一定的依据（如额定功率等）进行拆分和计算，直至明确每个工序和生产部门的电费。

[一] 工序：特指生产线工序或车间工艺段等生产现场。
[二] 生产部门：特指需要将其相关共用性费用分摊给产品或项目的部门，如生产部、检化验室、设备部等。

第 6 章

维修费核算的"飞行棋"攻略

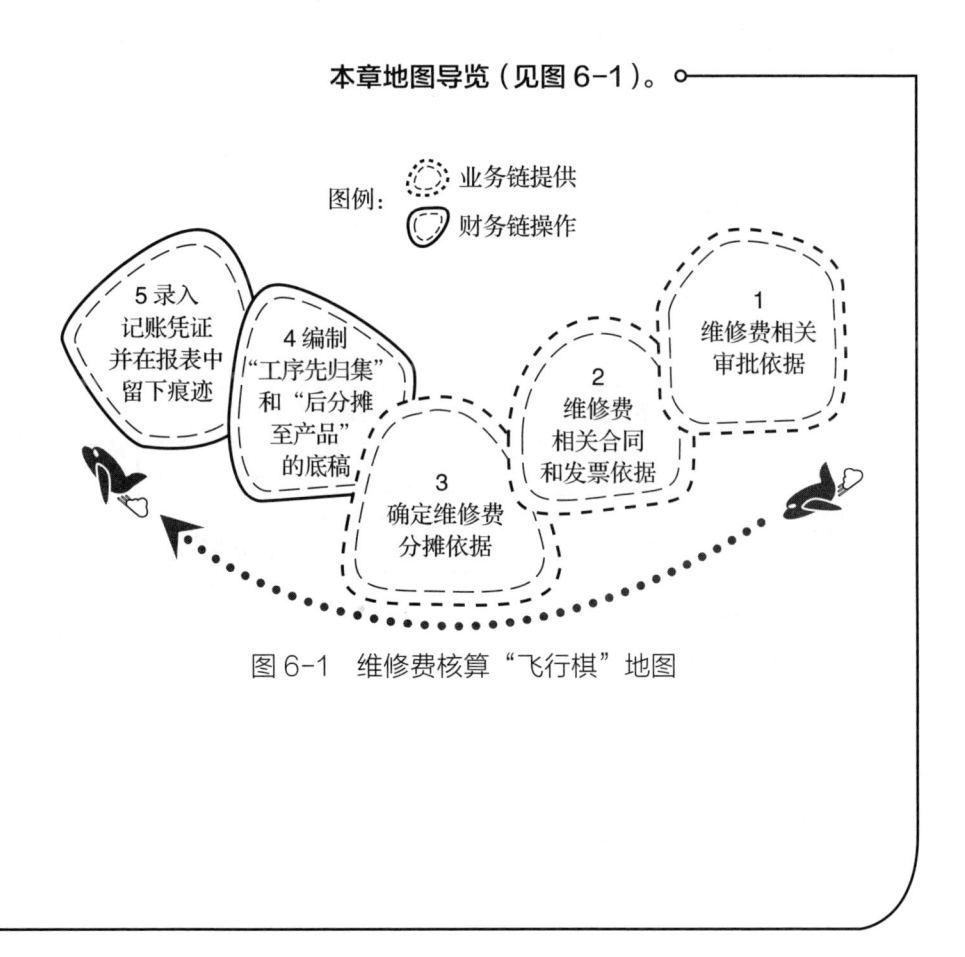

本章地图导览（见图 6-1）。

图例：
- ⬭ 业务链提供
- ⬬ 财务链操作

1 维修费相关审批依据

2 维修费相关合同和发票依据

3 确定维修费分摊依据

4 编制"工序先归集"和"后分摊至产品"的底稿

5 录入记账凭证并在报表中留下痕迹

图 6-1　维修费核算"飞行棋"地图

逐项搜集维修费证据的"飞行棋"轨迹路径地图如图 6-1 所示。"飞行棋"地图中的"飞越点"表示证据链轨迹的路径,维修费核算的证据链主要有以下 5 个飞越点。

▶ 飞越点 1（业务链提供）：维修费相关审批依据。
▶ 飞越点 2（业务链提供）：维修费相关合同和发票依据。
▶ 飞越点 3（业务链提供）：确定维修费分摊依据。
▶ 飞越点 4（财务链操作）：编制"工序先归集"和"后分摊至产品"的底稿。
▶ 飞越点 5（财务链操作）：录入记账凭证并在产品成本二维多栏明细表中留下痕迹。

本章维修费在产品成本二维多栏明细表中所处的位置如图 6-2 中箭头所指。

（单位：元）

产品	直接成本（直接进）		间接费用（靠分摊）				总成本
	原材料	直接人工成本等	电费	间接人工成本	折旧费	维修费	
甲产品							
乙产品			本章维修费对应位置				
⋮	⋮	⋮	⋮	⋮	⋮	⋮	⋮
合计							

图 6-2　产品成本二维多栏明细表中的维修费

实景企业 1 的维修费均作为间接费用,具体科目为"制造费用—维修费",无直接成本,即不存在"生产成本—维修费"科目。

维修费的列支范围包括日修（维护保养、备件维护性修复）、定修、年修、抢修等常规修理（维修）项目所涉及的物料费（主材材料费、辅材材料费、备品备件费）、外包劳务费及水电费等。

维修费核算在两种典型成本发生姿势中所处的位置，如图6-3虚线框和标注所指。

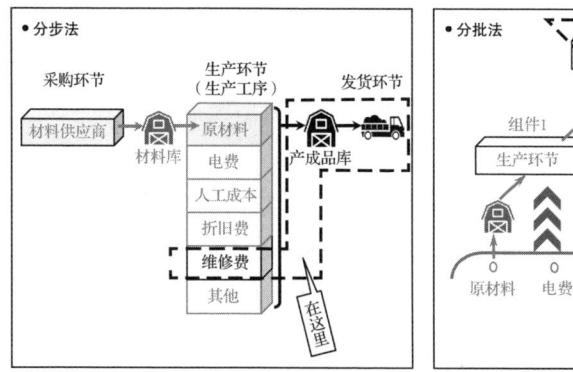

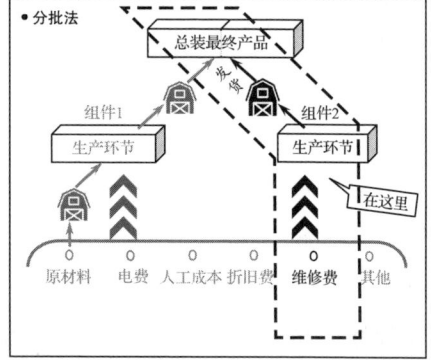

图6-3 产购销环节中维修费核算在两种典型成本发生姿势中的位置

6.1 实景企业1：从55 000元维修用备件到228.30元维修费

和前述章节一致，实景企业1系按分步法（流水线量产）生产的企业，以成本核算对象的"产量"作为分摊依据，将维修费分摊至产品。

本章依旧沿用"以小切入口展开大地图"的叙述风格，即从购买55 000元的维修用备件开始说起，将直至按产量占比分摊维修费给甲产品（分摊结果为228.30元）的全过程证据链都说清楚。实景企业1维修费核算推演图如图6-4所示。

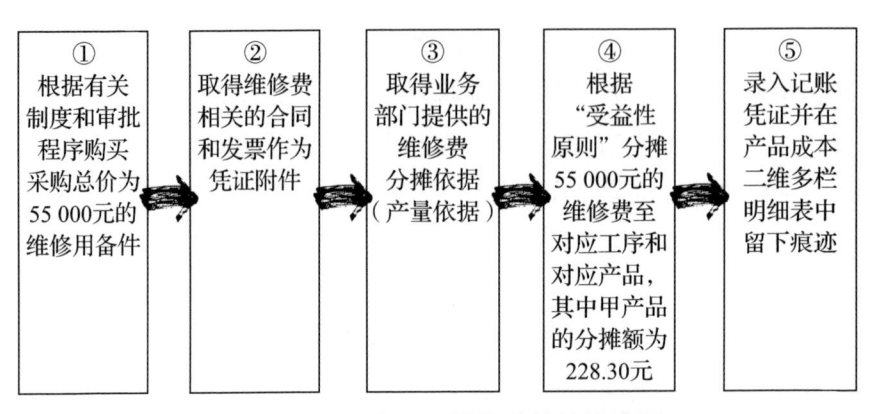

图 6-4　实景企业 1 维修费核算推演图

维修费核算的证据链轨迹：①根据有关制度和审批程序购买采购总价为 55 000 元的维修用备件；②取得维修费相关的合同和发票作为凭证附件；③取得业务部门提供的维修费分摊依据（产量依据）；④根据"受益性原则[1]"分摊 55 000 元的维修费至对应工序和对应产品，其中甲产品的分摊额为 228.30 元；⑤录入记账凭证并在产品成本二维多栏明细表中留下痕迹。至此，甲产品成本构成中的维修费就说清楚了。

6.1.1　飞越点 1：维修费相关审批依据

飞越点 1 为业务部门提供的维修费相关审批依据，如图 6-5 所示。

从图 6-5 中可以看出，实景企业 1 要采购一对维修用备件，于是走了一个拟签呈批表的流程，写明了采购该维修用备件的理由，即由于磨损严重，产品不符合技术要求，特此申请更换；同时，经过询价和比价，确定了预计采购金额（含税）为 55 000 元。

⊖　受益性原则，即费用的分配原则为谁受益谁承担。

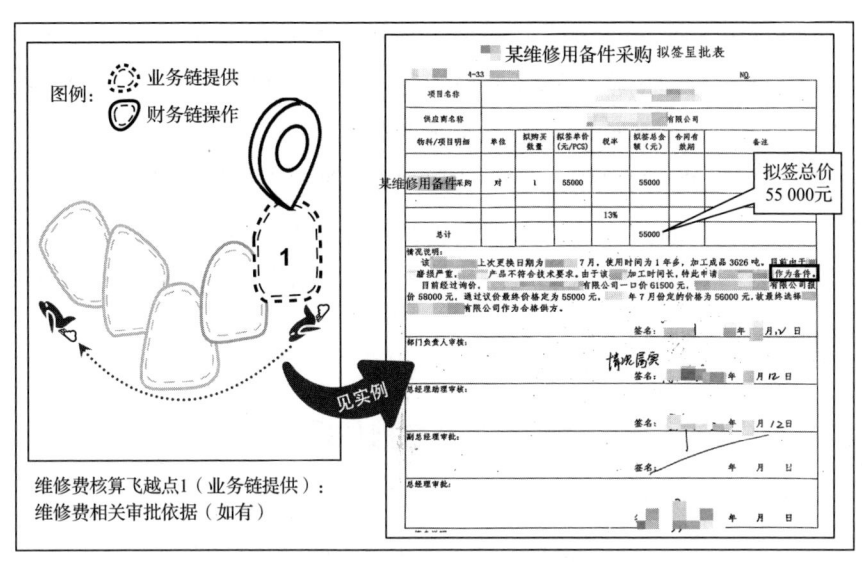

图 6-5　维修费相关审批依据

6.1.2　飞越点 2：维修费相关合同和发票依据

飞越点 2 为业务部门提供的维修费相关合同和发票依据，如图 6-6 所示。

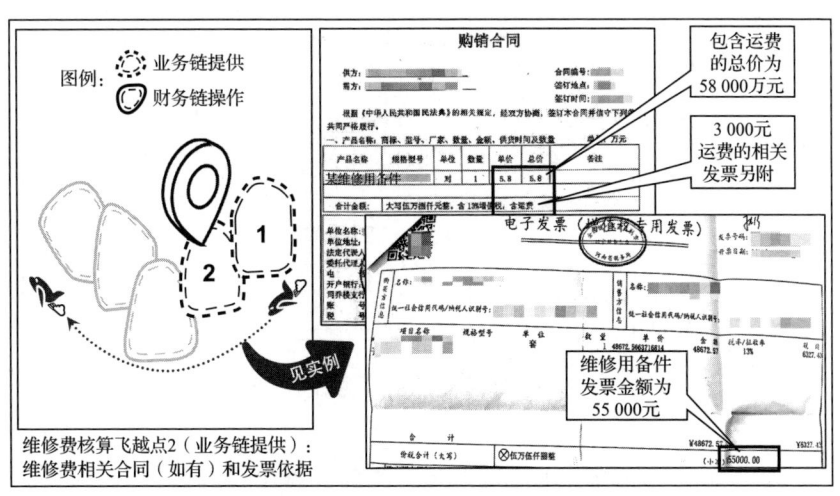

图 6-6　维修费相关合同和发票依据

在图 6-6 所示的购销合同中,某维修用备件总价为 58 000 元,比拟签呈批表中的预计采购金额 55 000 元多了 3 000 元,多出的 3 000 元为采购维修用备件的运费,此运费不在采购维修用备件的发票中体现。

从发票中可以看出,采购维修用备件的发票不含税金额为 48 672.57 元,价税合计金额为 55 000.00 元,与拟签呈批表中的预计采购金额 55 000.00 元一致。

6.1.3　飞越点 3:确定维修费分摊依据

飞越点 3 为确定维修费分摊依据,由业务链提供,该企业维修费核算需要取得工序和产品的"产量"作为分摊依据,此数据可在该企业的"部门间费用分配标准设置"系统界面进行定义,如图 6-7 所示。

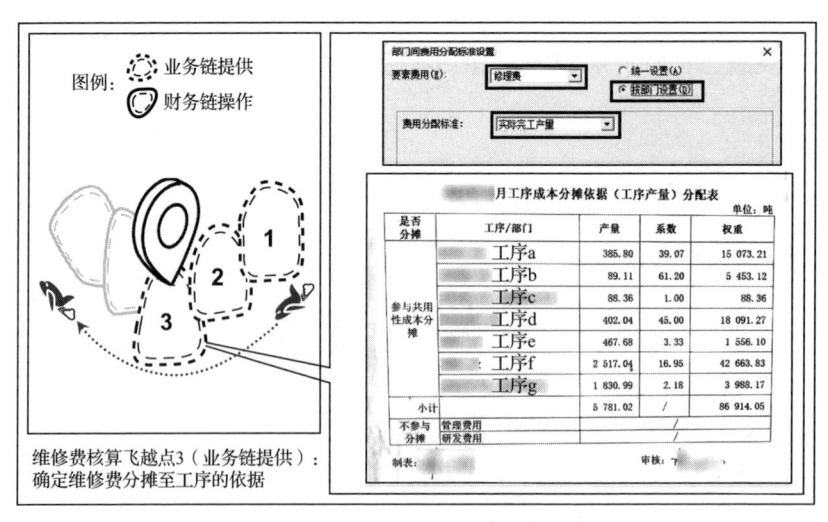

图 6-7　维修费分摊至工序的产量依据

关于维修费分摊至工序的产量、系数、权重等的具体解释见第 3

章中的落点 3。

同前述章节的电费、人工成本、折旧费，维修费的分摊依据亦有两个：一个是共用性费用（间接费用）分摊到工序的产量依据（见图 6-7）；另一个是共用性费用（间接费用）分摊到产品的产量依据，如图 6-8 所示。

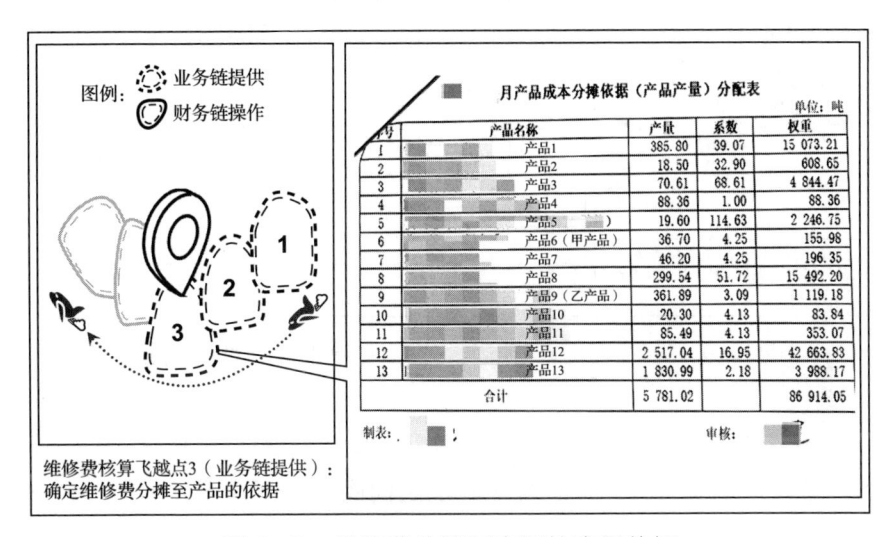

图 6-8 维修费分摊至产品的产量依据

月产品成本分摊依据（产品产量）分配表

单位：吨

序号	产品名称	产量	系数	权重
1	产品1	385.80	39.07	15 073.21
2	产品2	18.50	32.90	608.65
3	产品3	70.61	68.61	4 844.47
4	产品4	88.36	1.00	88.36
5	产品5	19.60	114.63	2 246.75
6	产品6（甲产品）	36.70	4.25	155.98
7	产品7	46.20	4.25	196.35
8	产品8	299.54	51.72	15 492.20
9	产品9（乙产品）	361.89	3.09	1 119.18
10	产品10	20.30	4.13	83.84
11	产品11	85.49	4.13	353.07
12	产品12	2 517.04	16.95	42 663.83
13	产品13	1 830.99	2.18	3 988.17
	合计	5 781.02		86 914.05

维修费核算飞越点3（业务链提供）：确定维修费分摊至产品的依据

关于维修费分摊至产品的产量、系数、权重等的具体解释见第 3 章中的落点 3。

6.1.4　飞越点 4：编制"工序先归集"和"后分摊至产品"的底稿

飞越点 4 为编制"工序先归集"和"后分摊至产品"的底稿，属于财务链操作。需要注意的是，根据发票信息，采购维修用备件即维修费的不含税金额为 48 672.57 元。

根据受益性原则，该维修费仅涉及3道工序，分别为工序a、工序c、工序d，如图6-9所示。

维修费核算飞越点4（财务链操作）：编制"工序先归集"和"后分摊至产品"的底稿

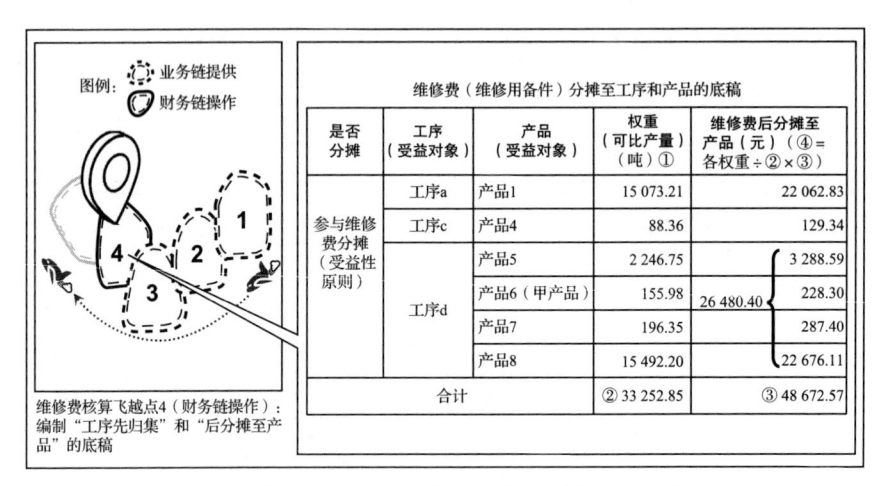

是否分摊	工序（受益对象）	产品（受益对象）	权重（可比产量）（吨）①	维修费后分摊至产品（元）（④=各权重÷②×③）
参与维修费分摊（受益性原则）	工序a	产品1	15 073.21	22 062.83
	工序c	产品4	88.36	129.34
	工序d	产品5	2 246.75	3 288.59
		产品6（甲产品）	155.98	26 480.40 ⎱ 228.30
		产品7	196.35	287.40
		产品8	15 492.20	22 676.11
合计			② 33 252.85	③ 48 672.57

图6-9 编制"工序先归集"和"后分摊至产品"的底稿

在图6-9中，工序a对应产品1，工序c对应产品4，工序d[注]对应产品5～产品8。这些工序和产品之间的关系都在图6-9中的维修费（维修用备件）分摊至工序和产品的底稿中体现。

图6-9中权重（可比产量）①取数自图6-7和图6-8中对应工序和对应产品的权重。

维修费48 672.57元[注]分摊至产品的计算公式：工序或产品的维修费=工序或产品的权重（可比产量）÷②合计权重（可比产量）33 252.85 × ③维修用备件采购成本48 672.57。

根据图6-9，从工序维度来看，工序a分摊到了22 062.83元，

㊀ 在维修费中，工序a与产品1、工序c与产品4为对应关系，因此不存在分摊。图中表述的分摊特指工序d。

㊁ 采购48 672.57元维修用备件全部用于维修，计入"维修费"。

工序 c 分摊到了 129.34 元，工序 d 分摊到了 26 480.40 元。从产品维度来看，产品 1 是工序 a 的唯一产品，故分摊到了 22 062.83 元；产品 4 是工序 c 的唯一产品，故分摊到了 129.34 元；而产品 5～产品 8 共用的工序 d 分摊到了 26 480.40 元，因此需要进一步根据产品 5～产品 8 各自产量占比分摊 26 480.40 元，分摊结果见图 6-9 中的维修费（维修用备件）分摊至工序和产品的底稿。

6.1.5　飞越点 5：录入记账凭证并在报表中留下痕迹

1. 维修费第一笔记账分录：备件入库

飞越点 5 为记账环节，实景企业 1 维修费第一笔记账分录为采购维修用备件入库账，如图 6-10 所示。

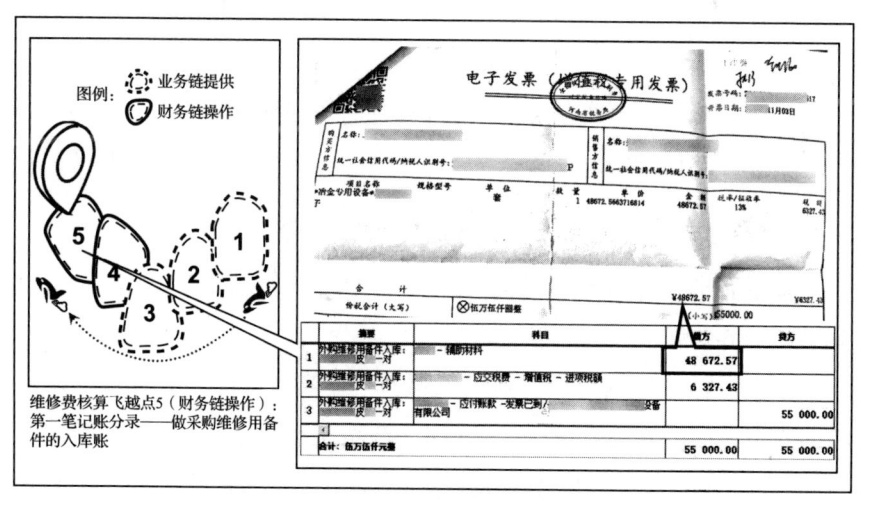

图 6-10　采购维修用备件的入库账

实景企业 1 根据采购维修用备件的发票信息，录入的凭证分录如下。

```
借：辅助材料                        48 672.57
    应交税费—增值税—进项税额        6 327.43
  贷：应付账款—××公司                        55 000.00
```

2．维修费第二笔记账分录：工序先归集

实景企业 1 维修费第二笔记账分录为"工序先归集"，底稿及分录如图 6-11 所示。

根据受益性原则，该企业的维修费（维修用备件）48 672.57 元影响 3 个工序，分别为工序 a、工序 c、工序 d。根据所影响工序的权重（可比产量）占比分摊该笔维修费并形成维修费（维修用备件）分摊至工序和产品的底稿，如图 6-11 所示。根据此底稿，依旧沿用"工序先归集，后分摊至产品"的顺序，维修费"工序先归集"的分录如下。

```
借：制造费用—维修费（工序 a）      22 062.83
    制造费用—维修费（工序 c）         129.34
    制造费用—维修费（工序 d）      26 480.40
  贷：辅助材料                                48 672.57
```

3．维修费第三笔记账分录：后分摊至产品

实景企业 1 维修费第三笔记账分录为"后分摊至产品"，底稿及分录如图 6-12 所示。

根据受益性原则，该企业的维修费（维修用备件）48 672.57 元影响的 6 个产品分别为产品 1、产品 4、产品 5～产品 8。根据所影响产品的权重（可比产量）占比分摊该笔维修费并形成维修费（维修用备件）分摊至工序和产品的底稿，如图 6-12 所示。需要说明的是，尽管产品 1 对应工序 a，产品 4 对应工序 c，但为简化操作，实景企业 1 将产品 1 和产品 4 所分摊的维修费统一计入"生产成本—制造费用—维修费（各产品）"科目，而非计入"生产成本—维修费（各产品）"科目。

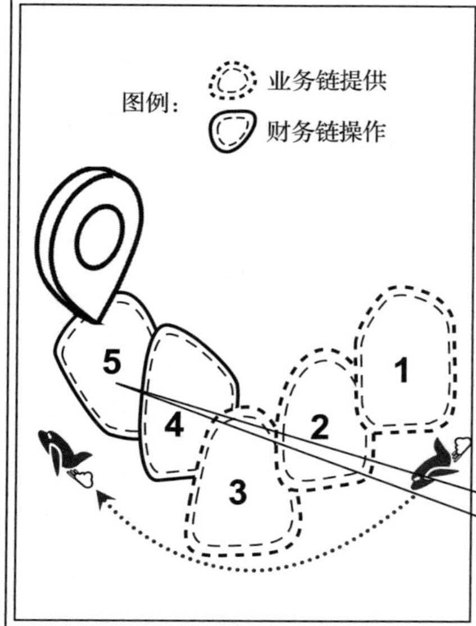

第 6 章 维修费核算的"飞行棋"攻略 | 203

是否分摊	工序（受益对象）	产品（受益对象）	维修费（维修用备件）分摊至工序和产品的底稿			
^^^	^^^	^^^	权重（可比产量）（吨）①	分摊至工序 ④＝各权重÷②×③	维修费后分摊至产品（元）（④＝各权重÷②×③）	
参与维修费分摊（受益性原则）	工序a	产品1	15 073.21		22 062.83	
^^^	工序c	产品4	88.36		129.34	
^^^	工序d	产品5	2 246.75	26 480.40	3 288.59	
^^^	^^^	产品6（甲产品）	155.98	^^^	228.30	
^^^	^^^	产品7	196.35	^^^	287.40	
^^^	^^^	产品8	15 492.20	^^^	22 676.11	
合计			② 33 252.85	③ 48 672.57		

	科目	借方	贷方
1	分配领用皮 — 制造费用 — 维修费∧工序a	22 062.83	
2	^^^ — 制造费用 — 维修费∧工序c	129.34	
3	分配领用皮 — 制造费用 — 维修费∧工序d	26 480.40	
4	分配领用维修备件 — 辅助材料		48 672.57
合计：某方源件储科辅原料下五角分		48 672.57	48 672.57

图例：
◯ 业务链提供
▢ 财务链操作

维修费核算"飞"越点5（财务链操作）：
维修费分录——"工序先归集"
第二笔记账分录

图 6-11 维修费"工序先归集"的底稿及分录

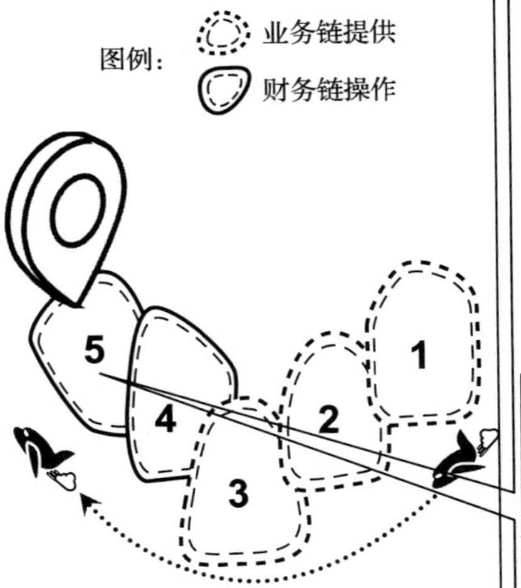

204 | 成本核算地图：从业务链到财务链

维修费（维修用备件）分摊至工序和产品的底稿				
是否分摊	工序（受益对象）	产品（受益对象）	权重（可比产量）（吨）①	维修费后分摊至产品（元）（④ = 各权重 ÷ ②×③）
参与维修费分摊（受益性原则）	工序a	产品1	15 073.21	22 062.83
	工序c	产品4	88.36	129.34
		产品5	2 246.75	3 288.59
	工序d	产品6（甲产品）	155.98	228.30
		产品7	196.35	287.40
		产品8	15 492.20	22 676.11
合计			② 33 252.85	③ 48 672.57

	科目	借方	贷方
1	生产成本－制造费用－维修费/工序a	22 062.83	
2	生产成本－制造费用－维修费/工序c	129.34	
3	生产成本－制造费用－维修费/工序c	3 288.59	
4	生产成本－制造费用－维修费/工序d	228.30	
5	生产成本－制造费用－维修费/工序d	287.40	
6	生产成本－制造费用－维修费/工序d	22 676.11	
7	制造费用－维修费/工序a		22 062.83
8	制造费用－维修费/工序c		129.34
9	制造费用－维修费/工序d		26 480.40
合计：维修用备件报销时暂估在借方部分		48 672.57	48 672.57

图例：
○ 业务链提供
○ 财务链操作

维修费核算飞越点5（财务链操作）：
第三笔记账分录——维修费"后分摊至产品"

图6-12 维修费"后分摊至产品"的底稿及分录

根据图 6-12 所示的底稿，维修费"后分摊至产品"的分录如下。

借：生产成本—制造费用—维修费
　　（产品 1）　　　　　　　　　　　　22 062.83
　　生产成本—制造费用—维修费
　　（产品 4）　　　　　　　　　　　　129.34
　　生产成本—制造费用—维修费
　　（产品 5）　　　　　　　　　　　　3 288.59
　　生产成本—制造费用—维修费
　　（产品 6）　　　　　　　　　　　228.30
　　生产成本—制造费用—维修费
　　（产品 7）　　　　　　　　　　　　287.40
　　生产成本—制造费用—维修费
　　（产品 8）　　　　　　　　　　　　22 676.11
　贷：制造费用—维修费（工序 a）　　　22 062.83
　　　制造费用—维修费（工序 c）　　　129.34
　　　制造费用—维修费（工序 d）　　　26 480.40

上述分录中，产品 6 即为甲产品，通过分摊确定的维修费为 228.30 元。

需要说明的是，生产完产成品后，涉及维修费等一系列成本的"生产成本"相关科目需通过"成品入库"变成存货成本。维修费入库在两种典型成本发生姿势中的位置如图 6-13 所示。

入库的参考分录如下。

借：库存商品—产成品
　贷：生产成本—制造费用—维修费（各产品）

……

产成品入库后的相关处理类同第 1 章，本章略。

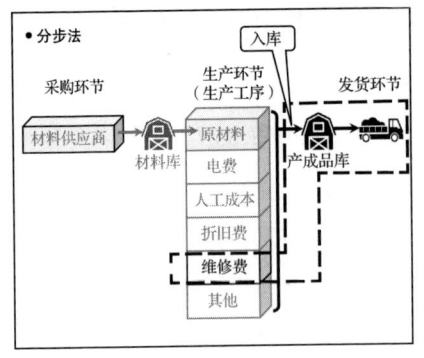

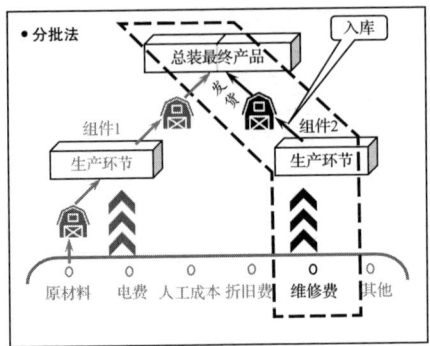

图 6-13 生产完毕后维修费入库的位置

6.1.6 终点的快照

截至此时就可以确定产品成本二维多栏明细表中的维修费明细了。本章采用"窥一斑而知全貌"的叙述方式，选取了甲产品作为代表，展示维修费核算的最终结果。维修费在产品成本二维多栏明细表中留下的痕迹如图 6-14 所示。

产品成本二维多栏明细表（实景企业1） （单位：元）

产品	直接成本（直接进）		间接费用（靠分摊）				总成本
	原材料	直接人工成本等	电费	间接人工成本	折旧费	维修费	
甲产品	67 235.85	—	186.03	763.60	100.53	228.30	……
乙产品	……	123 254.71	……	100 808.44	……	……	……
⋮							
合计	5 211 790.37	227 860.51	103 485.33	278 787.65	79 731.71	48 672.57	……

终点快照：
维修费在产品成本二维多栏明细表中留下的痕迹

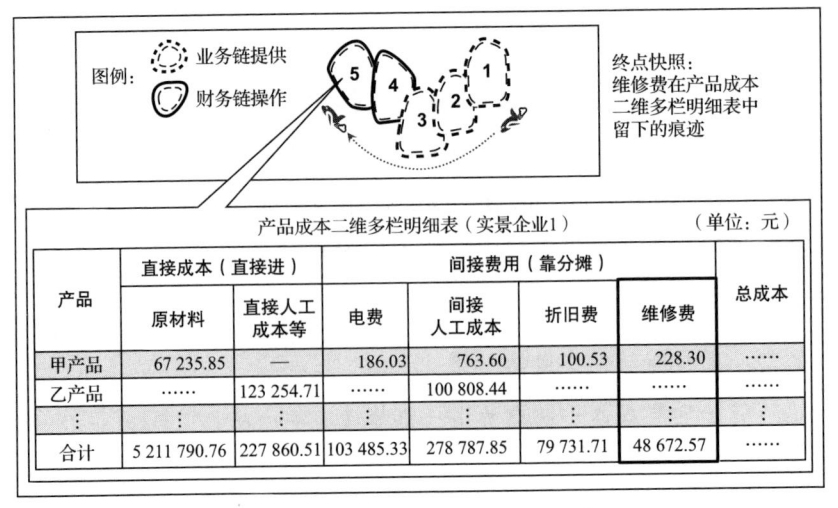

图例：
- 业务链提供
- 财务链操作

图 6-14 终点快照中的维修费

6.2 实景问答

维修费的核算到底包含哪些内容

维修费的核算内容并非仅指修理费,而是一个费用集合体,它包含了很多内容。从定义上来看,维修费是对生产性设备进行功能恢复性的维修消耗的费用,以财务成本核算结果作为统计衡量标准。维修费的专业统计口径包括机械、电气、仪器、计算机(含信息系统运维)、通信、计量、检化验仪器、生产车辆、检修劳务等。

维修费的分类及统计口径(列支范围)如下。

(1)维修物料新品费:一般为设备检修人员根据设备状况,在申请领用新品物料后实施简易更换作业,以恢复设备状态,这些新品物料经成本核算即形成维修物料新品费。

(2)生产备件新品费:一般由生产操作人员决定直接接触产品且与产品的产量、质量直接相关的备件的更换,所领用的新品备件经成本核算即形成生产备件新品费。

(3)维修备件修复费:维修备件使用一定时间后,其功能达不到使用要求,但技术上可修复且具有一定修复价值,下线后可委托修复厂家进行修复,修复完成后,经现场领用确认,并完成成本核算,即形成维修备件修复费。

(4)生产备件修复费:生产备件使用一定时间后,其功能达不到使用要求,但技术上可修复且具有一定修复价值,下线后可委托修复厂家进行修复,修复完成后,经现场领用确认,并完成成本核算,即形成生产备件修复费。

(5)检修劳务费:通过各类检修合同委托劳务方实施检修产生的业务费用,经成本核算即形成检修劳务费,包括生产方委托检修的劳务合同费用。

下列费用不属于维修费统计口径（非列支范围）。

（1）各类办公用品领用及其修复费（包括办公用电脑、复印机修复费）。

（2）专用资金（更新改造、科研项目等）开支的费用。

（3）构成固定资产设备的购置费。

（4）非检修需要的设备拆迁费。

（5）非生产性设备或设施（道路、桥梁、生活用房屋构筑物等）的维修、大修费。

（6）维修工程项目费。

（7）以提升设备性能、产线产能、产品质量、延长设备使用寿命或降低生产成本为目的的大修费用、年修项目费。

第 7 章

研发费用实景核算地图

本章地图导览（见图 7-1）。

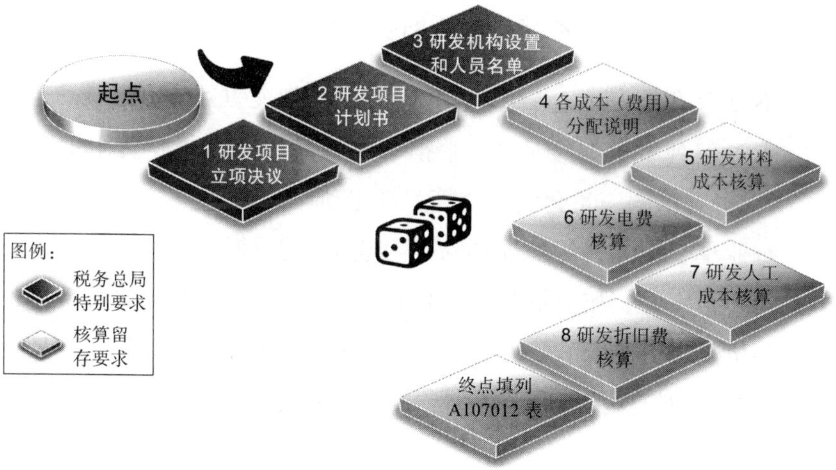

图 7-1　研发费用核算"飞行棋"地图

满足税务总局加计扣除备案要求的成本核算"飞行棋"轨迹路径地图，如图 7-1 所示。"飞行棋"地图中的"坐标"表示证据链轨迹的路径，研发费用核算的证据链主要有以下 8 个坐标（不含终点）。

▶ 坐标 1：留存备查研发项目立项决议。
▶ 坐标 2：留存备查研发项目计划书。
▶ 坐标 3：留存备查研发机构设置和人员名单。
▶ 坐标 4：留存备查各成本（费用）分配说明。
▶ 坐标 5：留存备查研发材料成本核算资料。
▶ 坐标 6：留存备查研发电费核算资料。
▶ 坐标 7：留存备查研发人工成本核算资料。
▶ 坐标 8：留存备查研发折旧费核算资料。

终点为填列《研发费用加计扣除优惠明细表》（A107012）。

本章仅列举实景企业 2，手把手说清楚关于"研发费用加计扣除"，税务要求的一整套成本核算"规定动作"。

企业享受研发费用加计扣除优惠政策[⊖]需遵循"真实发生、自行判别、申报享受、相关资料留存备查"。几十年来，尽管研发费用加计扣除优惠政策发生了较大变化，且未来仍会发生变化，但研发费用的底层核算逻辑保持不变，可谓"万变不离其宗"。

7.1 满足加计扣除的成本核算地图

研发费用加计扣除由审核制变为备案制[⊖]后，研发费用核算需满足备案的要求，即企业需要按照税务总局发布的《研发费用加计扣除

[⊖] 企业享受研发费用加计扣除优惠政策始于 1996 年。
[⊖] 《国家税务总局关于发布〈企业所得税优惠政策事项办理办法〉的公告》（国家税务总局公告 2015 年第 76 号）要求研发费用加计扣除工作由审核制变为备案制。

留存备查资料清单》完成相关资料的备案。即使未来政策再次发生变化，备案对成本核算基础工作的要求仍可适用。

备案具体清单如下。

1. 企业自主、委托境内、合作、集中研发费用享受加计扣除政策的，应留存备查以下资料：

（1）自主、委托、合作研究开发项目计划书和企业有权部门关于自主、委托、合作研究开发项目立项的决议文件；

（2）自主、委托、合作研究开发专门机构或项目组的编制情况和研发人员名单；

（3）经科技行政主管部门登记的委托、合作研究开发项目的合同，科技行政主管部门一般是指技术合同登记机构；

（4）从事研发活动的人员（包括外聘人员）和用于研发活动的仪器、设备、无形资产的费用分配说明（包括工作使用情况记录及费用分配计算证据材料）；

（5）集中研发项目研发费决算表、集中研发项目费用分摊明细情况表和实际分享收益比例等资料；

（6）"研发支出"辅助账及汇总表；

（7）企业如果已取得地市级（含）以上科技行政主管部门出具的鉴定意见，应作为资料留存备查。

2. 企业委托境外研发费用享受加计扣除政策的，应留存备查以下资料：

（1）企业委托研发项目计划书和企业有权部门立项的决议文件；

（2）委托研究开发专门机构或项目组的编制情况和研发人员名单；

（3）经科技行政主管部门登记的委托境外研发合同，科技行政主管部门一般是指技术合同登记机构；

（4）"研发支出"辅助账及汇总表；

（5）委托境外研发银行支付凭证和受托方开具的收款凭据；

（6）当年委托研发项目的进展情况等资料。

（7）企业如果已取得地市级（含）以上科技行政主管部门出具的鉴定意见，应作为资料留存备查。

企业预缴申报享受优惠时，应将《研发费用加计扣除优惠明细表》（A107012）与规定的其他资料一并留存备查。

企业对留存备查资料的真实性、合法性承担法律责任。按照2018年第23号公告，企业留存备查资料应从企业享受优惠事项当年的企业所得税汇算清缴期结束次日起**保留10年**。

为了加大"放管服[⊖]"的力度，"备案"的说法后来有所变化，变成了以下内容。

企业享受研发费用加计扣除优惠政策采取"真实发生、自行判别、申报享受、相关资料留存备查"的办理方式，由企业依据实际发生的研发费用支出，自行计算加计扣除金额，填报《中华人民共和国企业所得税月（季）度预缴纳税申报表（A类）》享受税收优惠，并根据享受加计扣除优惠的研发费用情况（上半年或前三季度）填写《研发费用加计扣除优惠明细表》（A107012）。《研发费用加计扣除优惠明细表》（A107012）与规定的其他资料一并留存备查。

7.1.1 坐标1：留存备查研发项目立项决议

研发费用核算地图中的坐标1是留存备查研发项目立项决议，实景企业2留存备查的研发项目立项决议原件如图7-2所示。

⊖ 放管服是简政放权、放管结合、优化服务的简称。旨在为就业创业降门槛，为各类市场主体减负担，为激发有效投资拓空间，为公平营商创条件，为群众办事生活增便利。

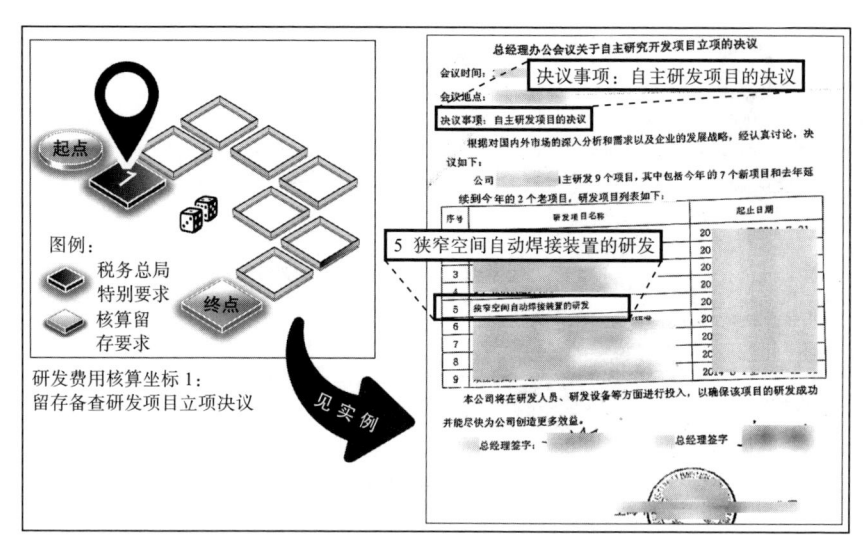

图 7-2　研发项目立项决议原件

这个立项决议的作用就是明确研发费用的核算对象。后续的证据链都围绕这些核算对象进行搜集。

本章仍沿用"以小切入口展开大地图""窥一斑而知全貌"的叙述风格，即以实景企业 2 的研发项目（狭窄空间自动焊接装置的研发）为切入口，一步一步地展开全景地图。

7.1.2　坐标 2：留存备查研发项目计划书

研发费用核算地图中的坐标 2 是留存备查研发项目计划书，实景企业 2 留存备查的研发项目计划书原件如图 7-3 所示。

图 7-3 所示的计划书中列示了成本核算对象"狭窄空间自动焊接装置的研发"项目，以及该项目下具体的成本构成、成本预算额、主要用到的仪器设备清单（用于锁定折旧的取数范围）、主要研究人员清单（用于锁定人工成本的取数范围）等。这一计划书相当于该项目的成本构成框架。后续的成本核算将按照此框架展开。

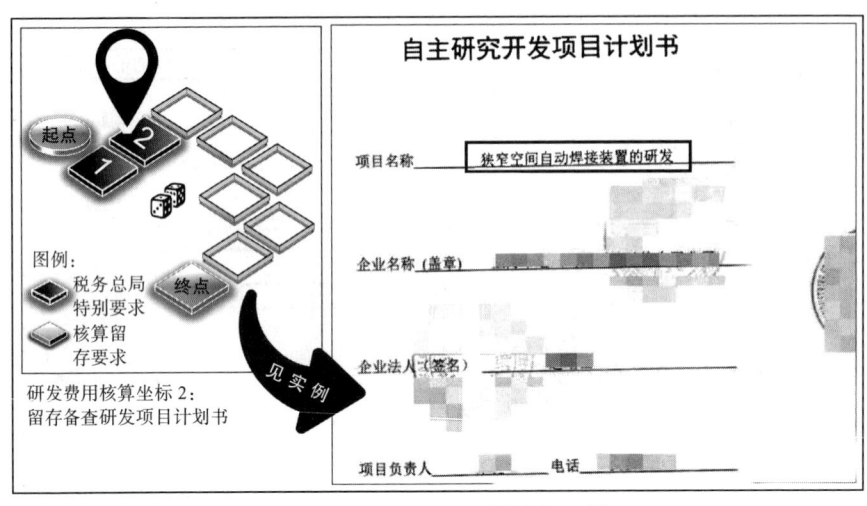

图 7-3　研发项目计划书原件

7.1.3　坐标 3：留存备查研发机构设置和人员名单

研发费用核算地图中的坐标 3 为留存备查研发机构设置和人员名单，实景企业 2 留存备查的研发机构设置和人员名单原件如图 7-4 所示。

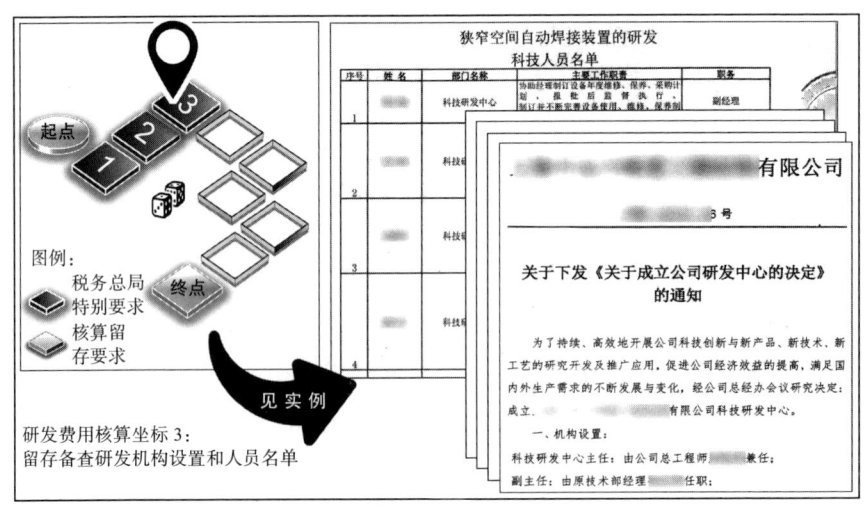

图 7-4　研发机构设置和人员名单原件

作为研发机构的设置依据，实景企业 2 以红头文件的形式发布了《关于下发〈关于成立公司研发中心的决定〉的通知》。该通知明确了研发机构设置和人员名单，并为每一个研发项目列明了对应的研发人员。

7.1.4　坐标 4：留存备查各成本（费用）分配说明

研发费用核算地图中的坐标 4 为留存备查各成本（费用）分配说明（依据），实景企业 2 留存备查的各成本（费用）分配说明（依据）原件如图 7-5 所示。

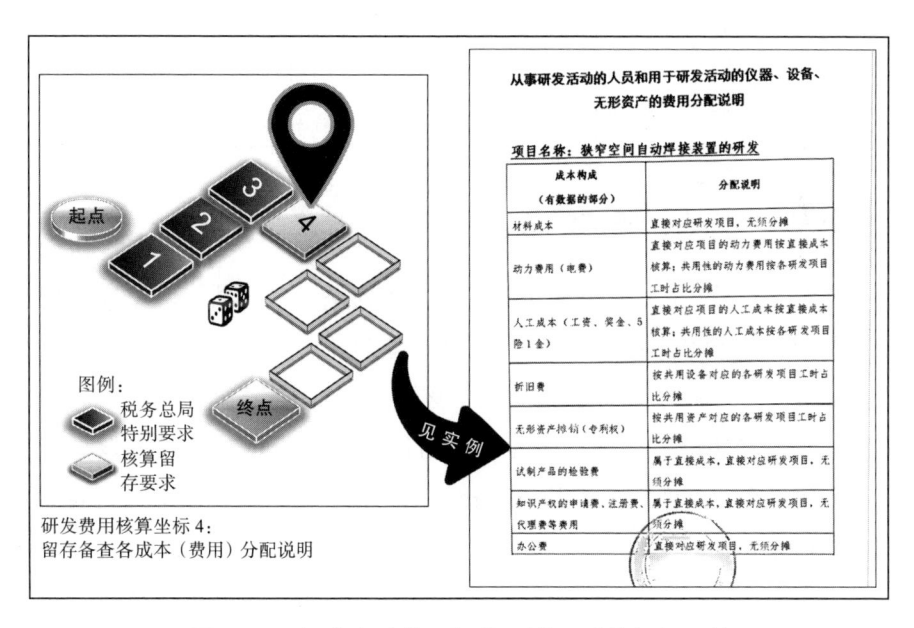

图 7-5　各成本（费用）分配说明（依据）原件

实景企业 2 为每一个研发项目都制定了单独的表格，如图 7-5 所示，明确了各成本（费用）分配至该项目的依据和各成本构成。该企业留存备查了名为"狭窄空间自动焊接装置的研发"的项目的成本

（费用）分配说明原件，该项目成本的具体分配说明如表 7-1 所示。

表 7-1　狭窄空间自动焊接装置的研发项目成本分配说明

成本（费用）构成 （有数据的部分）	分配说明
材料成本	直接对应研发项目，无须分摊
动力费用（电费）	直接对应项目的动力费用按直接成本核算；共用性的动力费用按各研发项目工时占比分摊
人工成本（工资、奖金、5险1金）	直接对应项目的人工成本按直接成本核算；共用性的人工成本按各研发项目工时占比分摊
折旧费	按共用设备对应的各研发项目工时占比分摊
无形资产摊销（专利权）	按共用资产对应的各研发项目工时占比分摊
试制产品的检验费	属于直接成本，直接对应研发项目，无须分摊
知识产权的申请费、注册费、代理费等费用	属于直接成本，直接对应研发项目，无须分摊
办公费	直接对应研发项目，无须分摊

7.1.5　坐标5：留存备查研发材料成本核算资料

"飞行棋"地图中坐标 5～坐标 8 将列举 4 个典型的研发成本核算科目：材料成本（坐标 5）、电费（坐标 6）、人工成本（坐标 7）、折旧费（坐标 8）。其他科目的成本核算都大同小异，本章略。

研发费用核算地图中的坐标 5 为留存备查研发材料成本核算资料，实景企业 2 留存备查的研发材料成本核算资料研发领用材料表如图 7-6 所示。

在图 7-6 中，研发领用材料表为采购部门提供的专为"狭窄空间自动焊接装置的研发"项目制定的"领料表"，该项目共领用原材料 265.344 吨，合计金额 889 015.79 元。

材料成本作为直接成本，直接计入该项目的"研发支出"科目（研发费用）。实景企业 2 留存备查的研发材料成本核算记账凭证如图 7-7 所示。

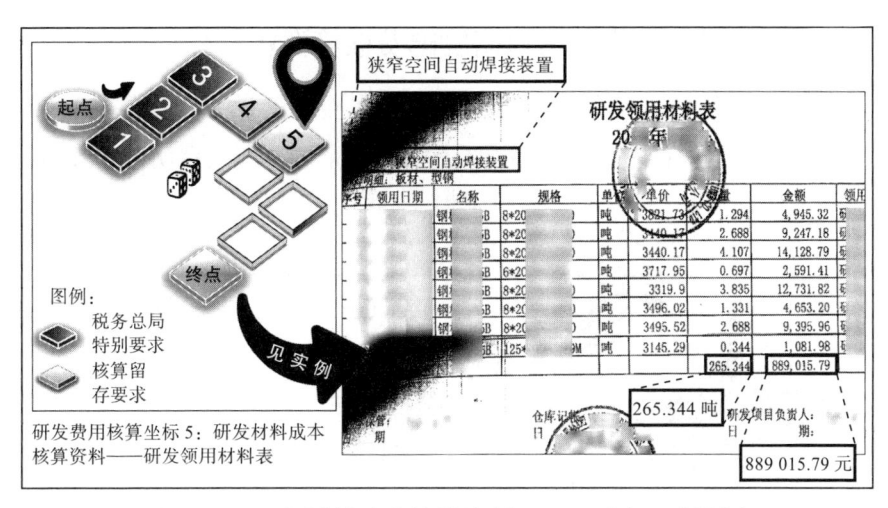

图 7-6 研发材料成本核算资料——研发领用材料表

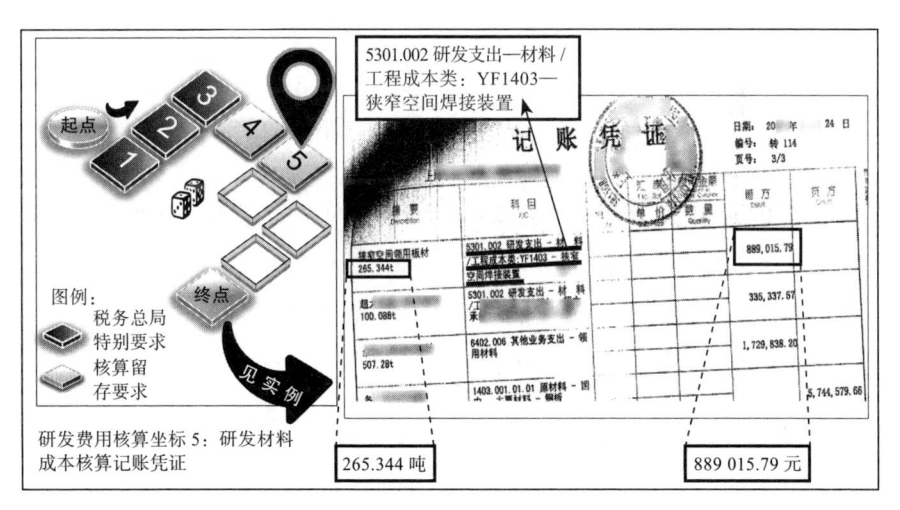

图 7-7 研发材料成本核算记账凭证

具体分录如下。

借：研发支出—材料（狭窄空间自动焊接装置）（金额略）
贷：原材料—国内—主要材料（钢板）（金额略）

7.1.6　坐标 6：留存备查研发电费核算资料

研发费用核算地图中的坐标 6 为实景企业 2 设备部提供的公司用电统计表（即抄表记录）和电费计算明细底稿（即电费明细单），如图 7-8 所示。

公司用电统计表		电费计算明细底稿	
部门：生产部　月份：年3月		当月生活用电量（kW·h）	69 090.50
一、设备科统计公司生产用电量		当月生产用电量（kW·h）	580 789.10
办公用电　用电数　9 260.60			
科研楼　用电数　20 241.80		当月研发用电量（kW·h）	64 532.12
食堂动力　用电数　3 129.30			
食堂照明　用电数　21 507.40		当月全部用电量（kW·h）	714 411.72
锅炉房　用电数　9 150.80		电力公司电费账单（上月）统计公司用电量（kW·h）	673 740.00
洗衣房、浴室　用电数　3 800.60			
合计　69 090.50		单价（元/(kW·h)）	0.60
二、设备科统计公司生产用电量 580 789.10		实际电费（元）	生活电费　① 38 949.37
三、设备科统计公司研发用电量（kW·h）　64 532.12			研发电费　② 36 379.61
Σ 当月全部用电量（kW·h）714 411.72			车间电费　③ 327 416.47
电力公司电费账单（上月）统计公司用电量 673 740.00			合计　402 745.45

研发费用核算坐标 6：研发电费核算（"狭窄空间自动焊接装置的研发"项目电费数据来源）

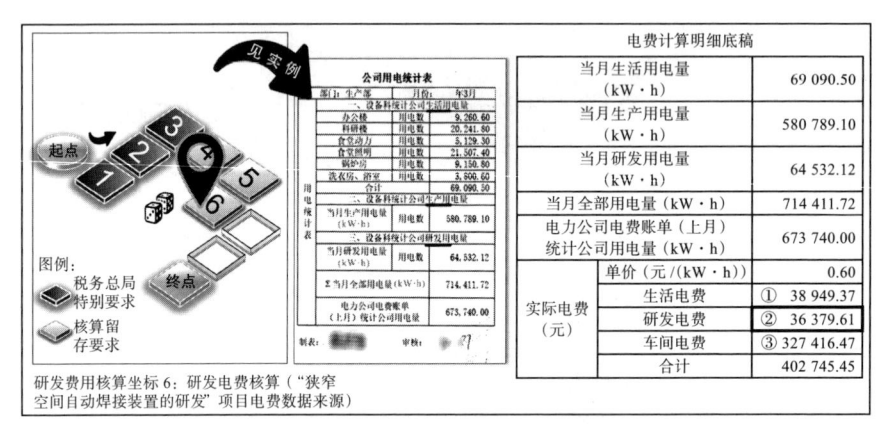

图 7-8　抄表记录和电费明细单

在图 7-8 中，分摊至各研发项目的电费总额为② 36 379.61 元，数据来源于设备部提供的电费抄表记录和电费明细单。

实景企业 2 研发电费按照工时占比分摊至各项目的分摊依据为研发项目电费分配表，如图 7-9 所示。

各项目按照工时占比对研发电费 36 379.61 元进行分摊，分摊权重依据为图 7-9 中的 "3 月折算工时" 列，分摊结果为 "3 月研发用电费" 列。

以 "狭窄空间自动焊接装置的研发" 项目为例，根据研发项目电费分配表中的分摊结果，该研发项目分摊电费 7 065.26 元㊀。据此，实景企业 2 自动抛账的分录底稿如图 7-9 的分录所示。

㊀　计算公式：该研发项目工时 743.60 小时 ÷ 合计研发项目工时 3 828.86 小时 × 合计研发电费 36 379.61 元 =7 065.26 元。

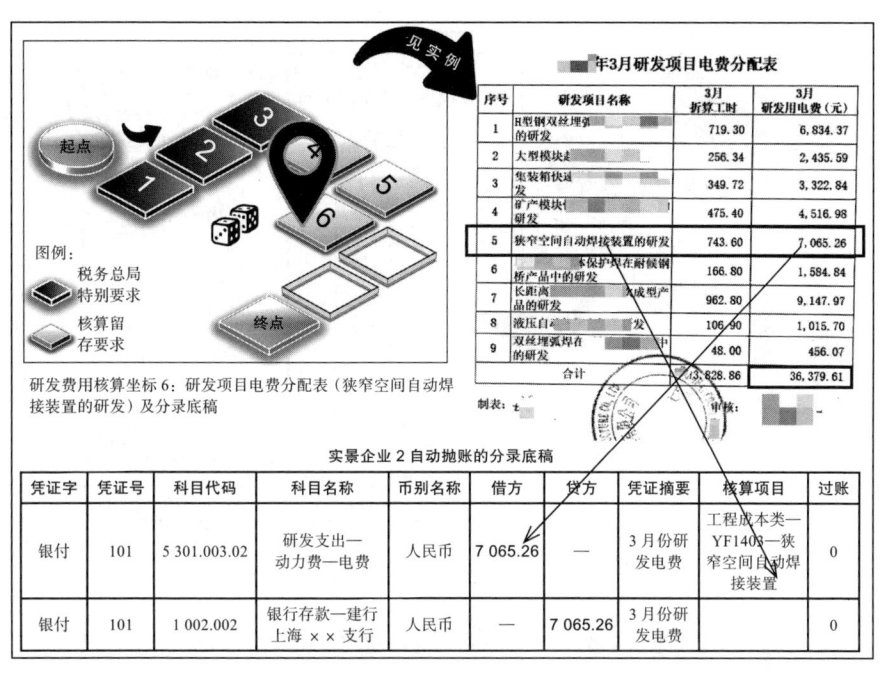

图 7-9　研发项目电费分配表及分录底稿原件

具体分录如下。

借：研发支出—动力费—电费

（狭窄空间自动焊接装置的研发）　　7 065.26

贷：银行存款—建行上海××支行　　　　　7 065.26

7.1.7　坐标 7：留存备查研发人工成本核算资料

研发人工成本亦按照工时占比分摊至各个研发项目。这里列举实景企业 2 人力资源部门提供的"狭窄空间自动焊接装置的研发"项目的研发人员工资、奖金底稿，该项目研发人员工资、奖金合计金额为 98 608.75 元，如图 7-10 所示。

图 7-10 为分摊结果（分摊过程略）。

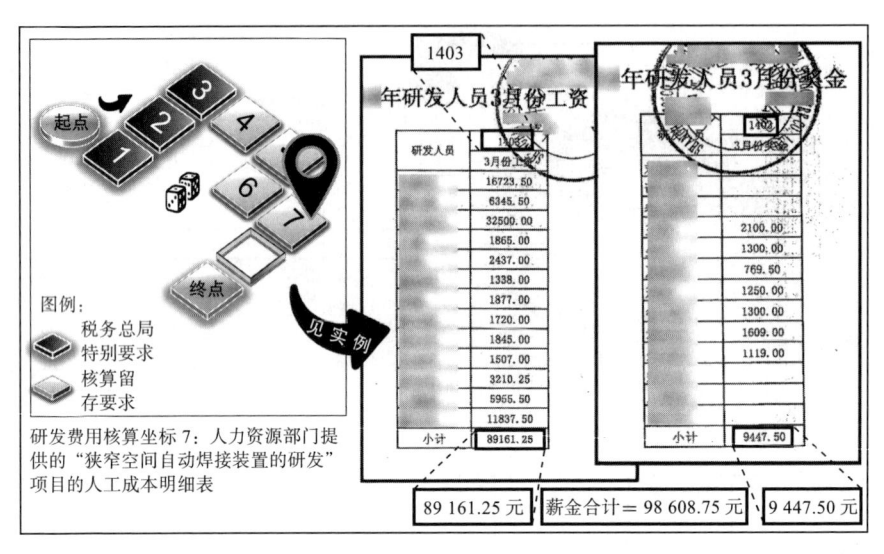

220 | 成本核算地图：从业务链到财务链

图 7-10 研发人员工资、奖金底稿

实景企业 2 留存备查"狭窄空间自动焊接装置的研发"项目人工成本的记账凭证原稿，如图 7-11 所示。

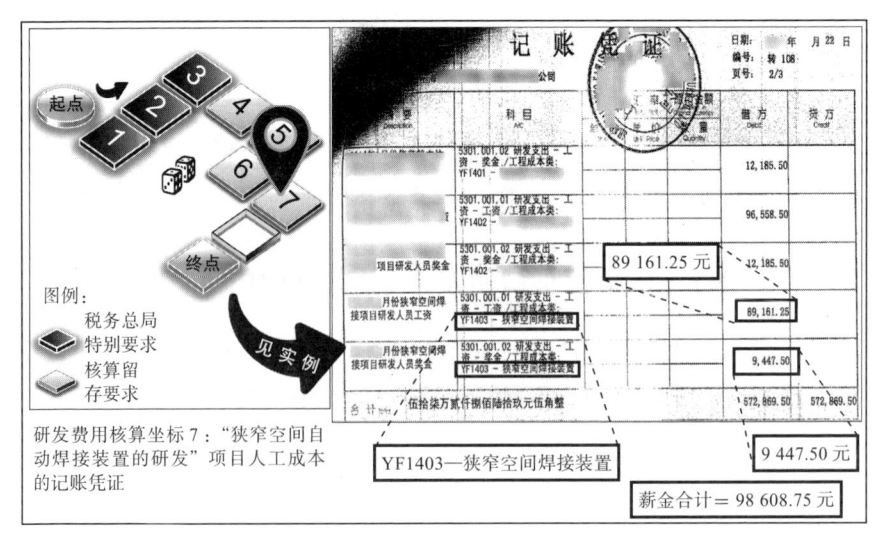

图 7-11 人工成本的记账凭证原稿

具体分录如下。

借：研发支出—工资

（狭窄空间自动焊接装置的研发）　89 161.25

　　研发支出—奖金

（狭窄空间自动焊接装置的研发）　9 447.50

贷：应付职工薪酬—工资、奖金—工资　　89 161.25

　　应付职工薪酬—工资、奖金—奖金　　9 447.50

关于研发费用中社保（5险1金）等人工成本的核算，见第4章，基本类同，本处略。

7.1.8　坐标8：留存备查研发折旧费核算资料

实景企业2"狭窄空间自动焊接装置的研发"项目折旧费核算的轨迹，如图7-12所示。

在图7-12中，折旧费的数据来源为"狭窄空间自动焊接装置的研发"项目专用设备的固定资产清单，即YF1403狭窄空间自动焊接装置项目3月折旧分摊明细表。根据此表的分类，机器设备类的折旧小计为7 720.49元；房屋类的折旧小计为7 386.61元；电子设备类的折旧小计为291.93元；合计折旧为15 399.03元。

据此，实景企业2折旧费自动抛账的分录底稿，如图7-12的分录所示。

具体分录如下。

借：研发支出—折旧—机器设备

（狭窄空间自动焊接装置的研发）　7 720.49

　　研发支出—折旧—房屋

（狭窄空间自动焊接装置的研发）　7 386.61

研发支出—折旧—电子设备

（狭窄空间自动焊接装置的研发）　　　291.93

贷：累计折旧　　　　　　　　　　　　　　　　　15 399.03

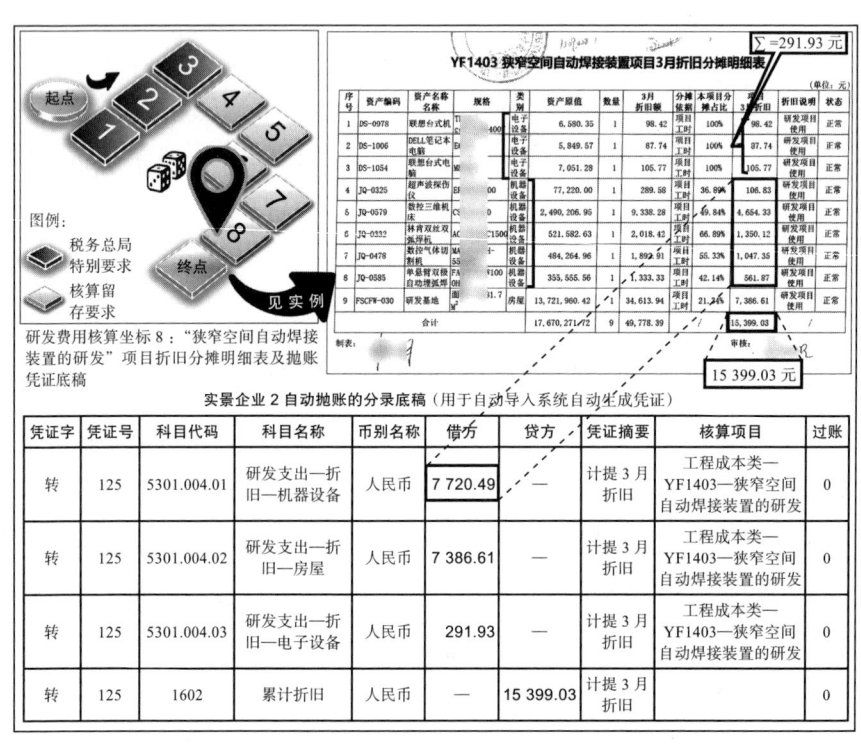

图 7-12　研发项目的折旧费核算底稿及分录

7.1.9　终点: 填列《研发费用加计扣除优惠明细表》(A107012)

"飞行棋"地图的终点为填列《研发费用加计扣除优惠明细表》（A107012），以单月、单个研发项目为例模拟展示的填表结果，如图 7-13 所示。

第 7 章　研发费用实景核算地图 | 223

A107012：研发费用加计扣除优惠明细表（局部）		
行次	项目	金额（数量）
1	本年可享受研发费用加计扣除项目数量	
2	一、自主研发、合作研发、集中研发（3+7+16+19+23+34）	
3	（一）人员人工费用（4+5+6）	98 608.75
4	1. 直接从事研发活动人员工资薪金	
5	2. 直接从事研发活动人员五险一金	
6	3. 外聘研发人员的劳务费用	
7	（二）直接投入费用（8+9+10+11+12+13+14+15）	889 015.79
8	1. 研发活动直接消耗材料费用	
9	2. 研发活动直接消耗燃料费用	7 065.26
10	3. 研发活动直接消耗动力费用	
…	…	…
16	（三）折旧费用（17+18）	291.93
17	1. 用于研发活动的仪器的折旧费	
18	2. 用于研发活动的设备的折旧费	7 720.49
19	（四）无形资产摊销（20+21+22）	
…	…	…
23	（五）新产品设计费等（24+25+26+27）	
…	…	…
28	（六）其他相关费用（29+30+31+32+33）	
…	…	…
34	（七）经限额调整后的其他相关费用（取自第 28 行与第 34 行的计算数较小值）	
35	二、委托研发	
…	…	…
40	三、年度研发费小计	
41	（一）本年费用化金额	
42	（二）本年形成无形资产本年摊销额	
43	四、本年形成无形资产摊销额	
44	五、以前年度形成无形资产本年摊销额	
45	六、允许加计扣除研发费用合计（41+43+44）	

图例：
■ 税务总局特别要求
◆ 核算保留要求

研发费用核算终点：根据"狭窄空间自动焊接装置的研发"项目"某月"成本核算结果，模拟提交《研发费用加计扣除优惠明细表》（A107012）（局部）

图 7-13　模拟展示的填表结果

研发费用核算地图的终点为填列《研发费用加计扣除优惠明细表》(A107012)。依旧采用"窥一斑而知全貌"的叙述风格，在前述"飞行棋"地图中，将"狭窄空间自动焊接装置的研发"项目中已核算完成的4个典型的研发成本核算内容（即坐标5材料成本、坐标6电费、坐标7人工成本、坐标8折旧费）加以填列。具体如下。

研发活动人员的工资薪金（人工成本）：98 608.75元。

研发活动直接消耗的材料费用（材料成本）：889 015.79元。

研发活动直接消耗的动力费用（电费）：7 065.26元。

用于研发活动的仪器（电子设备）的折旧费：291.93元。

用于研发活动的设备（机器设备）的折旧费：7 720.49元。

7.2　实景问答

7.2.1　为什么要进行研发费用核算

成本核算的实施往往源于实际需求。很多成本在没有管控需求时，并不需要说清楚。一旦成本被要求说清楚、用于特定目的或被管理者重视了，就会被单独进行核算。很多成本核算是"因为需要，才变得重要"。

可加计扣除的研发费用被单独剥离之前，通常混在生产成本、制造费用、管理费用或销售费用中。

我在做研发费用加计扣除备案和高新技术企业资质的复审工作时，发现研发费用加计扣除核算的本质就是把可加计扣除的研发费用从原有的生产成本、制造费用、管理费用或销售费用这些"大面团"中拉出来，捏来揉去，即为了说清楚可加计扣除的研发费用的来龙去脉，为了享受研发费用加计扣除税收优惠政策，才把涉及研发业务的投入成本单独剥离出来，并进行专项成本核算。

企业的研发费用可享受加计扣除政策，研发费用加计扣除所得税优惠事项备案业务要求说清楚研发费用的成本核算对象及成本构成明细，研发费用的成本核算对象为各个研发项目，企业应把涉及研发项目的成本构成明细，以研发项目号为成本核算对象单独归集。

7.2.2　研发的领料如何管理

研发费用的领料依据，是研发费用加计扣除业务中研发费用核算的重要内容，也是税务部门重点关注的备查项目，税务部门要求具备一套完整的存档记录。研发的领料如何管理？如果企业成本核算体系健全、信息化系统健全，通过信息化管理来实现研发领料数据的无缝连接自然最好，但问题是很多企业成本核算体系并不健全，信息化系统也未实现信息共享和数据的无缝连接，目前还靠"人盯人"，这种情形下该如何管理研发的领料问题呢？曾有一位财务经理谈及"研发的领料如何管理"，其观点给了我一些启发，她说："靠别人不如靠自己，我们公司业务部门的仓库存档（研发费用涉及材料的领料单）乱七八糟。我们的研发项目又比较多，因为业务部门管仓库装订的人没有我们做得好，所以我就让会计自己另外存档，这样就比较放心，每年的领料单装订成一本或者两本，由财务部门保存，否则到下面去翻，翻也翻不到。财务部门在汇总记账时，另附清单，记账时就以自己的汇总表为准，到时会将领料单和汇总表对照着去查。"

这位财务经理的做法能否给读者些许启发呢？

附　录

附录 A　某企业取得发票的业务流程图参考

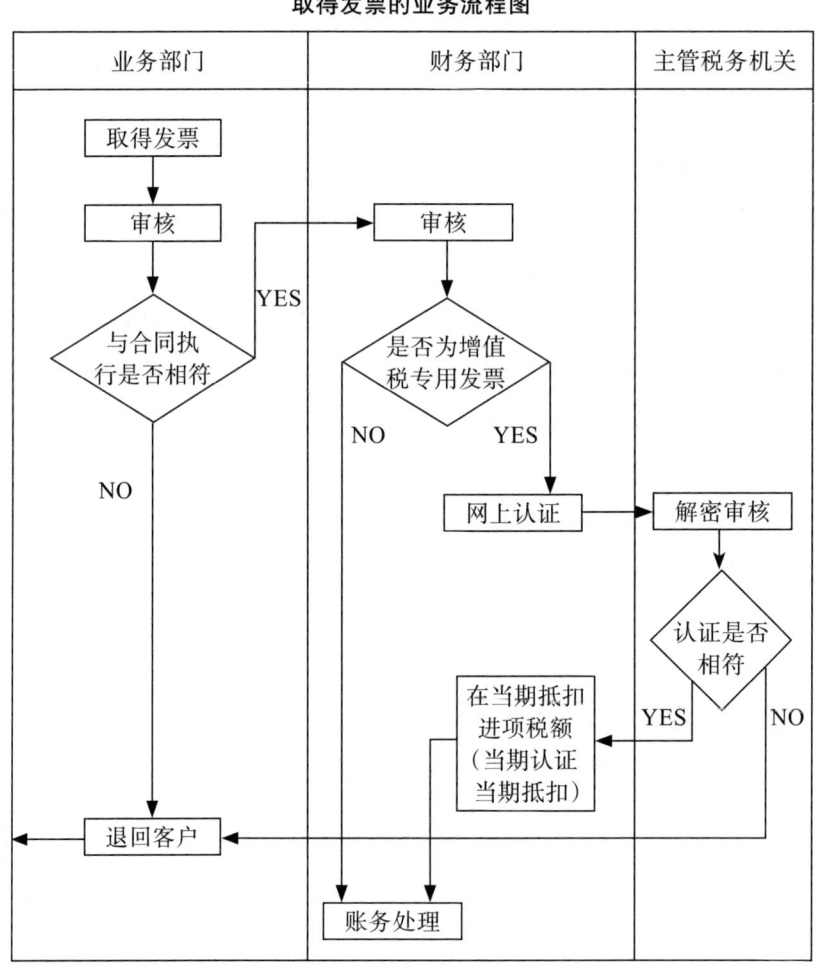

取得发票的业务流程图

业务部门	财务部门	主管税务机关

- 业务部门：取得发票 → 审核 → 与合同执行是否相符
  - YES → (至财务部门审核)
  - NO → 退回客户
- 财务部门：审核 → 是否为增值税专用发票
  - NO → 账务处理
  - YES → 网上认证 → (至主管税务机关解密审核)
- 主管税务机关：解密审核 → 认证是否相符
  - YES → 在当期抵扣进项税额（当期认证当期抵扣）→ 账务处理
  - NO → 退回客户

附录 B　本书成本核算地图所匹配的国家发文

实际上，早在 2013 年，财政部就发文，对企业产品成本核算制度进行了总体规范和制度约定。之后几年，财政部又陆续发布了石油石化、钢铁、煤炭、电网经营等行业的具体产品成本核算指导文件。这些指导性文件，均适用本书成本核算地图中利用"飞行棋"模式展现的内容。

各企业可结合自身特点，对应上述参照依据、范本和指导文件，编制本企业的成本核算制度。现将部分财政部发文附上，以做参考。

企业产品成本核算制度（试行）

财政部 财会 [2013]17 号

第一章　总则

第一条　为了加强企业产品成本核算工作，保证产品成本信息真实、完整，促进企业和经济社会的可持续发展，根据《中华人民共和国会计法》、企业会计准则等国家有关规定制定本制度。

第二条　本制度适用于大中型企业，包括制造业、农业、批发零售业、建筑业、房地产业、采矿业、交通运输业、信息传输业、软件及信息技术服务业、文化业以及其他行业的企业。其他未明确规定的行业比照以上类似行业的规定执行。

本制度不适用于金融保险业的企业。

第三条　本制度所称的产品，是指企业日常生产经营活动中持有以备出售的产成品、商品、提供的劳务或服务。

本制度所称的产品成本，是指企业在生产产品过程中所发生的材料费用、职工薪酬等，以及不能直接计入而按一定标准分配计入的各种间接费用。

第四条　企业应当充分利用现代信息技术，编制、执行企业产品成本预算，对执行情况进行分析、考核，落实成本管理责任制，加强对产品生产事前、事中、事后的全过程控制，加强产品成本核算与管理各项基础工作。

第五条　企业应当根据所发生的有关费用能否归属于使产品达到目前场所和状态的原则，正确区分产品成本和期间费用。

第六条　企业应当根据产品生产过程的特点、生产经营组织的类型、产品种类的繁简和成本管理的要求，确定产品成本核算的对象、项目、范围，及时对有关费用进行归集、分配和结转。

企业产品成本核算采用的会计政策和估计一经确定，不得随意变更。

第七条　企业一般应当按月编制产品成本报表，全面反映企业生产成本、成本计划执行情况、产品成本及其变动情况等。

第二章　产品成本核算对象

第八条　企业应当根据生产经营特点和管理要求，确定成本核算对象，归集成本费用，计算产品的生产成本。

第九条　制造企业一般按照产品品种、批次订单或生产步骤等确定产品成本核算对象。

（一）大量大批单步骤生产产品或管理上不要求提供有关生产步骤成本信息的，一般按照产品品种确定成本核算对象。

（二）小批单件生产产品的，一般按照每批或每件产品确定成本核算对象。

（三）多步骤连续加工产品且管理上要求提供有关生产步骤成本信息的，一般按照每种（批）产品及各生产步骤确定成本核算对象。

产品规格繁多的，可以将产品结构、耗用原材料和工艺过程基本相同的产品，适当合并作为成本核算对象。

第十条　农业企业一般按照生物资产的品种、成长期、批别（群别、批次）、与农业生产相关的劳务作业等确定成本核算对象。

第十一条　批发零售企业一般按照商品的品种、批次、订单、类别等确定成本核算对象。

第十二条　建筑企业一般按照订立的单项合同确定成本核算对象。单项合同包括建造多项资产的，企业应当按照企业会计准则规定的合同分立原则，确定建造合同的成本核算对象。为建造一项或数项资产而签订一组合同的，按合同合并的原则，确定建造合同的成本核算对象。

第十三条　房地产企业一般按照开发项目、综合开发期数并兼顾产品类型等确定成本核算对象。

第十四条　采矿企业一般按照所采掘的产品确定成本核算对象。

第十五条　交通运输企业以运输工具从事货物、旅客运输的，一般按照航线、航次、单船（机）、基层站段等确定成本核算对象；从事货物等装卸业务的，可以按照货物、成本责任部门、作业场所等确定成本核算对象；从事仓储、堆存、港务管理业务的，一般按照码头、仓库、堆场、油罐、筒仓、货棚或主要货物的种类、成本责任部门等确定成本核算对象。

第十六条 信息传输企业一般按照基础电信业务、电信增值业务和其他信息传输业务等确定成本核算对象。

第十七条 软件及信息技术服务企业的科研设计与软件开发等人工成本比重较高的，一般按照科研课题、承接的单项合同项目、开发项目、技术服务客户等确定成本核算对象。合同项目规模较大、开发期较长的，可以分段确定成本核算对象。

第十八条 文化企业一般按照制作产品的种类、批次、印次、刊次等确定成本核算对象。

第十九条 除本制度已明确规定的以外，其他行业企业应当比照以上类似行业的企业确定产品成本核算对象。

第二十条 企业应当按照第八条至第十九条规定确定产品成本核算对象，进行产品成本核算。企业内部管理有相关要求的，还可以按照现代企业多维度、多层次的管理需要，确定多元化的产品成本核算对象。

多维度，是指以产品的最小生产步骤或作业为基础，按照企业有关部门的生产流程及其相应的成本管理要求，利用现代信息技术，组合出产品维度、工序维度、车间班组维度、生产设备维度、客户订单维度、变动成本维度和固定成本维度等不同的成本核算对象。

多层次，是指根据企业成本管理需要，划分为企业管理部门、工厂、车间和班组等成本管控层次。

第三章 产品成本核算项目和范围

第二十一条 企业应当根据生产经营特点和管理要求，按照成本的经济用途和生产要素内容相结合的原则或者成本性态等设置成本项目。

第二十二条 制造企业一般设置直接材料、燃料和动力、直接人工和制造费用等成本项目。

直接材料，是指构成产品实体的原材料以及有助于产品形成的主要材料和辅助材料。

燃料和动力，是指直接用于产品生产的燃料和动力。

直接人工，是指直接从事产品生产的工人的职工薪酬。

制造费用，是指企业为生产产品和提供劳务而发生的各项间接费用，包括企业生产部门（如生产车间）发生的水电费、固定资产折旧、无形资产摊销、管理人员的职工薪酬、劳动保护费、国家规定的有关环保费用、季节性和修理期间的停工损失等。

第二十三条 农业企业一般设置直接材料、直接人工、机械作业费、其他直接费用、间接费用等成本项目。

直接材料，是指种植业生产中耗用的自产或外购的种子、种苗、饲料、肥料、农药、燃料和动力、修理用材料和零件、原材料以及其他材料等；养殖业生产中直接用于养殖生产的苗种、饲料、肥料、燃料、动力、畜禽医药费等。

直接人工，是指直接从事农业生产人员的职工薪酬。

机械作业费，是指种植业生产过程中农用机械进行耕耙、播种、施肥、除草、喷药、收割、脱粒等机械作业所发生的费用。

其他直接费用，是指除直接材料、直接人工和机械作业费以外的畜力作业费等直接费用。

间接费用，是指应摊销、分配计入成本核算对象的运输费、灌溉费、固定资产折旧、租赁费、保养费等费用。

第二十四条　批发零售企业一般设置进货成本、相关税费、采购费等成本项目。

进货成本，是指商品的采购价款。

相关税费，是指购买商品发生的进口关税、资源税和不能抵扣的增值税等。

采购费，是指运杂费、装卸费、保险费、仓储费、整理费、合理损耗以及其他可归属于商品采购成本的费用。采购费金额较小的，可以在发生时直接计入当期销售费用。

第二十五条　建筑企业一般设置直接人工、直接材料、机械使用费、其他直接费用和间接费用等成本项目。建筑企业将部分工程分包的，还可以设置分包成本项目。

直接人工，是指按照国家规定支付给施工过程中直接从事建筑安装工程施工的工人以及在施工现场直接为工程制作构件和运料、配料等工人的职工薪酬。

直接材料，是指在施工过程中所耗用的、构成工程实体的材料、结构件、机械配件和有助于工程形成的其他材料以及周转材料的租赁费和摊销等。

机械使用费，是指施工过程中使用自有施工机械所发生的机械使用费，使用外单位施工机械的租赁费，以及按照规定支付的施工机械进出场费等。

其他直接费用，是指施工过程中发生的材料搬运费、材料装卸保管费、燃料动力费、临时设施摊销、生产工具用具使用费、检验试验费、工程定位复测费、工程点交费、场地清理费，以及能够单独区分和可靠计量的为订立建造承包合同而发生的差旅费、投标费等费用。

间接费用，是指企业各施工单位为组织和管理工程施工所发生的费用。

分包成本，是指按照国家规定开展分包，支付给分包单位的工程价款。

第二十六条 房地产企业一般设置土地征用及拆迁补偿费、前期工程费、建筑安装工程费、基础设施建设费、公共配套设施费、开发间接费、借款费用等成本项目。

土地征用及拆迁补偿费，是指为取得土地开发使用权（或开发权）而发生的各项费用，包括土地买价或出让金、大市政配套费、契税、耕地占用税、土地使用费、土地闲置费、农作物补偿费、危房补偿费、土地变更用途和超面积补交的地价及相关税费、拆迁补偿费用、安置及动迁费用、回迁房建造费用等。

前期工程费，是指项目开发前期发生的政府许可规费、招标代理费、临时设施费以及水文地质勘察、测绘、规划、设计、可行性研究、咨询论证费、筹建、场地通平等前期费用。

建筑安装工程费，是指开发项目开发过程中发生的各项主体建筑的建筑工程费、安装工程费及精装修费等。

基础设施建设费，是指开发项目在开发过程中发生的道路、供水、供电、供气、供暖、排污、排洪、消防、通讯、照明、有线电视、宽带网络、智能化等社区管网工程费和环境卫生、园林绿化等园林、景观环境工程费用等。

公共配套设施费，是指开发项目内发生的、独立的、非营利性的且产权属于全体业主的，或无偿赠与地方政府、政府公共事业单位的公共配套设施费用等。

开发间接费，指企业为直接组织和管理开发项目所发生的，且不能将其直接归属于成本核算对象的工程监理费、造价审核费、结算审核费、工程保险费等。为业主代扣代缴的公共维修基金等不得计入产品成本。

借款费用，是指符合资本化条件的借款费用。

房地产企业自行进行基础设施、建筑安装等工程建设的，可以比照建筑企业设置有关成本项目。

第二十七条　采矿企业一般设置直接材料、燃料和动力、直接人工、间接费用等成本项目。

直接材料，是指采掘生产过程中直接耗用的添加剂、催化剂、引发剂、助剂、触媒以及净化材料、包装物等。

燃料和动力，是指采掘生产过程中直接耗用的各种固体、液体、气体燃料，以及水、电、汽、风、氮气、氧气等动力。

直接人工，是指直接从事采矿生产人员的职工薪酬。

间接费用，是指为组织和管理厂（矿）采掘生产所发生的职工薪酬、劳动保护费、固定资产折旧、无形资产摊销、保险费、办公费、环保费用、化（检）验计量费、设计制图费、停工损失、洗车费、转输费、科研试验费、信息系统维护费等。

第二十八条　交通运输企业一般设置营运费用、运输工具固定费用与非营运期间的费用等成本项目。

营运费用，是指企业在货物或旅客运输、装卸、堆存过程中发生的营运费用，包括货物费、港口费、起降及停机费、中转费、过桥过路费、燃料和动力、航次租船费、安全救生费、护航费、装卸整理费、堆存费等。铁路运输企业的营运费用还包括线路等相关设施的维护费等。

运输工具固定费用，是指运输工具的固定费用和共同费用等，包括检验检疫费、车船使用税、劳动保护费、固定资产折旧、租赁费、备件配件、保险费、驾驶及相关操作人员薪酬及其伙食费等。

非营运期间费用，是指受不可抗力制约或行业惯例等原因暂停营运期间发生的有关费用等。

第二十九条　信息传输企业一般设置直接人工、固定资产折旧、无形资产摊销、低值易耗品摊销、业务费、电路及网元租赁费等成本项目。

直接人工，是指直接从事信息传输服务的人员的职工薪酬。

业务费，是指支付通信生产的各种业务费用，包括频率占用费，卫星测控费，安全保卫费，码号资源费，设备耗用的外购电力费，自有电源设备耗用的燃料和润料费等。

电路及网元租赁费，是指支付给其他信息传输企业的电路及网元等传输系统及设备的租赁费等。

第三十条 软件及信息技术服务企业一般设置直接人工、外购软件与服务费、场地租赁费、固定资产折旧、无形资产摊销、差旅费、培训费、转包成本、水电费、办公费等成本项目。

直接人工，是指直接从事软件及信息技术服务的人员的职工薪酬。

外购软件与服务费，是指企业为开发特定项目而必须从外部购进的辅助软件或服务所发生的费用。

场地租赁费，是指企业为开发软件或提供信息技术服务租赁场地支付的费用等。

转包成本，是指企业将有关项目部分分包给其他单位支付的费用。

第三十一条 文化企业一般设置开发成本和制作成本等成本项目。

开发成本，是指从选题策划开始到正式生产制作所经历的一系列过程，包括信息收集、策划、市场调研、选题论证、立项等阶段所发生的信息搜集费、调研交通费、通信费、组稿费、专题会议费、参与开发的职工薪酬等。

制作成本，是指产品内容制作成本和物质形态的制作成本，包括稿费、审稿费、校对费、录入费、编辑加工费、直接材料费、印刷费、固定资产折旧、参与制作的职工薪酬等。电影企业的制作成本，是指企业在影片制片、译制、洗印等生产过程所发生的各项费用，包括剧本费、演职员的薪酬、胶片及磁片磁带费、化妆费、道具费、布景费、场租费、剪接费、洗印费等。

第三十二条　除本制度已明确规定的以外，其他行业企业应当比照以上类似行业的企业确定成本项目。

第三十三条　企业应当按照第二十一条至第三十二条规定确定产品成本核算项目，进行产品成本核算。企业内部管理有相关要求的，还可以按照现代企业多维度、多层次的成本管理要求，利用现代信息技术对有关成本项目进行组合，输出有关成本信息。

第四章　产品成本归集、分配和结转

第三十四条　企业所发生的费用，能确定由某一成本核算对象负担的，应当按照所对应的产品成本项目类别，直接计入产品成本核算对象的生产成本；由几个成本核算对象共同负担的，应当选择合理的分配标准分配计入。

企业应当根据生产经营特点，以正常生产能力水平为基础，按照资源耗费方式确定合理的分配标准。

企业应当按照权责发生制的原则，根据产品的生产特点和管理要求结转成本。

第三十五条　制造企业发生的直接材料和直接人工，能够直接计入成本核算对象的，应当直接计入成本核算对象的生产成本，否则应当按照合理的分配标准分配计入。

制造企业外购燃料和动力的，应当根据实际耗用数量或者合理的分配标准对燃料和动力费用进行归集分配。生产部门直接用于生产的燃料和动力，直接计入生产成本；生产部门间接用于生产（如照明、取暖）的燃料和动力，计入制造费用。制造企业内部自行提供燃料和动力的，参照本条第三款进行处理。

制造企业辅助生产部门为生产部门提供劳务和产品而发生的费用，应当参照生产成本项目归集，并按照合理的分配标准分配计入各成本核算对象的生产成本。辅助生产部门之间互相提供的劳务、作业成本，应当采用合理的方法，进行交互分配。互相提供劳务、作业不多的，可以不进行交互分配，直接分配给辅助生产部门以外的受益单位。

第三十六条　制造企业发生的制造费用，应当按照合理的分配标准按月分配计入各成本核算对象的生产成本。企业可以采取的分配标准包括机器工时、人工工时、计划分配率等。

季节性生产企业在停工期间发生的制造费用，应当在开工期间进行合理分摊，连同开工期间发生的制造费用，一并计入产品的生产成本。

制造企业可以根据自身经营管理特点和条件，利用现代信息技术，采用作业成本法对不能直接归属于成本核算对象的成本进行归集和分配。

第三十七条　制造企业应当根据生产经营特点和联产品、副产品的工艺要求，选择系数分配法、实物量分配法、相对销售价格分配法等合理的方法分配联合生产成本。

第三十八条　制造企业发出的材料成本，可以根据实物流转方式、管理要求、实物性质等实际情况，采用先进先出法、加权平均法、个别计价法等方法计算。

第三十九条　制造企业应当根据产品的生产特点和管理要求，按成本计算期结转成本。制造企业可以选择原材料消耗量、约当产量法、定额比例法、原材料扣除法、完工百分比法等方法，恰当地确定完工产品和在产品的实际成本，并将完工入库产品的产品成本结转至库存产品科目；在产品数量、金额不重要或在产品期初期末数量变动不大的，可以不计算在产品成本。

制造企业产成品和在产品的成本核算，除季节性生产企业等以外，应当以月为成本计算期。

第四十条　农业企业应当比照制造企业对产品成本进行归集、分配和结转。

第四十一条　批发零售企业发生的进货成本、相关税金直接计入成本核算对象成本；发生的采购费，可以结合经营管理特点，按照合理的方法分配计入成本核算对象成本。采购费金额较小的，可以在发生时直接计入当期销售费用。

批发零售企业可以根据实物流转方式、管理要求、实物性质等实际情况，采用先进先出法、加权平均法、个别计价法、毛利率法等方法结转产品成本。

第四十二条　建筑企业发生的有关费用，由某一成本核算对象负担的，应当直接计入成本核算对象成本；由几个成本核算对象共同负担的，应当选择直接费用比例、定额比例和职工薪酬比例等合理的分配标准，分配计入成本核算对象成本。

建筑企业应当按照《企业会计准则第15号——建造合同》的规定结转产品成本。合同结果能够可靠估计的，应当采用完工百分比法确定和结转当期提供服务的成本；合同结果不能可靠估计的，应当直接结转已经发生的成本。

第四十三条　房地产企业发生的有关费用，由某一成本核算对象负担的，应当直接计入成本核算对象成本；由几个成本核算对象共同负担的，应当选择占地面积比例、预算造价比例、建筑面积比例等合理的分配标准，分配计入成本核算对象成本。

第四十四条　采矿企业应当比照制造企业对产品成本进行归集、分配和结转。

第四十五条　交通运输企业发生的营运费用，应当按照成本核算对象归集。

交通运输企业发生的运输工具固定费用，能确定由某一成本核算对象负担的，应当直接计入成本核算对象的成本；由多个成本核算对象共同负担的，应当选择营运时间等符合经营特点的、科学合理的分配标准分配计入各成本核算对象的成本。

交通运输企业发生的非营运期间费用，比照制造业季节性生产企业处理。

第四十六条　信息传输、软件及信息技术服务等企业，可以根据经营特点和条件，利用现代信息技术，采用作业成本法等对产品成本进行归集和分配。

第四十七条　文化企业发生的有关成本项目费用，由某一成本核算对象负担的，应当直接计入成本核算对象成本；由几个成本核算对象共同负担的，应当选择人员比例、工时比例、材料耗用比例等合理的分配标准分配计入成本核算对象成本。

第四十八条　企业不得以计划成本、标准成本、定额成本等代替实际成本。企业采用计划成本、标准成本、定额成本等类似成本进行直接材料日常核算的，期末应当将耗用直接材料的计划成本或定额成本等类似成本调整为实际成本。

第四十九条　除本制度已明确规定的以外，其他行业企业应当比照以上类似行业的企业对产品成本进行归集、分配和结转。

第五十条　企业应当按照第三十四条至第四十九条规定对产品成本进行归集、分配和结转。企业内部管理有相关要求的，还可以利用现代信息技术，在确定多维度、多层次成本核算对象的基础上，对有关费用进行归集、分配和结转。

第五章　附则

第五十一条　小企业参照执行本制度。

第五十二条　本制度自 2014 年 1 月 1 日起施行。

第五十三条　执行本制度的企业不再执行《国营工业企业成本核算办法》。

企业产品成本核算制度——钢铁行业

财政部 财会 [2015]20 号

第一章 总则

一、为了规范钢铁行业产品成本核算，促进钢铁企业加强成本管理，提高经济效益，根据《中华人民共和国会计法》、企业会计准则和《企业产品成本核算制度（试行）》等有关规定，制定本制度。

二、本制度适用于大中型钢铁企业，其他钢铁企业参照本制度执行。

本制度所称的钢铁企业，是指主要从事钢铁冶炼和压延加工的企业，一般包括炼焦、烧结和球团、炼铁、炼钢、轧钢等生产工序，或至少包括炼铁、炼钢和轧钢之一的部分工序。

三、本制度所称的产品，是指钢铁企业生产经营活动中形成的成品钢材，以及其他可作为产品对外出售的半成品。

四、钢铁产品成本核算的基本步骤包括：

（一）合理确定成本核算对象。

（二）根据实际管理需要，设置成本中心。

（三）以成本中心为基础，归集成本费用。

（四）对成本中心成本费用进行分配和结转，计算产品成本。

具备条件的钢铁企业，可以采用基于工序的作业成本法进行核算。

五、钢铁企业根据产品生产特点，通常设置"生产成本"等会计科目，按照成本费用要素进行明细核算。

六、钢铁企业应当设置或指定专门机构负责产品成本核算的组织和管理，根据本制度规定，确定产品成本核算流程和方法。

第二章　产品成本核算对象

钢铁企业产品成本核算应当以生产工序为基础，以相应工序产出的产品为核算对象，通常包括炼焦工序产品、烧结球团工序产品、炼铁工序产品、炼钢工序产品和轧钢工序产品等。

一、炼焦工序产品，主要包括全焦、煤气等。

二、烧结球团工序产品，主要包括烧结矿和球团矿。

三、炼铁工序产品，主要包括炼钢生铁和铸造生铁。

四、炼钢工序产品，主要包括连铸钢坯和模铸钢锭。

五、轧钢工序产品，主要包括各种成品钢材。

六、辅助工序产品，主要包括自制耐火材料、冶金配件和备品备件，燃料和动力，内部运输、化验检验、检修劳务等。

第三章　产品成本核算项目和范围

一、产品成本项目

钢铁企业产品成本项目主要包括：

（一）原料及主要材料，是指为生产产品直接投入的构成产品实体的物料。

（二）辅助材料，是指为生产产品投入的不能构成产品实体，但有助于产品形成的物料。

（三）燃料和动力，是指生产过程中耗费、成本归属对象明确、一次性耗费受益的能源介质。

（四）直接人工，是指直接从事产品生产人员的各种形式的报酬及各项附加费用。

（五）制造费用，是指以成本中心为基础，为组织和管理生产所发生的各项间接费用。

二、产品成本费用要素

（一）原料及主要材料费，是指为生产产品投入的原料及主要材料的成本。原料及主要材料费主要包括投入的铁矿石、铁水、生铁块、废钢、铁合金、钢坯、钢锭、用于再加工的钢材、锌、锡、有机涂料等成本。

（二）辅助材料费，是指为生产产品投入的辅助材料的成本。辅助材料费主要包括投入的皮带、耐火材料、熔剂、电极、轧辊、酸碱类、油脂类、包装材料等成本。

（三）燃料和动力费，是指为生产产品耗用燃料和动力发生的费用。燃料和动力费主要包括耗用的煤炭、焦炭、助燃剂，以及风、水、电、气等费用。

（四）人工费，是指为生产产品向职工提供的各种形式的报酬及各项附加费用。人工费主要包括职工工资及各项津贴、福利费、工会经费、职工教育经费、社会保险费、住房公积金、商业人身险、其他劳动保险及劳务费等。

（五）折旧费，是指为生产产品使用的生产装置、厂房、附属机器设备等计提的折旧。

（六）运输费，是指为生产产品提供运输服务发生的费用。

（七）维护及修理费，是指为维持产品生产的正常运行，保证设施设备原有的生产能力，对设施设备进行维护、修理所发生的费用。维护及修理费主要包括材料费、修理工时费、备品备件费等。

（八）财产保险费，是指为组织产品生产管理，向社会保险机构或其他机构投保的各项财产所支付的保险费用。

（九）办公费，是指为组织产品生产管理，发生的文具费、邮电费、通讯费、印刷费等办公性费用。

（十）差旅费，是指为组织产品生产管理，职工因公出差所发生的住宿费、交通费、出差补助等。

（十一）会议费，是指为组织产品生产管理，召开或参加会议发生的费用。

（十二）外委业务费，是指在产品生产过程中，委托外部单位提供服务发生的费用。

（十三）低值易耗品摊销，是指为组织产品生产管理，耗用的不能作为固定资产的各种用具物品的摊销。

（十四）租赁费，是指为组织产品生产管理，租入的各种资产，按照合同或协议的约定支付给出租方的租赁费用。

（十五）机物料消耗，是指在产品生产过程中耗用的未作为原材料、辅助材料或低值易耗品管理使用的一般性材料支出。

（十六）劳动保护费，是指为生产产品为职工提供劳动保护、防护等发生的费用。

（十七）排污费，是指为生产产品负担的排污机构处理废气、废水、废渣等所发生的费用。

（十八）信息系统维护费，是指为组织产品生产管理，在计算机信息系统建设完成后所发生的运行维护费用。

不能列入以上各项成本费用要素的项目，列入其他费用。

第四章　产品成本归集、分配和结转

钢铁企业一般按照成本中心，分别成本项目，对产品成本进行归集、分配和结转。

一、成本中心的设置

钢铁企业通常按照生产工序设置成本中心，也可以按照车间（部门）等生产管理单元设置成本中心。

二、产品成本的归集

（一）原料及主要材料成本的归集。

生产产品使用的原料及主要材料按照实际成本进行核算，采用加权平均等方法结转原料及主要材料成本。

（二）辅助材料成本的归集。

生产产品使用的辅助材料按照实际成本进行核算，根据工序实际消耗量或预计可使用寿命计算其成本。

（三）燃料和动力成本的归集。

生产产品使用的外购或自产燃料和动力按照实际成本进行核算，根据相关数据确认其消耗量并计算其成本。辅助生产部门提供的自产燃料和动力，在辅助部门之间按照交互分配等方法分配后，按照各燃料和动力产品的实际成本进行核算。

（四）直接人工成本的归集。

直接从事产品生产人员的人工成本，直接计入基本（辅助）工序生产成本。

（五）制造费用的归集。

为组织和管理产品生产而发生的各项间接费用，计入制造费用。

（六）回收物料、能源冲减成本。

生产过程产生的高炉返矿、高炉水渣、转炉钢渣、锭坯切头切尾、轧制氧化铁屑、剪切边角料、报废锭坯材等回收物料，返焦粉、煤气、蒸汽、循环水、余热发电、压差发电等回收能源，应当按照其价值冲减相应成本核算对象的原材料成本、燃料和动力成本等，回收物料、能源的价值应当参照市场价格予以确定；如回收物料、能源无法明确归属至产品的，可按照成本核算对象的实际产量或根据有关技术经济资料分析确定的适当比例对回收物料、能源的价值进行分配后，冲减相应成本核算对象的成本项目。

三、产品成本的分配和结转

（一）制造费用的分配和结转。

成本中心发生的制造费用按照费用要素归集后，月末全部分配转入成本核算对象的生产成本。钢铁企业应当根据实际情况，一般采用生产工人工时、机器工时、耗用原材料的数量或成本、产品产量等为基础对制造费用进行分配。制造费用分配方法一经确定，不得随意变更。

（二）辅助生产成本的分配和结转。

辅助生产成本费用归集后，按照一定的分配标准将提供的劳务和产品分配到各受益对象。各辅助部门之间相互提供辅助产品或劳务的，按照交互分配等方法进行分配。互相提供劳务不多的，可以不进行交互分配，直接分配给辅助生产部门以外的受益单位。

（三）产成品成本的分配和结转。

根据钢铁企业生产工序连续生产、顺序加工的特点，产品成本计算一般采用"逐步结转分步法"。

基本生产工序的产品成本，按照向下游工序的实际运送量和实际成本，分步结转为下游工序在产品、半成品和产品的原料及主要材料。辅助工序的产品和劳务，按照输入使用单位的实际数量和实际成本，结转为使用单位的燃料及动力等成本。基本工序生产成本费用归集后，根据产成品和半成品的产量，计算商品产品总成本和各产品品种单位成本。

钢铁企业按照标准成本、计划成本、模拟市场价等非实际成本结转产成品成本的，应当在每月末汇总实际成本与非实际成本的差异，按受益原则分配至各工序的相应成本项目。

炼焦工序和含有伴生（共生）金属的冶炼工序以联产品为对象进行成本核算。炼焦工序一般采用"系数法"在全焦、煤气和焦油等产品中进行成本分配；含有伴生（共生）金属的冶炼工序一般采用"系数法"在钢铁产品和伴生（共生）金属产品中进行成本分配。"系数法"计算方法如下：

1. 某产品成本积数 = 某产品成本系数 × 产品产量；

2. 某产品总成本 = 某产品成本积数 ÷ 全部产品成本积数之和 × 全部商品产品总成本；

3. 某产品单位成本 = 某产品总成本 ÷ 某产品产量。

联产品系数的确定，一般以产品生产工艺流程、产品结构、产品收率和市场价值为基础，采用经济比值法等确定。联产品系数的确定方法一经确定，不得随意改变。

期末，将产成品成本按照产品品种进行结转。

四、作业成本法下产品成本的归集、分配及结转

采用作业成本法的钢铁企业，应当按照下列规定进行成本核算。

（一）工序系统及作业划分。

钢铁企业工序系统及作业通常可以划分为：

1. 铁前系统。

铁前系统，是指包括炼铁及其上游各主要工序的生产系统，主要包括炼焦、烧结和球团、炼铁。

2. 钢后系统。

钢后系统，是指包括炼钢及其下游各工序的生产系统，主要包括炼钢、浇铸、热轧、冷轧、涂层、镀层、焊管工序等。

炼钢工序划分为粗炼、精炼等作业（如需要，也可将铁水预处理设为作业）；浇铸工序按照工艺划分为连铸或模铸作业；热轧工序划分为加热、热轧、精整、包装等作业；冷轧工序划分为酸洗、冷轧、热处理、涂镀、精整、包装等作业。

3. 辅助生产系统。

辅助生产系统，是指为生产主流程提供辅助产品和劳务的生产单位，主要包括电力、燃气、水、运输、修理等。根据管理需要，辅助生产系统可依据服务内容和性质设置相应的作业。

（二）作业成本的归集、分配及结转步骤。

1. 根据生产过程划分工序系统和作业。

2. 分析各作业设施、组织机构及业务类型与作业过程的关系，确定各作业过程对应的作业单元。

3. 将各作业单元发生的成本费用（不包括上游工序结转到本工序的原材料和辅助材料）归集到对应的作业过程，形成作业成本。

4. 将作业成本直接归集或按照受益原则分配到对应的成本中心。

5. 将各作业过程归集的生产成本在各产品间按照受益原则、采用当量系数法等进行分配。

6. 按照各产品消耗的原材料、辅助材料和分配的作业成本，计算各产品的单位生产成本，并据此结转产成品成本。

（三）辅助作业成本的分配和结转。

钢铁企业应当按照以下原则对辅助作业成本进行分配后计入相应的成本中心和作业过程：

1. 水、电部门发生的费用，形成水、电等辅助产品成本，按照各受益对象接受的用水、电量分别计入相应类型的成本中心和作业过程。

2. 运输部门、车管部门发生的费用，形成相应运输成本，按照各受益对象接受的运输工作量（台班、车次等）分别计入相应类型的成本中心和作业过程。

3. 维修部门、准备部门发生的费用，形成相应服务成本，按照各受益对象接受的服务量分别计入相应类型的成本中心和作业过程。

五、特殊项目成本的确认

（一）副产品成本。

副产品，是指钢铁企业在同一生产过程中，使用同种原料，在生产主产品的同时附带生产出来的非主要产品。一般采用可变现净值、固定价格等方法确定成本，从主产品成本中扣除。

（二）停工损失。

停工损失，是指钢铁企业在停工期间发生的各种费用支出。季节性停工、修理期间的正常停工费用在钢铁产品成本核算范围内，应当计入钢铁产品成本；非正常停工费用应当计入企业当期损益。

附：钢铁产品生产流程

钢铁产品生产过程一般分为长流程和短流程。长流程即高炉转炉流程，是以铁矿石为主要原料，通过人工造块、高炉炼铁、转炉炼钢以及轧钢等工序生产钢材的过程。短流程即电炉流程，是以废钢、生铁、直接还原铁等为原料，通过电炉炼钢、轧钢等工序生产钢材的过程。各工序的中间产品，一般用作下道工序的原料。但有的中间产品，如生铁、钢坯、热轧材等，也可作为成品出售。

一、原料取得和配料

钢铁企业购入铁矿石、焦煤、焦炭、铁合金、废钢等原料，一般经过装卸作业，存入原料库（场）。投入生产之前，有些原料需加工整理，例如，对成分不同的铁矿石进行混匀作业，有的废钢需要分拣、切碎作业等。

二、人工造块

粉状铁矿石不能直接入炉炼铁，须通过烧结或球团等工艺使之成块，以提高其在高炉中的透气性。

（一）烧结工艺，是指在矿粉中掺入煤粉、焦粉及石灰等，混匀后在烧结机上点火燃烧，使矿粉熔结成块，经破碎、筛分，制成烧结矿的生产过程。

（二）球团工艺，是指将矿粉掺入粘结剂造球，送入回转窑或竖窑焙烧，生产出球团矿的生产过程。

三、炼焦

焦炭是高炉炼铁的主要燃料和还原剂。长流程钢铁企业有的通过炼焦自产焦炭炼铁，有的通过外购焦炭炼铁。

炼焦，是指将主焦煤与其他配煤混合装入焦炉，在隔绝空气条件下高温干馏，通过热分解、结焦，产出焦炭、焦炉煤气和粗焦油等的生产过程。焦炉煤气可用作钢铁生产工艺所需能源及发电。焦炉煤气和粗焦油可进一步深加工为其他化工产品。

四、炼铁

炼铁，是指在高温状态下煤炭中的一氧化碳从铁矿石中夺取氧，将铁矿石还原为生铁的生产过程。炼铁主要有高炉法和非高炉法（包括直接还原、熔融还原）两类。

五、炼钢和浇铸

炼钢和浇铸通常设在同一生产区域，其中炼钢是将铁水、废钢等含铁原料和合金元素转化为合格钢水，浇铸则将钢水凝结为固体。炼钢主要有转炉炼钢和电炉炼钢两种工艺；浇铸方式主要为连铸，少量为模铸。

（一）转炉炼钢，是指将铁水、废钢等含铁原料及石灰石等辅助材料装入转炉，通过吹氧等作业去除铁水中多余的碳和其他杂质，加入不同铁合金，生产出不同化学成分的合格钢水的生产过程。

（二）电炉炼钢，是指以电力产生热能熔化废钢等含铁原料，用吹氧去除杂质，加入铁合金，生产出合格钢水的生产过程。有铁水供给条件的电炉炼钢厂，通常加入一定比例的铁水，以降低电力消耗。

（三）钢水精炼，是指对钢水纯净度和化学成分要求较高的钢种，通常需要采用精炼设备，对钢水进行脱气、去除有害杂质和调节化学成分及温度的生产过程。

（四）连铸，是指将合格钢水连续注入连铸机结晶器，使钢水逐渐凝结固化，输出连铸钢坯的生产过程。依截面不同，连铸坯分为板坯、方坯、矩形坯、圆坯等类型，分别用于轧制不同品种的钢材。

（五）模铸，是指将钢水浇入事先制备的铸模，使之凝固成为钢锭的非连续浇铸的生产过程。模铸钢锭一般需经开坯作业，才能用于轧制钢材。

六、热轧

热轧，是指将钢坯经加热炉加热到适当温度，利用轧机上轧辊的压延作用，将钢坯轧制成各种形状钢材的生产过程。

七、冷轧及延伸加工

冷轧及延伸加工，是指将热轧钢材在常温状态下进一步加工，以达到用户所需的状态和性能的生产过程，主要包括冷轧、压制花纹、涂镀层、剪切、焊管、冷弯、拉拔、抛光等。

附录 C × 公司成本核算及产成品核算管理办法范本参考

× 公司成本核算管理办法

1. 目的

为进一步规范 × 公司生产厂物料信息管理、成本核算信息归集，降低因物料管理不规范和核算信息归集不及时、不准确而导致的成本核算结果失真的风险，特制订本管理办法。

2. 适用范围

本管理办法适用范围为公司总部各单位。

3. 管理职责

3.1 公司财务部负责生产厂成本核算制度制（修）订；负责成本核算标准制（修）订；负责成本系统维护；负责业务基础数据审核确认；负责内部往来（指调拨普通产成品给精加工工序继续生产高端产成品）结算、账务处理；负责数据归档。

3.2 采购部负责各生产厂的物料领用、退回、回收信息管理。

3.3 职能部门（包括营销部、人力资源部、运输部、设备部、能源部）负责制（修）订各部门成本基础信息管理制度；负责管理各部门相关物料收发存信息；负责归集各部门相关成本核算信息并提供给财务部。

3.4 各生产厂负责制（修）订所在区域成本基础信息管理制度；负责管理所在区域物料领用、退回、回收信息，并将相关信息提供给采购部；负责管理所在区域物料实物信息，并将相关信息提供职能部门；负责归集所在区域成本核算信息，并将相关信息提供给财务部。

4. 生产厂成本核算流程图见附件。

5. 流程要求

5.1 制度制（修）订

5.1.1 财务部整体策划公司成本核算管理的流程和职责分工，制（修）订相应管理办法并根据成本核算管理办法制（修）订成本核算标准，定期在相关系统中对核算标准进行维护。

5.1.2 职能部门、各生产厂依据本制度制（修）订各成本基础信息管理制度。

5.2（关键控制活动）物料管理与核算信息归集。采购部、职能部门、各生产厂应按核算要求在指定时间内归集截至各月最后一天的当月成本费用，提供给财务部，并应当确保所提供的归集信息与实物数量一致。

5.2.1 采购部管理生产厂各原料的领用、退回、回收信息，并提供给财务部，为原料成本核算提供依据。

5.2.2 采购部管理生产厂资材、备件领用、退料和质量异议、回收等信息，并提供给财务部，为资材、备件成本核算提供依据。

5.2.3 销售部对外购商品、生产厂间互供产品的内部往来原料、部分回收副产品的销售等实物信息进行管理，为相应存货的收发存成本核算提供依据；审核确认委托（受托）加工业务信息，为委托（受托）加工成本核算提供依据。

5.2.4 人力资源部归集职工薪酬及其归口管理的劳务外包费用，为人工成本核算提供依据。

5.2.5 生产厂对原料的实物信息进行管理，并审核确认各生产厂物料信息，为各原料的收发存核算提供依据；审核确认各回收副产品的实物信息，为回收副产品成本核算提供依据；对自制半成品、次品的产出、消耗、发货等实物信息进行管理，对外购半成品的入库、消耗等实物信息进行管理，对委托（受托）加工产品入库、出库、消耗等实物信息进行管理，为成本核算提供投入产出依据。

5.2.6 运输部收集各部门运输服务量信息，审核确认工程机械、运输设备等设备维修费用，综合管理及结算运输业务委外作业，为各部门运输成本核算提供依据。

5.2.7 设备部归集备件待摊存货的收发存管理信息，为备件待摊存货的收发存核算提供依据；控制直属厂部备件资金总量，会同采购部进行生产厂备件收发存管理工作，为备件核算提供依据；对维修劳务外包（不含移动车辆、运输设备劳务外包费）、备件修复等产生的生产性设备维修费以及部分非生产性设备维修费进行审核确认，为维修费核算提供依据；对固定资产实物的基础信息进行管理，为固定资产折旧核算提供依据。

5.2.8 能源部编制能源供需月报，为相关燃料和公用设施费的成本核算提供依据。

5.2.9 各生产厂对所在区域的物料实物信息进行管理，包括资材备件领用信息，退料、回收信息，辅料（包括待摊物资）、辅助材料、维修材料等领用信息，为成本核算提供依据。

5.3 内部往来结算和账务处理

5.3.1（关键控制活动）财务部对各部门提供的基础数据进行审核，并根据审核后的数据进行内部往来结算和账务处理。

5.3.2 财务部内部往来结算的相关业务包括生产厂领用入库的外购半成品、互供产品、来料加工产品等内部往来结算；生产厂资材、备件领料、退料、回收和质量异议处理的内部往来结算；生产厂原料、燃料领用入库的内部往来结算；由财务部报支但由生产厂承担的运费、劳务外包费、委托加工费等费用的内部往来结算。

5.4 数据归档

财务部完成月度成本核算后应对各类成本数据和报表进行归档管理。每年末实施成本会计系统年关账，建立新年度成本系统档案。

附件：×公司生产厂成本核算流程图

财务部	采购部	职能部门	生产厂
制度制（修）订		制（修）订成本基础信息管理制度	制（修）订成本基础信息管理制度
成本核算标准制（修）订		管理物料收发存信息	管理所在区域物料实物信息
成本系统维护			
业务基础数据审核确认		归集各部门成本核算信息	归集所在区域成本核算信息
进行成本核算		管理物料领用、退回、回收信息	管理所在区域物料领用、退回、回收信息

附件：×公司生产厂成本核算流程图

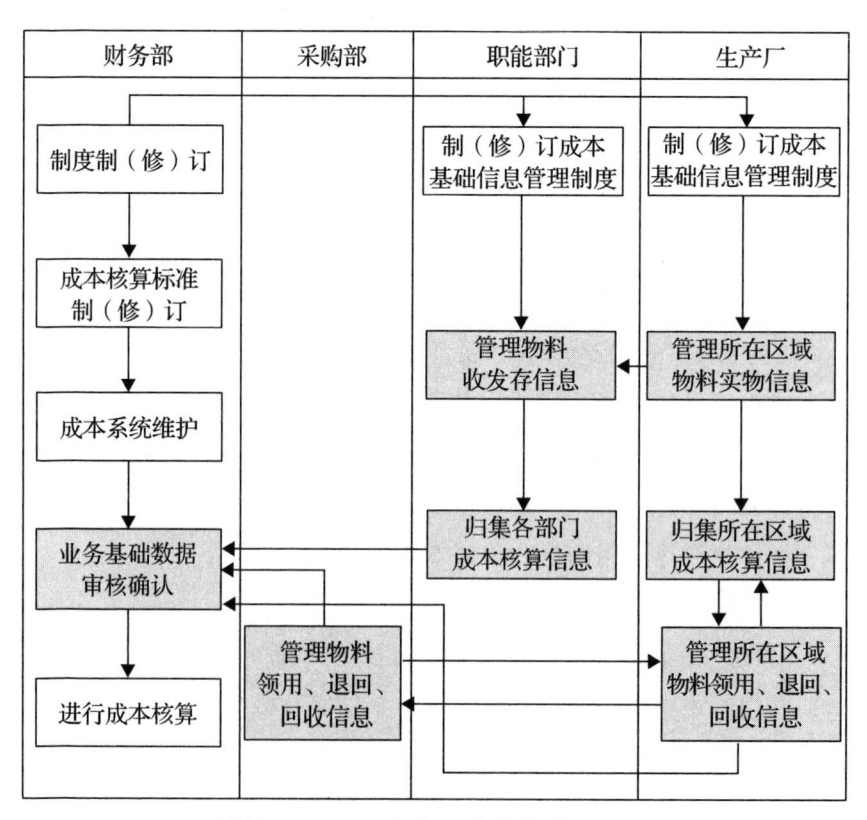

×公司产成品核算管理办法

1. 总则

1.1 为规范×公司产成品业务财务管理和会计核算，依据《中华人民共和国会计法》《企业会计准则》及有关法律法规的规定，结合公司实际情况，特制定本办法。

1.2 产成品成本以实际成本为计价原则，按实际成本入库，按移动加权平均法计算出的实际成本去计算产成品发出成本。

1.3 产成品核算的相关统计报表（包括财务报表和业务报表）均按产品代码分类。

1.4 产品代码管理。产线或管理需要新增产品时，产成品的产品代码和相关会计科目由公司财务部成本管理科（以下简称"成本科"）提出、审核后下发。

1.5 本办法适用于公司总部和分公司。属地化管理的分公司，比照本办法制定核算细则。

2. 职责分工

2.1 公司生产部负责可供销售半成品（普通产成品）的内部往来（内部产线互供：供应可供销售半成品给精加工工序生产高端产成品）发货及相关的管理工作。

2.2 销售部负责普通产成品、高端产成品的出厂管理、销售单据匹配一致和产成品库存管理工作，以及厂外延伸仓库、堆场的产成品实物管理工作。

2.3 公司各生产厂负责末端库的普通产成品实物管理工作。

2.4 公司运输部负责所管辖的所有仓库、堆场的产成品实物管理工作。

2.5 销售部财务组负责公司生产的普通产成品和高端产成品入库、发出的会计核算以及产成品收发存报表的生成，库存的核对及相关的财务管理工作。

2.6 公司成本科负责公司生产的产成品的生产成本核算、产成品收入量与销售部收入量的核对；公司财务部各驻厂成本组负责半成品发货量与产成品入库量的核对。

3. 产成品的管理

3.1 本办法所指产成品仅指公司生产的普通产成品及高端产成品，包括产品1、产品2、产品3……产成品管理对象是具有公司质量管理部门开具的发货报告的完工产品。

3.2 产成品入库管理

3.2.1 生产部将其负责的半成品准发信息传递至销售部及成本科。

3.2.2 销售部负责产成品的收入统计，并负责与实物入库信息进行核对并保持一致，若有差异应及时解决。

3.2.3 成本科根据生产部提供的发货信息，通过业财通系统将入库信息抛入产品会计系统，成本科及各驻厂成本组按公司名称、产品代码与销售部的实物入库信息核对。月末，成本科负责将产品会计系统中产成品的入库信息结转至产品成本系统，并于成本核算完毕后第三个工作日上午按公司名称、产品代码，将与销售部的实物入库信息核对一致的发货信息、计算的生产成本信息发给销售部财务组。

3.3 产成品出库管理

3.3.1 销售部根据发货信息安排运输计划，组织产成品出厂及单据的匹配一致工作。

3.3.1.1 销售部核对产成品的出厂信息与实物发货信息核对，若有差异应及时解决。

3.3.1.2 销售部在产成品出厂后负责单据的匹配一致工作，将匹配一致的单据（信息）及时送至销售财务组。

3.3.1.3 未匹配一致的单据的产成品数量称为未匹配一致单据量。

3.3.2 销售部财务组在产成品发出后，根据销售部匹配一致的单据（信息）进行销售结算。

3.3.2.1 销售部已匹配一致结算单据并提供信息，销售部财务组尚未结算的产成品数量称为未结算量。

3.3.3 产成品出库去向

3.3.3.1 内部往来，是指调拨普通产成品给精加工工序继续生产高端产成品。

3.3.3.2 委托加工用料，是指公司为满足客户需求，用于委托其他公司进行后续加工的产品。

3.3.3.3 产品赠送，是指公司为试制、推广新产品，用于无偿赠送他人的产品。对外赠送产品业务视同产品销售，它有别于其他形式的公益性捐赠。

3.3.3.4 科研领用，是指公司科研项目领用的公司产品。

3.3.3.5 产品外销包括国内销售、一般贸易、自营出口。

3.4 产成品库存管理

3.4.1 销售部定期组织各生产厂、运输部、销售部、委外加工单位对所管辖的库存产成品进行实物盘库。

3.4.2 销售部每月对产成品库存信息与实物库存量进行核对。

3.4.2.1 销售部在核对入库量、发货量的信息完整、正确的基础上，在满足财务管理和实物管理的前提下，按照产品代码和出厂代码编制产成品收发存统计日、月报（实物库存报表）。

3.4.2.2 销售部在核对匹配一致单据量完整、正确的基础上，在满足财务管理和实物管理的前提下，按照产品代码和出厂代码编制产成品单据统计日、月报（三单量统计报表）。

3.4.2.3 销售部定期将产成品未匹配一致单据量的信息与实物单据进行盘点，并对未匹配一致单据量进行分析，控制其数量和匹配一致单据量的周期。

3.4.2.4 销售部将产成品库存信息、未匹配一致单据量与实物库存、实物单据的盘点情况，定期向公司管理部门通报库存盘点结果。如发生盘亏、盘盈、品种串位等异常情况，向公司高层做专题报告。

3.4.2.5 按照公司存货盘点相关的规定，对公司的产成品进行盘点。销售部财务组根据盘库结果差异情况和公司领导的批示意见，进行账务调整。

3.4.3 产成品收发存会计报表编制。

3.4.3.1 销售部财务组根据销售部匹配一致单据量，在核对实际结算量的基础上，每月按产品代码编制产成品结算平衡表，反映未结算情况。

3.4.3.2 销售部财务组每月对未结算量做好核对、分析工作。

月末，销售部财务组按产品代码，将账面库存量与实物库存量、未匹配一致单据量、自营出口单据库存、未结算量之和进行核对。若有差异，则由销售部财务组、成本科、销售部等相关部门查明原因，在次月予以解决。计算公式如下。

公司产成品收发存账面库存量＝产成品收发存统计月报的月末库存量＋产成品单据统计月报的月末未匹配一致单据量＋自营出口统计月报单据库存＋结算平衡表的月末未结算量

3.4.3.3 销售财务组在当月销售结算完毕，收到成本科内部往来的发货信息和生产成本信息后，向公司业财通系统导入结算量，按当月的加权平均实际成本自动结转产成品的发出成本，并生成产成品收发存报表。

3.4.3.4 销售财务组负责按公司名称、产品代码将产成品收发存报表的发出量、发出金额与业财通系统核对一致，若有差异由销售部财务组、销售部等相关部门尽量在当月解决。

3.5 产成品库龄管理。销售部财务组定期或不定期编制产成品库龄报表，将存放时间过长等库龄异常情况及时向销售部产品科和物流科通报，并督促解决问题，避免产成品积压、贬值。

3.6 计提产成品存货跌价准备。公司应在季末对存货进行全面清查，对于存货遭受损毁、存货全部或部分陈旧过时或存货销售价格低于成本等情形，且这些情形导致部分存货成本不可收回的，应考虑计提存货跌价准备。具体按照财务部管理文件《减值准备核算办法》执行。

4. 产成品的会计核算

4.1 产成品完工入库时，作：

借：产成品
　　贷：半成品

4.2 产成品对外销售时，结转产成品成本，作：

借：主营业务成本
　　贷：产成品

4.3 调拨精加工工序时，结转产成品成本，作：

借：内部往来
　　贷：产成品

并作如下精加工工序的会计分录：

借：自制半成品
　　贷：内部往来

4.4 委托加工时，结转产成品成本，作：

借：委托加工
　　贷：产成品

4.5 赠送料发出时，结转产成品成本及运费，作：

借：内部往来

　　应交税费—应交增值税—进项税额

贷：产成品

　　其他应付款—暂收款—厂外运输费

　　应交税费—应交增值税—销项税额

4.6 科研领用料发出时，结转产成品成本及运费，作：

借：内部往来

　　应交税费—应交增值税—进项税额

贷：产成品

　　其他应付款—暂收款—厂外运输费

5. 附则

5.1 本办法自 2025 年 1 月 1 日起实施。

附件：×公司成本体系架构设计——成本账务处理关系图

附件：×公司成本体系架构设计——成本账务处理关系图

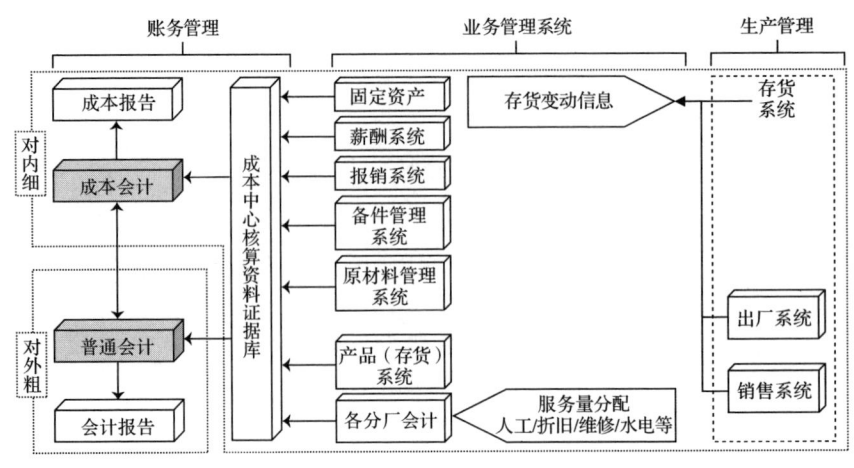

参考文献

[1] 赵华赛，滕奎秀.作业成本法在我国电信企业的应用分析[J].商业会计，2014（19）：63-65.

[2] 赵利刚，杨志翔，于亮，等.基于工时评价系数调整型作业成本法的军工装备非制造费用分配研究[J].中国市场，2015（50）：172-173.

[3] 曹锐锋，韦军，刘军舰.汽车制造标准工时的建设方法及应用[J].科技创新与应用，2021（15）：178-184.

[4] 李默之.制造型企业生产工时核算的实施路径[J].中国集体经济，2022（32）：58-60.

[5] 范晓东.500强企业成本核算实务[M].北京：机械工业出版社，2020.

[6] 范晓东.管理者要有的成本思维[M].北京：中国铁道出版社有限公司，2022.

会 计 极 速 入 职 晋 级

书号	定价	书名	作者	特点
66560	49	一看就懂的会计入门书	钟小灵	非常简单的会计入门书；丰富的实际应用举例，贴心提示注意事项，大量图解，通俗易懂，一看就会
44258	49	世界上最简单的会计书	[美]穆利斯 等	被读者誉为最真材实料的易懂又有用的会计入门书
77022	69	新手都想看的会计入门书	[日]吉成英纪	独创口诀形式，可以唱读；运用资产负债法有趣讲解，带你在工作和生活中活学活用
71111	59	会计地图：一图掌控企业资金动态	[日]近藤哲朗 等	风靡日本的会计入门书，全面讲解企业的钱是怎么来的，是怎么花掉的，要想实现企业利润最大化，该如何利用会计常识开源和节流
59148	69	管理会计实践	郭永清	总结调查了近1000家企业问卷，教你构建全面管理会计图景，在实务中融会贯通地去应用和实践
69322	59	中小企业税务与会计实务（第2版）	张海涛	厘清常见经济事项的会计和税务处理，对日常工作中容易遇到的重点和难点财税事项，结合案例详细阐释
42845	30	财务是个真实的谎言（珍藏版）	钟文庆	被读者誉为最生动易懂的财务书；作者是沃尔沃原财务总监
76947	69	敏捷审计转型与超越	[瑞典]托比·德罗彻	绝佳的敏捷审计转型指南，提供可学习、可借鉴、可落地的系统解决方案
75747	89	全面预算管理：战略落地与计划推进的高效工具	李欣	拉通财务与经营人员的预算共识；数字化提升全面预算执行效能
75945	99	企业内部控制从懂到用（第2版）	冯萌 等	完备的理论框架及丰富的现实案例，展示企业实操经验教训，提出切实解决方案
75748	99	轻松合并财务报表：原理、过程与Excel实战（第2版）	宋明月	87张大型实战图表，教你用EXCEL做好合并报表工作；书中表格和合并报表编制方法可直接用于工作实务
70990	89	合并财务报表落地实操	蔺龙文	深入讲解合并原理、逻辑和实操要点；14个全景式实操案例
77179	169	财务报告与分析：一种国际化视角（第2版）	丁远 等	从财务信息使用者角度解读财务与会计，强调创业者和创新的重要作用
64686	69	500强企业成本核算实务	范晓东	详细的成本核算逻辑和方法，全景展示先进500强企业的成本核算做法
74688	89	优秀FP&A：财务计划与分析从入门到精通	詹世谦	源自黑石等500强企业的实战经验；7个实用财务模型
75482	89	财务数字化：全球领先企业和CFO的经验	[英]米歇尔·哈普特	从工程师、企业家、经济学家三个视角，讨论财务如何推动企业转型的关键杠杆
74137	69	财会面试实用指南：规划、策略与真题	宋明月 等	来自资深面试官的真实经验，大量面试真题
55845	68	内部审计工作法	谭丽丽 等	8家知名企业内部审计部长联手分享，从思维到方法，一手经验，全面展现
72569	59	超简单的选股策略：通过投资于身边的公司获利	爱德华·瑞安	简单易学的投资策略，带你找到对你来说有可能赚钱的股票，避免错过那些事后会后悔买进的好股票
73601	59	逻辑学的奇妙世界：提升批判性思维和表达能力	[日]野矢茂树	资深哲学教授写作的有趣入门书；适合所有想在工作、学习和生活中变得更有逻辑的人
60448	45	左手外贸右手英语	朱子斌	22年外贸老手，实录外贸成交秘诀，提示你陷阱和套路，告诉你方法和策略，大量范本和实例
70696	69	第一次做生意	丹牛	中小创业者的实战心经；赚到钱、活下去、管好人、走对路，实现从0到亿元营收跨越
70625	69	聪明人的个人成长	[美]史蒂夫·帕弗利纳	全球上亿用户一致践行的成长七原则，护航人生中每一个重要转变